lex:tra

Verblexikon

Spanisch

mit Konjugationstabellen und Beispielsätzen

Cornelsen

Verblexikon Spanisch

von Hans-Joachim Leyendecker

Redaktion: Dr. Yvonne Petter

Umschlaggestaltung: Cornelsen Verlag Design

Umschlagfoto: JUNOPHOTO

Layout und technische Umsetzung: Stephan Hilleckenbach, Berlin

www.cornelsen.de

1. Auflage, 1. Druck 2009

Druck: CS-Druck CornelsenStürtz, Berlin

ISBN 978-3-589-01835-2

Inhalt gedruckt auf säurefreiem Papier aus nachhaltiger Forstwirtschaft.

Inhalt

Seite

1 Kleine Grammatik der spanischen Verben

Verbtypen

Man unterscheidet zwischen **Hilfsverben** und **Vollverben**.
Hilfsverben dienen zur Bildung der zusammengesetzten Zeiten und des Passivs und begleiten Vollverben.
Vollverben drücken eine Handlung bzw. einen Zustand aus.

1 Hilfsverben

Im Spanischen gibt es drei Hilfsverben:

haber (1, S. 54): Dieses Hilfsverb dient zur Bildung der zusammengesetzten Zeiten.

Ha llovido.
Es hat geregnet.

ser (3, S. 58): Als Hilfsverb dient es zur Bildung des Passivs (80, S. 212).

Esta propuesta **es** aceptada por todos.
Dieser Vorschlag wird von allen akzeptiert.

estar (2, S. 56): Als Hilfsverb begleitet es das Gerundio.

Estoy leyendo.
Ich lese gerade.

Die weiteren Verwendungsmöglichkeiten von ser und estar werden auf den Seiten 41ff erläutert.

2 Vollverben

Hierzu gehören alle spanischen Verben. Man ordnet sie entsprechend ihrer Endung drei verschiedenen Konjugationen zu:

1. Verben auf -ar, z.B.: habl**ar** (sprechen) (4, S. 60)
2. Verben auf -er, z.B.: aprend**er** (lernen) (24, S. 100)
3. Verben auf -ir, z.B.: sub**ir** (hinaufgehen) (51, S. 154)

Die meisten spanischen Verben sind **regelmäßige Verben**, d.h. sie folgen in allen ihren Formen dem jeweiligen Konjugationsschema. Daneben gibt es Gruppen von Verben, die nur bei bestimmten Formen gewisse systematische Abweichungen von der regelmäßigen Bildung bzw. orthographische Besonderheiten aufweisen, die sogenannten **Gruppenverben** (s.u.).
Schließlich gibt es eine Reihe von Verben, die so starke individuelle Abweichungen aufweisen, dass man sie als **unregelmäßige Verben** bezeichnet: z.B., **poder**, **querer**, **saber**.
Des Weiteren unterscheidet man zwischen

- **reflexiven Verben**, die in Verbindung mit einem Reflexivpronomen verwendet werden, z.B. **quedarse** (bleiben) (81, S. 214),
- **unpersönlichen Verben**, die nur in der neutralen Form der 3. Ps Sg verwendet werden, z.B. **llueve** (es regnet) und
- **unvollständigen Verben**, die nicht in allen Personalformen bzw. Zeiten verwendet werden, z.B. **soler** (zu tun pflegen) (43, S. 138).

3 Gruppenverben

Hierbei unterscheidet man folgende Fälle, die einzeln oder kombiniert auftreten können:

1 Veränderung eines Stammvokals

1. **-e-** wird zu **-ie-** bei der 1.–3. Ps Sg und der 3. Ps Pl des Presente (Indicativo/Subjuntivo) und beim Imperativo – mit Ausnahme der zu **nosotros** und **vosotros** gehörenden Formen.

   cerrar ► cierro (11, S. 74)
   entender ► entiendo (30, S. 112)
   discernir ► discierno (59, S. 170)

2. -e- wird zu -i- bei der 1.–3. Ps Sg und 3. Ps Pl des Presente de Indicativo, bei der 3. Ps Sg und Pl des Indefinido, bei allen Formen des Subjuntivo (Presente/Imperfecto), beim Imperativo – mit Ausnahme der zu vosotros gehörenden Form des Imperativo afirmativo – sowie beim Gerundio.

   servir ► sirvo (77, S. 206)

3. Bei einer Reihe von Verben ergibt sich eine Kombination der unter 1. und 2. genannten Veränderungen:

   mentir ► miento (1. Ps Sg des Presente de Indicativo)
   (68, S. 188) ► mienta (1. Ps Sg des Presente de Subjuntivo)
   ► mintamos (1. Ps Pl des Presente de Subjuntivo)

4. -o- wird zu -ue- bei der 1.–3. Ps Sg und 3. Ps Pl des Presente (Indicativo/Subjuntivo) und bei den zu **tú**, **usted** und **ustedes** gehörenden Formen des Imperativo.

   probar ► pruebo (19, S. 90)
   doler ► duelo (29, S. 110)

2 Veränderung eines Stammkonsonanten

1. -c- wird zu -zc- bei der 1. Ps Sg des Presente de Indicativo, bei allen Formen des Presente de Subjuntivo und bei den Formen des Imperativo – mit Ausnahme der zu **tú** bzw. **vosotros** gehörenden Formen des Imperativo afirmativo.

   ofrecer ► ofrezco (33, S. 118)
   lucir ► luzco (67, S. 186)

2. Bei einigen Verben findet neben den unter 1. genannten Veränderungen zusätzlich bei allen Formen des Indefinido und des Imperfecto de Subjuntivo ein Wechsel von -c- zu -j- statt.

   conducir ► conduje (Indefinido)
   (54, S. 160) ► condujera (Imperfecto de Subjuntivo)

3 Orthographische Besonderheiten

1. Akzentverschiebung

Bei einigen Verben findet aufgrund der allgemeinen Betonungsregeln eine Verschiebung der betonten Silbe zu einem sonst unbetonten -i- oder -u- statt, was in der Schrift die Setzung eines Betonungsakzents erforderlich macht.

enviar ► envío (15, S. 82)
aunar ► aúno (8, S. 68)
continuar ► continúo (12, S. 76)

2. Aussprachebedingte Veränderungen

1. -c- wird vor -e- zu -qu-:
   tocar ► toqué (22, S. 96)
2. Unbetontes -i- wird vor Vokal zu -y-:
   construir ► construyo (56, S. 164)
3. Zwischen -ñ- (oder -ll-) und Vokal entfällt das unbetonte -i-:
   gañir ► gañó (64, S. 180)
4. -g- wird vor -e- zu -gu-:
   llegar ► llegue (18, S. 88)
5. -g- wird vor -a- und -o- zu -j-:
   exigir ► exijo (63, S. 178)
6. -gu- wird vor -a- und -o- zu -g-:
   distinguir ► distingo (60, S. 172)
7. -qu- wird vor -a- und -o- zu -c-:
   delinquir ► delinco (58, S. 168)
8. -z- wird vor -e- zu -c-:
   bostezar ► bostecé (10, S. 72)

Zeiten und Modi

Mit Hilfe der verschiedenen **Zeiten** drückt die Verbform aus, wann eine Handlung geschieht bzw. ein Zustand besteht: in der Gegenwart, in der Vergangenheit oder in der Zukunft. Darüber hinaus wird durch die Verwendung eines bestimmten **Modus** angezeigt, welche Sicht der Dinge einer konkreten Äußerung zugrunde liegt: wird eine Handlung-/-ein Zustand als real gegeben angesehen, verwendet man im Spanischen den Indicativo, will man dagegen etwas als möglich oder zweifelhaft darstellen, so verwendet man z.B. den Subjuntivo.

1 Die Bildung der Zeiten und Modi

Im heutigen Spanisch stehen im Indicativo acht verschiedene Zeiten zur Verfügung: **Presente, Perfecto, Imperfecto, Indefinido, Pluscuamperfecto, Pretérito anterior, Futuro, Futuro compuesto**. Dagegen werden im **Subjuntivo** heute nur noch vier Zeiten verwendet: **Presente, Perfecto, Imperfecto, Pluscuamperfecto**. Das in älteren literarischen Texten sowie in gewissen juristischen Formulierungen anzutreffende Futuro de Subjuntivo (z.B. hablar ► hablare; aprender ► aprendiere; subir ► subiere) spielt in der aktiven Sprachgestaltung des heutigen Spanisch keine Rolle mehr.
Als weitere Modi gibt es noch das **Condicional** bzw. **Condicional compuesto**, den **Imperativo** (afirmativo und negativo) sowie das **Gerundio**. Außerdem besteht die Möglichkeit einer **Passivkonstruktion** (18, S. 17, 40).

1 Presente de Indicativo

Bildung: Stamm des Infinitivs + Personalendung

hablar ► hablo, -as, -a, -amos, -áis, -an
aprender ► aprendo, -es, -e, -emos, -éis, -en
subir ► subo, -es, -e, -imos, -ís, -en

Diese Personalendungen gelten auch für die Gruppenverben und die meisten unregelmäßigen Verben.

Merktipps:

- Mit Ausnahme von **haber**, **ser** und **ir** unterscheiden sich die Endungen der Verben auf **-er** und **-ir** nur in der 1. und 2. Ps Pl
- Die 1. Ps Sg endet immer auf **-o** außer bei den folgenden Verben: estar ► estoy; ser ► soy; dar ► doy; ir ► voy; haber ► he; saber ► sé.

2 Imperfecto de Indicativo

Bildung: Stamm des Infinitivs + Personalendung

hablar ► hablaba, -abas, -aba, -ábamos, -abais, -aban
aprender ► aprendía, -ías, -ía, -íamos, -íais, -ían
subir ► subía, -ías, -ía, -íamos, -íais, -ían

Merktipps:
Die Verben auf **-er** und **-ir** haben die gleichen Endungen.
Es gibt nur zwei unregelmäßige Verben: ser ► **era** und ir ► **iba**.

3 Indefinido

Bildung: Stamm des Infinitivs + Personalendung

hablar ► hablé, -aste, -ó, -amos, -asteis, -aron
aprender ► aprendí, -iste, -ió, -imos, -isteis, -ieron
subir ► subí, -iste, -ió, -imos, -isteis, -ieron

Merktipps:
Die Verben auf **-er** und **-ir** haben die gleichen Endungen.

- Achten Sie auf die richtige Betonung:
  Hablé und **habló** sind Formen des Indefinido.
  Hable und **hablo** sind Formen des Presente de Subjuntivo (**hable**) bzw. des Presente de Indicativo (**hablo**).
- Im Indefinido treten sowohl im Stamm als auch in der Endung zahlreiche unregelmäßige Formen auf, z.B.:
  estar ► **estuve** (2, S. 56), poner ► **puse** (37, S. 126)

4 Perfecto de Indicativo

Bildung: Presente von **haber** + Participio

Bildung des Participio: Stamm des Infinitivs + Endung.
Endung bei Verben auf -ar: -ado
Endung bei Verben auf -er/-ir: -ido

hablar ► **he** habl**ado**
aprender ► **he** aprend**ido**
subir ► **he** sub**ido**

Eine Reihe von Verben auf -er/-ir haben ein unregelmäßiges Partizip z.B.: hacer ► **hecho** (31, S. 114); decir ► **dicho** (57, S. 166)

5 Pluscuamperfecto de Indicativo

Bildung: Imperfecto von **haber** + Participio

hablar ► **había** hablado
aprender ► **había** aprendido
subir ► **había** subido

6 Pretérito anterior

Bildung: Indefinido von **haber** + Participio

hablar ► **hube** hablado
aprender ► **hube** aprendido
subir ► **hube** subido

Diese Zeit wird heute nur noch selten verwendet.

7 Futuro

Bildung: Infinitiv + Personalendung

hablar ► hablaré, -ás, -á, -emos, -éis, -án
aprender ► aprenderé, -ás, -á, -emos, -éis, -án
subir ► subiré, -ás, -á, -emos, -éis, -án

Die Personalendungen sind für alle Verben die gleichen. Nur bei einigen Verben auf -er/-ir tritt eine Veränderung des Stamms auf. Hier die wichtigsten Verben:

decir ►	diré (57, S. 166)	querer ►	querré (39, S. 130)
haber ►	habré (1, S. 54)	saber ►	sabré (41, S. 134)
hacer ►	haré (31, S. 114)	salir ►	saldré (75, S. 202)
poder ►	podré (36, S. 124)	tener ►	tendré (45, S. 142)
poner ►	pondré (37, S. 126)	venir ►	vendré (78, S. 208)

8 Futuro Compuesto

Bildung: Futuro von haber + Participio

hablar ► habré hablado
aprender ► habré aprendido
subir ► habré subido

9 Presente de Subjuntivo

Bildung: Stamm der 1. Ps Sg des Presente de Indicativo + Personalendung

(hablar)	hablo ►	hable, -es, -e, -emos, -éis, -en
(probar)	pruebo ►	pruebe usw.
(aprender)	aprendo ►	aprenda, -as, -a, -amos, -áis, -an
(hacer)	hago ►	haga, usw.
(subir)	subo ►	suba, -as, -a, -amos, -áis, -an
(seguir)	sigo ►	siga usw.

Bei den Verben auf -ar erfolgt eine systematische Veränderung des Endungsvokals -a- zu -e- und bei den Verben auf -er/-ir von -e- zu -a-. Auch hier haben die Verben auf -er und auf -ir wieder die gleichen Endungen.

Es gibt nur sechs Verben, die von dem obigen Schema abweichen:

dar ►	**dé** (13, S. 79)	ir ►	**vaya** (66, S. 185)
estar ►	**esté** (2, S. 57)	saber ►	**sepa** (41, S. 135)
haber ►	**haya** (1, S. 55)	ser ►	**sea** (3, S. 59)

10 Imperfecto de Subjuntivo

Bildung: Stamm der 3. Ps Pl des Indefinido + Personalendung

(hablar)	hablaron ►	hablara/-ase, -aras/-ases, -ara/-ase, -áramos/-ásemos, -arais/-aseis, -aran/-asen
(aprender)	aprendieron ►	aprendiera/-iese, -ieras/-ieses, -iera/-iese, -iéramos/-iésemos, -ierais/-ieseis, -ieran/-iesen
(tener)	tuvieron ►	tuviera/-iese, usw.
(subir)	subieron ►	subiera/-iese, -ieras/-ieses, -iera/-iese, -iéramos/-iésemos, -ierais/-ieseis, -ieran/-iesen
(mentir)	mintieron ►	mintiera/-iese usw.

Die beiden Endungsformen -ara bzw. -ase (-iera bzw. -iese) können gleichwertig verwendet werden, wobei die Formen auf -ara bzw. -iera zumindest in der gesprochenen Sprache zu dominieren scheinen.

11 Perfecto de Subjuntivo

Bildung: Presente de Subjuntivo von **haber** + Participio

hablar ► **haya** hablado
aprender ► **haya** aprendido
subir ► **haya** subido

12 Pluscuamperfecto de Subjuntivo

Bildung: Imperfecto de Subjuntivo von **haber** + Participio

hablar ► **hubiera/hubiese** hablado
aprender ► **hubiera/hubiese** aprendido
subir ► **hubiera/hubiese** subido

13 Condicional

Bildung: Infinitiv + Personalendung

hablar ► habla**ría**, **-ías**, **-ía**, **-íamos**, **-íais**, **-ían**
aprender ► aprende**ría**, **-ías**, **-ía**, **-íamos**, **-íais**, **-ían**
subir ► subi**ría**, **-ías**, **-ía**, **-íamos**, **-íais**, **-ían**

Merktipps:
Die Endungen der Verben entsprechen denen des Imperfecto de Indicativo der Verben auf -er/-ir.
Die Endungen aller Verben sind gleich.
Der Stamm des Futuro und des Condicional ist immer gleich, auch bei den unregelmäßigen Verben.

14 Condicional Compuesto

Bildung: Condicional von **haber** + Participio

hablar ► **habría** hablado
aprender ► **habría** aprendido
subir ► **habría** subido

15 Imperativo afirmativo

Bildung:

1. Bei der Anrede tú: Form der 3. Ps Sg des **Presente de Indicativo**, z.B. hablar ► habla, aprender ► aprende, subir ► sube
   Folgende Verben haben unregelmäßige Formen:
   ser ► **sé**, hacer ► **haz**, decir ► **di**, ir ► **ve**, poner ► **pon**, salir ► **sal**, tener ► **ten**, venir ► **ven**

2. Bei der Anrede usted: Form der 3. Ps Sg des **Presente de Subjuntivo**, z.B. hablar ► hable, aprender ► aprenda, subir ► suba

3. Bei der Anrede nosotros: Form der 1. Ps Pl des **Presente de Subjuntivo**, z.B. hablar ► hablemos, aprender ► aprendamos, subir ► subamos

4. Bei der Anrede vosotros: Das Endungs-r des Infinitivs wird durch ein -d- ersetzt, z. B. hablar ► hablad, aprender ► aprended, subir ► subid

5. Bei der Anrede ustedes: Form der 3. Ps Pl des **Presente de Subjuntivo**, z.B. hablar ► hablen, aprender ► aprendan, subir ► suban

Beim bejahten Imperativ in Verbindung mit Personalpronomen (Objektpronomen/Reflexivpronomen) werden diese an die Imperativform angehängt, was gegebenenfalls eine Akzentsetzung erforderlich macht:

diga + me ► dígame (decir, 57, S. 166)
queda + te ► quédate (quedarse, 81, S. 214)
explica + se + lo ► explícaselo

Bei den zu nosotros gehörenden Formen entfällt das Endungs-s, z.B.

lavemos + nos ► lavémonos

Bei den zu vosotros gehörenden Formen entfällt das Endungs-d, z.B.

quedad + os ► quedaos (81, S. 214)
Ausnahme: ir ► idos (66, S. 184)

16 Imperativo negativo

Bildung: no + Formen des Presente de Subjuntivo

hablar ► no habl**es**, usw.
aprender ► no aprend**as**, usw.
subir ► no sub**as**, usw.

17 Gerundio

Bildung:

1. Verben auf -ar: Stamm des Infinitivs + Endung -ando:

   hablar ► habl**ando**

2. Verben auf -er/-ir: Stamm des Infinitivs + Endung -iendo:

   aprender ► aprend**iendo**
   subir ► sub**iendo**

Einige Verben haben unregelmäßige Formen, z.B. decir ► diciendo. Bei vielen unregelmäßigen Verben bzw. Gruppenverben auf -er/-ir kann die Form des Gerundio aus der 3. Ps Pl des Indefinido abgeleitet werden:

(constreñir)	constr**i**ñeron	►	constr**i**ñendo (55, S. 162)
(construir)	constru**y**eron	►	constru**y**endo (56, S. 164)
(dormir)	d**u**rmieron	►	d**u**rmiendo (61, S. 174)
(oír)	o**y**eron	►	o**y**endo (69, S. 190)
(poder)	p**u**dieron	►	p**u**diendo (36, S. 124)
(seguir)	s**i**guieron	►	s**i**guiendo (76, S. 204)
(tañer)	ta**ñ**eron	►	ta**ñ**endo (44, S. 140)
(venir)	v**i**nieron	►	v**i**niendo (78, S. 208)

18 La voz passiva

Bildung: Entsprechende Personalform von ser + Participio

ser admirado (bewundert werden)

Soy admirado/admirada por todos.
Eres admirado/admirada por todos.
Él es admirado por todos.
Ella es admirada por todos.
Nosotros somos admirados por todos.
Nosotras somos admiradas por todos.
Vosotros sois admirados por todos.
Vosotras sois admiradas por todos.
Ellos son admirados por todos.
Ellas son admiradas por todos.

Wie die Beispiele zeigen, muss das Participio im Genus (männlich/weiblich) und im Numerus (Einzahl/Mehrzahl) an das Subjekt des Satzes angepasst werden. Wird die handelnde Person genannt, erfolgt der Anschluss durch die Präposition por. Das Passiv kann in allen Zeiten und Modi gebildet werden, doch wird es im Spanischen häufig durch andere Konstruktionen ersetzt (S. 40).

2 Der Gebrauch der Zeiten und Modi

Im Folgenden soll eine Übersicht über die wichtigsten Verwendungsmöglichkeiten der genannten Zeiten und Modi – ohne Anspruch auf Vollständigkeit – gegeben werden.

1 Presente de Indicativo

Die Verwendung des Presente de Indicativo entspricht im Wesentlichen der des Präsens Indikativ im Deutschen, wobei jedoch folgende Unterschiede zu beachten sind:

1. Anders als im Deutschen wird das Presente normalerweise **nicht für** in der **Zukunft** stattfindende Handlungen/Ereignisse verwendet. Hierfür stehen zwei Möglichkeiten zur Verfügung:

entweder der Gebrauch des Futuro de Indicativo (S. 23)

Lo **haré** mañana.
Ich mache es morgen.

oder – vor allem in der gesprochenen Sprache – die Umschreibung mit der Personalform von ir + a + Infinitiv:

Voy a hacerlo mañana.
Ich mache es morgen.

2. Um eine **gerade ablaufende Handlung** oder einen andauernden Zustand zu beschreiben, verwendet man häufig das **Gerundio**.

   Los niños **están jugando** en la calle.
   Die Kinder spielen (gerade) auf der Straße.

2 Imperfecto de Indicativo

Die Verwendung des Imperfecto de Indicativo – das formal dem deutschen Imperfekt entspricht – muss im Kontrast zu einer anderen Zeit der Vergangenheit, dem Indefinido gesehen werden. Beide bezeichnen Handlungen/Ereignisse, die in der Vergangenheit stattgefunden haben, werden jedoch in unterschiedlichen Fällen gebraucht, die sich nicht immer eindeutig voneinander abgrenzen lassen.

Das Imperfecto ist in erster Linie eine Zeit der **Beschreibung**. Es erscheint deshalb häufig in Situations- bzw. Zustandsbeschreibungen, wie die folgenden Beispiele zeigen:

1. Cuando **tenía** cinco años, **era** muy pequeña para mi edad.
   Als ich fünf Jahre alt war, war ich sehr klein für mein Alter.

   Hier liegt keine Handlung im eigentlichen Sinne vor, sondern es wird nur eine Angabe zum Alter der Person gemacht und ihre Körpergröße beschrieben.

   Merke:
   Altersangaben in der Vergangenheit stehen immer im Imperfecto.

2. **Eran** las siete de la tarde cuando volví a casa.
   Es war sieben Uhr abends, als ich nach Hause kam.

   Im Hauptsatz wird nur eine Angabe über den **Zeitpunkt** gemacht, zu dem die im Nebensatz genannte, einmalige, abgeschlossene Handlung stattfand.

   Merke:
   Zeitangaben in der Vergangenheit stehen immer im Imperfecto. Einmalige, abgeschlossene Handlungen stehen dagegen im Indefinido.

3. Cuando niño **iba** todos los días a casa de mis abuelos.
   Als Kind ging ich jeden Tag zu meinen Großeltern.

   Hier wird eine sich wiederholende Handlung genannt.

   Merke:
   Wiederholte gewohnheitsmäßige Handlungen in der Vergangenheit stehen normalerweise im Imperfecto.

4. A las seis de la mañana el hombre todavía **estaba** bastante cansado.
   Um sechs Uhr morgens war der Mann noch ziemlich müde.

   Das Verb beschreibt hier einen **andauernden Zustand**.

   Merke:
   Zustandsbeschreibungen in der Vergangenheit stehen im Imperfecto.

5. El hombre **iba** al trabajo y como ya **era** tarde, **tenía** mucha prisa cuando, de repente, vio un coche volcado al lado de la carretera.
   Der Mann fuhr zur Arbeit und, da es schon spät war, hatte er es sehr eilig, als er plötzlich am Straßenrand ein umgestürztes Auto sah.

   Die im Imperfecto stehenden Verben schildern andauernde Handlungen, die den **Hintergrund** für eine neu einsetzende, abgeschlossene Handlung bilden.

Merke:
Hintergrundbeschreibungen in der Vergangenheit stehen im Imperfecto.

6. El hombre frenó en seco al ver una mano que **salía** de una de las ventanillas.
   Der Mann bremste scharf, als er eine Hand sah, die aus einem Seitenfenster ragte.

   Hier dient der **Relativsatz** (que salía ...) zur näheren Beschreibung von etwas, das im Hauptsatz erwähnt wurde.

   Merke:
   In beschreibenden/erläuternden Relativsätzen steht häufig das Imperfecto.

7. Paco: «No tengo tiempo» ► Paco dijo que no **tenía** tiempo.
   Paco: „Ich habe keine Zeit." ► Paco sagte, dass er keine Zeit habe.

   Bei der Umwandlung von wörtlicher Rede in **indirekte Rede** wird aus Presente automatisch Imperfecto, wenn das die indirekte Rede einleitende Verb in einer der drei folgenden Vergangenheitszeiten steht: Indefinido, Imperfecto oder Pluscuamperfecto.

   Merke:
   In der indirekten Rede der Vergangenheit wird Presente zu Imperfecto.

3 Indefinido

Das Indefinido – für das es im Deutschen keine formale Entsprechung gibt – ist die Zeit, mit der in erster Linie über **einmalige**, in sich **abgeschlossene Handlungen/Ereignisse** in einem als beendet angesehenen Zeitraum der Vergangenheit berichtet wird. Wie die folgenden Beispiele zeigen, steht bei der Verwendung des Indefinido eindeutig der Aspekt des Handelns/Geschehens – d.h. die Schilderung von Tatsachen – im Vordergrund.

1. Cuando **entré** en el salón y **vi** a mi madre en el suelo sin moverse me **llevé** un buen susto.
   Als ich ins Wohnzimmer kam und meine bewegungslos am Boden liegende Mutter sah, bekam ich einen großen Schreck.

   Hierbei handelt es sich um eine reine Aufzählung von Fakten, die – vom Sprecher aus gesehen – keinen direkten Bezug zur Gegenwart haben (S. 22) und auch nicht näher beschrieben werden (S. 18).

   Merke:
   Tatsachenschilderungen in der Vergangenheit stehen im Indefinido.

2. Estaba durmiendo la siesta, cuando **sonó** el teléfono.
   Ich machte gerade einen Mittagsschlaf, als das Telefon klingelte.

   Die vor dem beschriebenen Hintergrund (der Mittagsschlaf) neu eintretende Handlung (das Klingeln des Telefons) steht im **Vordergrund** des Interesses und stellt somit die Haupthandlung dar.

   Merke:
   Haupthandlungen stehen im Indefinido.

3. ¿Has leído algun libro de García Márquez? – Sí, **leí** «Cien años de soledad» hace mucho tiempo.
   Hast du schon mal ein Buch von García Márquez gelesen? – Ja, vor langer Zeit habe ich „Hundert Jahre Einsamkeit" gelesen.

   Obwohl die Frage im Perfecto gestellt wird, weil der Vergangenheitszeitraum bis unmittelbar an die Gegenwart – d.h. der Zeitpunkt des Sprechens – heranreicht, muss das Verb in der Antwort im Indefinido stehen, da es von einer **Zeitangabe** begleitet wird, die einen in der Vergangenheit beendeten Zeitraum bezeichnet (hace mucho tiempo).

   Merke:
   In Verbindung mit einer Zeitangabe der Vergangenheit steht das Indefinido.

4 Perfecto de Indicativo

Der Gebrauch dieser Zeit – die formal dem deutschen Perfekt entspricht – muss ebenfalls im Kontrast zu einer anderen Zeit der Vergangenheit im Spanischen – dem Indefinido (S. 20) – gesehen werden. Das Perfecto de Indicativo wird verwendet um eine Handlung in der Vergangenheit zu bezeichnen, die – vom Sprecher aus gesehen – **einen direkten Bezug zur Gegenwart** hat. Dieser Bezug zur Gegenwart kann – muss aber nicht – durch eine Zeitangabe angedeutet werden, die einen noch nicht abgeschlossenen Zeitraum umfasst:

1. Hoy **he trabajado** mucho.
   Heute habe ich schwer gearbeitet.

   Hoy drückt hier den Bezug zur Gegenwart aus.

2. Mira, **ha llovido**.
   Schau, es hat geregnet.

   Hier ist der Bezug zur Gegenwart dadurch gegeben, dass man z.B. das noch nasse Straßenpflaster sehen kann.

Dagegen schließt die Verwendung einer Zeitangabe wie ayer (gestern), die sich auf einen bereits in der Vergangenheit abgeschlossenen Zeitraum bezieht, den Gebrauch des Perfecto aus. In einem solchen Fall verwendet man das Indefinido:

Ayer trabajé desde las ocho hasta las seis.
Gestern arbeitete ich von acht bis sechs. / Gestern habe ich von acht bis sechs gearbeitet.

In Lateinamerika dominiert die Verwendung des Indefinido auch in Fällen, in denen man in Spanien das Perfecto verwenden würde.

5 Pluscuamperfecto de Indicativo

Wie das Plusquamperfekt (Vorvergangenheit) im Deutschen so wird auch das Pluscuamperfecto de Indicativo dazu verwendet, Handlungen/Ereignisse zu bezeichnen, die **vor einer anderen Handlung in der Vergangenheit** stattgefunden haben.

Cuando llegué a casa, mis amigos ya se **habían ido**.
Als ich nach Hause kam, waren meine Freunde schon gegangen.

6 Pretérito anterior

Diese Zeit hat dieselbe Funktion wie das Pluscuamperfecto de Indicativo, wird aber in der gesprochenen Sprache überhaupt nicht mehr und in literarischen Texten nur noch selten verwendet.

Eso le pareció falso tan pronto como lo **hubo dicho**.
Das kam ihm/ihr falsch vor, sobald er/sie es gesagt hatte.

7 Futuro

Der Gebrauch des Futuro deckt sich nur teilweise mit dem der entsprechenden Zeit im Deutschen (Futur I), wie die folgenden Beispiele zeigen.

1. La semana que viene **empezaremos** las obras.
   Kommende Woche fangen wir mit den Bauarbeiten an.

   Bei **Zeitangaben der Zukunft** wird – neben der Umschreibung mit ir + a + Infinitiv (S. 18) – das Futuro verwendet.

2. ¿Qué hora es? – No sé, **serán** las ocho y media.
   Wie spät ist es? – Ich weiß nicht, es wird wohl halb neun sein.

   Mit Hilfe des Futuro können – wie im Deutschen – **Vermutungen** geäußert werden.

3. Si haces lo que te digo, **tendrás** un regalito.
   Wenn du tust, was ich dir sage, bekommst du etwas geschenkt.

   Im Hauptsatz eines **realen Bedingungsgefüges** steht Futuro.

4. Cuando salgas de la estación, **seguirás** todo recto.
   Wenn du aus dem Bahnhof kommst, gehst du geradeaus weiter.

   Nach Nebensätzen mit cuando **in futurischer Bedeutung** steht im Hauptsatz Futuro.

8 Futuro Compuesto

Wie das Futur II im Deutschen wird das Futuro Compuesto vor allem verwendet, um eine **Vermutung** hinsichtlich einer **bereits abgeschlossenen** Handlung auszudrücken.

Puri ya **habrá comido** en casa.
Puri wird wohl schon zu Hause gegessen haben.

9 Presente de Subjuntivo

Im Gegensatz zum Konjunktiv im Deutschen – dem er formal entspricht – ist der Subjuntivo im Spanischen ein wichtiger Modus. Er wird nicht nur in der Schriftsprache, sondern auch in der gesprochenen Sprache – und selbst in der Umgangssprache – häufig verwendet. Anders als der Konjunktiv im Deutschen wird der Subjuntivo jedoch **nicht in der indirekten Rede** verwendet. Der Subjuntivo tritt **fast ausschließlich in Nebensätzen** auf, die in den meisten Fällen mit der Konjunktion que eingeleitet werden.
Im Allgemeinen wird der Gebrauch des Presente de Subjuntivo von gewissen **Auslösern** inhaltlicher oder formaler Art bestimmt, von denen die wichtigsten im Folgenden behandelt werden.

1. Auslöser inhaltlicher Art

Zu den Auslösern inhaltlicher Art gehören Äußerungen, die
- zum Ziel haben jemanden in seinem Verhalten zu beeinflussen,
- eine gefühlsbetonte Reaktion darstellen,
- eine wertende Stellungnahme vornehmen,
- die Möglichkeit/Unmöglichkeit bzw. Wahrscheinlichkeit/Unwahrscheinlichkeit einer Aussage betonen.

1. Verhaltensbeeinflussung

   Es gibt eine Vielzahl von Verben bzw. Ausdrücken, die in einem bestimmten Zusammenhang keine Tatsache mitteilen, sondern einen **Wunsch**, eine **Bitte**, eine **Aufforderung**, einen **Befehl**, eine **Empfehlung**, einen **Ratschlag**, ein **Verbot**, usw. ausdrücken:

querer ► Quiero que todo el mundo me **escuche**.
mögen Ich möchte, dass mir alle zuhören.
Ebenso: desear (wünschen)

pedir ► Les pedimos que nos **contesten** en seguida.
bitten Wir bitten Sie uns umgehend zu antworten.
Ebenso: rogar (anflehen), suplicar (inständig bitten)

mandar ► Mandan que los vecinos no **salgan** de sus casas.
auffordern Die Einwohner werden aufgefordert ihre Häuser nicht zu verlassen.

Hier könnte auch das Verb decir in der Bedeutung von „auffordern" verwendet werden:

Les dicen a los vecinos que no **salgan** de sus casas.

In der Bedeutung von „sagen" steht decir dagegen immer mit dem Indikativ.

ordenar ► Os ordeno que **calléis**.
befehlen Ich befehle euch zu schweigen.

Hier könnte auch die folgende substantivische Struktur verwendet werden:

Os doy la orden de que **calléis**.
Ich gebe euch den Befehl zu schweigen.

recomendar ► Te recomiendo que lo **tengas** en serio.
empfehlen Ich empfehle dir das ernst zu nehmen.

aconsejar ► Todos me aconsejan que **descanse** un poco.
raten Alle raten mir mich etwas auszuruhen.

prohibir ► Te prohibo que **fumes** dentro de la casa.
verbieten Ich verbiete dir im Haus zu rauchen.

2. Gefühlsbetonte Reaktion

Hierzu gehören Verben bzw. Ausdrücke, die nichts über die Richtigkeit des im Nebensatz Gesagten aussagen, sondern die persönliche, emotionale Einstellung des Sprechers wiedergeben, d.h. Gefühlen wie **Freude**, **Verärgerung**, **Dankbarkeit**, **Empörung**, **Erstaunen**, **Gleichgültigkeit**, **Hoffnung**, **Angst**, **Bedauern**, **Gefallen** Ausdruck verleihen:

alegrarse sich freuen	►	Me alegro de que **tengas** tanto éxcito. Es freut mich, dass du soviel Erfolg hast. Ebenso: entusiasmar (begeistern)
fastidiar ärgern	►	Me fastidia mucho que **hagas** tonterías todo el tiempo. Es ärgert mich sehr, dass du dauernd Dummheiten machst. Ebenso: molestar (stören), disgustar (anekeln)
agradecer danken	►	Te agradezco de que me **ayudes**. Ich danke dir, dass du mir hilfst.
escandalizar empören	►	Nos escandaliza que no **acabe** la agresión. Wir sind empört, dass die Aggression nicht aufhört. Ebenso: indignar (erzürnen)
sorprender überraschen	►	Me sorprende que no me **entiendas**. Es überrascht mich, dass du mich nicht verstehst. Ebenso: extrañar (erstaunen)
no importar nichts ausmachen	►	No me importa que **tengas** prisa. Es macht mir nichts aus, dass du es eilig hast. Ebenso: dar igual (gleichgültig sein)
esperar hoffen	►	Espero que **ganes** bastante dinero. Ich hoffe, dass du genug Geld verdienst. Ebenso: tener la esperanza de que (die Hoffnung haben, dass)

temer ► befürchten	Temo que ya **sea** tarde. Ich befürchte, dass es schon zu spät ist. Ebenso: tener miedo que (Angst haben, dass)
sentir ► bedauern	Siento que no **pueda** ayudarte. Ich bedaure dir nicht helfen zu können. Ebenso: lamentar (beklagen), estar triste que (traurig sein, dass)
gustar ► gefallen	Me gusta que siempre **estés** alegre. Es gefällt mir, dass du immer fröhlich bist. Ebenso: encantar (sehr erfreuen)

3. Wertende Stellungnahme

Hierbei handelt es sich um eine Reihe von unpersönlichen Ausdrücken des Typs: Verb (ser/estar/parecer ...) + Adjektiv (normal/bueno/justo ...) oder Verb + Adverb (bien/mal...) oder Verb + Substantiv (una pena / una tontería / una locura ...), durch die eine **Bewertung** des im Nebensatz Gesagten vorgenommen wird, wie z.B.:

es normal ► es ist normal	Es normal que Miguel no **tenga** dinero. Es ist normal, dass Miguel kein Geld hat.
es mejor ► es ist besser	Es mejor que **vayas** hoy. Es ist besser, wenn du heute hingehst.
es lógico ► es ist logisch	Es lógico que **estés** decepcionado. Es ist logisch, dass du enttäuscht bist.
es necesario ► es ist notwendig	Es necesario que **hagan** concesiones los dos. Es ist notwendig, dass beide Zugeständnisse machen.
es importante ► es ist wichtig	Es importante que todos **tengan** los mismos derechos. Es ist wichtig, dass alle die gleichen Rechte haben.

es una locura ► es ist Wahnsinn	Es una locura que **salgáis** tan tarde. Es ist Wahnsinn, dass ihr so spät noch ausgeht.
(es una) lástima ► (es ist) schade	Lástima que no **esté** Paco. Schade, dass Paco nicht da ist.
está bien ► es ist gut	Está bien que me **comprendas**. Es ist gut, dass du mich verstehst.
está mal ► es ist schlecht	Está mal que no **conteste** nadie. Es ist schlecht, dass niemand antwortet.
parece justo ► es erscheint gerecht	Parece justo que todos **puedan** trabajar. Es erscheint gerecht, dass alle arbeiten können.
parece adecuado ► es erscheint angemessen	Parece adecuado que le **castiguen** severamente a Joaquín. Es erscheint angemessen, dass man Joaquín schwer bestraft.
parece mentira ► es ist unglaublich	Parece mentira que ya **tengas** 60 años. Es ist unglaublich, dass du schon 60 bist.
basta (con) ► es genügt	Basta (con) que me **llamen** y solucionaré el problema. Es genügt, dass sie mich anrufen, und ich werde das Problem lösen.
conviene ► es ist angebracht	Conviene que no **digas** nada sobre el asunto. Es ist angebracht, dass du nicht über die Angelegenheit redest.

4. Möglichkeit/Wahrscheinlichkeit

Zu diesem Bereich gehören eine begrenzte Anzahl unpersönlicher Ausdrücke, das Verb dudar, sowie einige Verben der Meinungsäußerung, die allerdings nur in der verneinten Form den Subjuntivo auslösen:

es posible ►	Es posible que **llegue** un poco antes.
es ist möglich	Es ist möglich, dass ich ein bisschen früher komme.
es imposible ►	Es imposible que **paguemos** tanto.
es ist unmöglich	Es ist unmöglich, dass wir so viel zahlen.
es probable ►	Es probable que pronto **mejore** el tiempo.
es ist wahrscheinlich	Es ist wahrscheinlich, dass sich das Wetter bald bessert.
es improbable ►	Es improbable que **bajen** los precios.
es ist unwahrscheinlich	Es ist unwahrscheinlich, dass die Preise fallen.
hay posibilidades ►	Hay posibilidades de que este chico **gane** la carrera.
es besteht die Möglichkeit	Es besteht die Möglichkeit, dass dieser Junge das Rennen gewinnt.
puede (ser) ►	Puede ser que Paco **vuelva** mañana.
es kann sein	Es kann sein, dass Paco morgen zurückkommt.
dudar ►	Dudo que **llegues** a tiempo.
bezweifeln	Ich bezweifle, dass du rechtzeitig ankommst.
no creer ►	No creo que **sea** posible.
nicht glauben	Ich glaube nicht, dass es möglich ist.
Aber:	¿No crees tambien que eso podría funcionar?
	Glaubst du nicht auch, dass das gehen könnte?
	Hier wird kein Zweifel geäußert, sondern im Gegenteil eine Bestätigung der eigenen Meinung erwartet.

no pensar nicht meinen	►	No pienso que **podamos** hacerlo a solas. Ich meine nicht, dass wir es alleine machen können.
no decir nicht sagen	►	No digo que **sea** fácil. Ich sage nicht, dass es leicht ist.

2. Auslöser formaler Art

Bei den Auslösern formaler Art muss man unterscheiden zwischen **unbedingten Auslösern** und **bedingten Auslösern**. Nach unbedingten Auslösern steht immer der Subjuntivo. Bei bedingten Auslösern hängt es von der Bedeutung des im Nebensatz Gesagten ab, ob Subjuntivo oder Indicativo verwendet wird.

1. Unbedingte Auslöser

   Hierzu gehören unter anderem:

a condición de que unter der Bedingung, dass	►	Te ayudaré a condición de que luego me **ayudes** tú a mí. Ich helfe dir unter der Bedingung, dass du mir dann hilfst.
antes (de) que bevor	►	Tendremos que volver antes de que **anochezca**. Wir müssen zurückkehren, bevor es Nacht wird.
en (el) caso de que falls	►	Me llevo el paraguas en caso de que **llueva**. Ich nehme den Regenschirm mit, falls es regnen sollte.
ojalá (que) hoffentlich	►	Ojalá nos **estén** esperando. Hoffentlich warten sie auf uns.
para que damit	►	Te llamo para que **vengas**. Ich rufe dich an, damit du herkommst.

sin que ►	Engañan sin que se **entere** nadie.
ohne dass	Sie betrügen, ohne dass es jemand merkt.
a menos que ►	No lo haré a menos que me lo **manden**.
es sei denn	Ich werde es nicht tun, es sei denn sie befehlen es mir.

2. Bedingte Auslöser

Bei den folgenden beispielhaft dargestellten Auslösern muss in jedem Einzelfall in Abhängigkeit von der beabsichtigten Bedeutungsnuance entschieden werden, welcher Modus zu verwenden ist.

aunque ►	Paco habla con su mujer: «Aunque **esté** enfermo, sigo trabajando».
obwohl, auch wenn, selbst wenn	Paco spricht mit seiner Frau: „Wenn ich auch krank bin, so gehe ich doch weiter zur Arbeit".

In dieser Situation kann man voraussetzen, dass beide über Pacos Krankheit informiert sind, d.h., dass durch den Nebensatz keine Information vermittelt wird. Deshalb steht hier nach aunque der Subjuntivo.

Aber:	Paco, camino del trabajo, habla con un compañero: «Aunque estoy enfermo, sigo trabajando».
	Paco spricht auf dem Weg zur Arbeit mit einem Kollegen: „Obwohl ich krank bin, gehe ich doch weiter zur Arbeit".
	In diesem Fall weiß der Kollege noch nichts von Pacos Krankheit, d.h. dass durch den Nebensatz echte Information übermittelt wird. Deshalb steht hier nach aunque der Indicativo.
cuando ►	Ven cuando **termines** de estudiar.
wenn	Komm her, wenn du fertig bist mit Lernen.

Hier zielt cuando auf eine Handlung in der Zukunft; es bedeutet *zu einem Zeitpunkt in der Zukunft, wenn*, deshalb muss das folgende Verb im Subjuntivo stehen.

Aber: Cuando Juan termina de estudiar siempre enciende la tele.
Wenn Juan fertig ist mit Lernen, schaltet er immer den Fernseher an.

Cuando bedeutet hier „immer wenn" und steht mit dem Indicativo.

mientras ► Mientras **tengamos** bastante dinero no me quejo.
während, solange
Solange wir genug Geld haben, beklage ich mich nicht.

Mientras in der Bedeutung von *solange* erfordert den Subjuntivo.

Aber: Mientras tú cocinas yo pongo la mesa.
Während du kochst, decke ich den Tisch.

Mientras in der Bedeutung von „während" erfordert den Indikativ.

3. Der Subjuntivo in Relativsätzen

Hier muss man zwei Fälle unterscheiden:

1. Die Sinneinheit von Haupt- und Relativsatz ist insgesamt verneint. In diesem Fall steht das Verb des Relativsatzes immer im Subjuntivo:

   No hay casi nadie que **entienda** esta decisión.
   Es gibt fast niemand, der diese Entscheidung versteht.

2. Die Sinneinheit von Haupt- und Relativsatz wird dazu benutzt, etwas Unbestimmtes zu bezeichnen, von dem der Sprecher unter Umständen nicht einmal weiß, ob es existiert. In diesem Fall steht das Verb des Relativsatzes ebenfalls im Subjuntivo:

   Busca a alguien con quien **puedas** convivir.
   Such dir jemanden, mit dem du zusammenleben kannst.

Hier wird ein gewisser Zweifel daran geäußert, dass es eine solche Person überhaupt gibt.

Aber: Conozco a alguien con quien **puedes** convivir.
Ich kenne jemanden, mit dem du zusammenleben kannst.

Hier denkt der Sprecher an eine bestimmte Person und verwendet deshalb den Indicativo.

10 Perfecto de Subjuntivo

Der Gebrauch des Perfecto de Subjuntivo wird von den gleichen Auslösern bestimmt, wie sie in 9.1 und 9.2 (S. 24–33) beispielhaft für den Subjuntivo im Allgemeinen beschrieben wurden. Hinzu kommt der zeitliche Aspekt der Nähe zur Gegenwart, wie in 4 (S. 22) erläutert.

Lamento que hasta hoy mismo te **hayas comportado** mal conmigo.
Ich bedaure, dass du dich bis zum heutigen Tag mir gegenüber schlecht benommen hast.

11 Imperfecto de Subjuntivo

Auch hier gilt allgemein das in 9 (S. 24) im Hinblick auf die Verwendung des Subjuntivo Gesagte.
Die Wahl des Imperfecto de Subjuntivo im Gegensatz zum Presente de Subjuntivo hängt von den zeitlichen Bezügen zwischen Haupt- und Nebensatz ab.

1. Das Verb des **Hauptsatzes steht in einer Zeit der Vergangenheit** (Indefinido, Imperfecto, Pluscuamperfecto) bzw. im Condicional oder Condicional Compuesto. In diesem Fall steht im **Nebensatz Imperfecto de Subjuntivo**.

Ausnahme: Die Handlung im Nebensatz fand vor der Handlung im Hauptsatz statt. Bei Vorzeitigkeit verwendet man das Pluscuamperfecto de Subjuntivo (s. 12, S. 14).

Indefinido ► No creí que Paco se **bebiera** todo el vino.
Ich dachte nicht, dass Paco den ganzen Wein trinken würde.

Imperfecto ► Lamentaban que **hubiera** tanta hambre en el mundo.
Sie beklagten, dass es so viel Hunger in der Welt gäbe.

Pluscuamperfecto ► Nos había encantado que **ganaran** el mundial.
Es hätte uns sehr gefallen, dass sie die Weltmeisterschaft gewonnen hatten.

Condicional ► Les gustaría que **saliéramos** con ellas.
Es würde ihnen gefallen, wenn wir mit ihnen ausgingen.

Condicional compuesto ► Les habría gustado que **bailáramos** toda la noche.
Es hätte ihnen gefallen, wenn wir die ganze Nacht getanzt hätten.

2. Das Verb des **Hauptsatzes** steht im **Presente/Perfecto**, während die Handlung des **Nebensatzes in der Vergangenheit** stattgefunden hat, was meistens durch eine entsprechende Zeitangabe verdeutlicht wird. In diesem Fall steht das Verb des Nebensatzes im **Imperfecto de Subjuntivo**.

Presente ► Me niego a creer que **estuvieras** enfermo toda la semana pasada.
Ich kann nicht glauben, dass du die ganze letzte Woche krank warst.

Perfecto ► Nunca he creído que Paco se **casara** con Charo.
Ich habe nie daran geglaubt, dass Paco Charo heiraten würde.

3. Abgesehen von der zeitlich bedingten Verwendung des Imperfecto de Subjuntivo steht es auch in **irrealen Bedingungssätzen** des folgenden Typs:

   Si **tuviera** bastante dinero me compraría un coche de lujo.
   Wenn ich Geld genug hätte, würde ich mir einen Luxuswagen kaufen.

   Hier hat das Imperfecto de Subjuntivo keine zeitliche Funktion, sondern steht in einer festen Beziehung zum Condicional des Hauptsatzes.

12 Pluscuamperfecto de Subjuntivo

1. Das in 9 (S. 24) und 5 (S. 22) Gesagte gilt analog auch für das Pluscuamperfecto de Subjuntivo, wobei das Verb des Nebensatzes eine Handlung ausdrückt, die vor der des Hauptsatzes stattgefunden hat.

   No creí que Paco se **hubiera bebido** todo el vino.
   Ich dachte nicht, dass Paco den ganzen Wein ausgetrunken hätte.

   In diesem Fall hatte Paco den Wein bereits getrunken, bevor darüber nachgedacht wurde.

2. Außerdem wird das Pluscuamperfecto de Subjuntivo in **irrealen Bedingungssätzen** des folgenden Typs verwendet:

   Si **hubiera tenido** bastante dinero me habría comprado un coche de lujo.
   Wenn ich genug Geld gehabt hätte, hätte ich mir einen Luxuswagen gekauft.

13 Condicional

1. Das Condicional drückt eine zukünftige Handlung, etwas Irreales, Mögliches oder Wahrscheinliches aus.
   Es kann in Hauptsätzen verwendet werden um einen **Rat** zu geben, einen **Vorschlag** zu machen, einen **Wunsch** bzw. eine höfliche **Bitte** zu äußern, wie die folgenden Beispiele zeigen:

   Rat ► **Deberías** trabajar más.
   Du solltest mehr arbeiten.

   Vorschlag ► **Podríamos** terminar la clase ahora mismo.
   Wir könnten den Unterricht sofort beenden.

   Wunsch ► Me **gustaría** salir contigo.
   Ich würde gern mit dir ausgehen.

   höfliche Bitte ► ¿**Podría** ayudarme?
   Könnten Sie mir helfen?

2. Außerdem wird das Condicional im **irrealen Bedingungsgefüge** der Gegenwart/Zukunft verwendet. Hier steht bei einer Bedingung, deren Erfüllung als wenig wahrscheinlich oder momentan unmöglich angesehen wird, das Verb des **Hauptsatzes** im Condicional.

   Si estudiaras más, **aprobarías**.
   Wenn du mehr lernen würdest, würdest du die Prüfung bestehen.

3. Schließlich wird das Condicional in der **indirekten Rede** verwendet. Steht das einleitende Verb des Hauptsatzes in einer Zeit der Vergangenheit (Indefinido/Imperfecto/Pluscuamperfecto) und drückt das Verb des Nebensatzes eine Handlung in der Zukunft aus, so steht letzteres im Condicional.

   Me dijiste que me **acompañarías**.
   Du hast mir gesagt, dass du mich begleiten würdest.

14 Condicional Compuesto

1. Die zusammengesetzte Form des Condicional wird im **irrealen Bedingungsgefüge der Vergangenheit** im **Hauptsatz** verwendet, wenn das Geschehen des Nebensatzes nicht stattgefunden hat, wohl aber hätte stattfinden können:

   Si Paco lo hubiera sabido, **habría venido**.
   Wenn Paco es gewusst hätte, wäre er gekommen.

2. In der **indirekten Rede** dient das Condicional Compuesto dazu, ein aus der Sicht der Vergangenheit zukünftiges, abgeschlossenes Geschehen auszudrücken, wobei das einleitende Verb in einer Zeit der Vergangenheit (Indefinido/Imperfecto/Pluscuamperfecto) steht.

   Me dijiste que a las ocho ya te **habrías marchado**.
   Du sagtest mir, dass du um acht Uhr schon weg warst.

15 Imperativo afirmativo

Wie die Befehlsform im Deutschen wird der Imperativo afirmativo dazu verwendet, Befehle, Aufforderungen, Bitten und Wünsche auszudrücken.

Seguidme. Folgt mir!	**Habla** claramente. Sprich deutlich!
Ayúdame. Hilf mir!	**Da**me un beso. Gib mir einen Kuss!

16 Imperativo negativo

Wie im Deutschen drückt die verneinte Form des Imperativo ein Verbot aus.

No fumes aquí.
Rauche hier nicht!

17 Das Gerundio

1. Hierbei handelt es sich um eine unveränderliche Verbform, die im **gehobenen Sprachstil** ohne begleitendes Hilfsverb zur Satzverkürzung verwendet werden kann:

   Llegando a tiempo, podrás comprarlo.
   Wenn du rechtzeitig kommst, kannst du es kaufen.

   Hier wird die Form llegando anstelle von si vienes verwendet.

   Madrid tiene cuatro milliones, **siendo** la primera ciudad de España en habitantes.
   Madrid hat vier Millionen Einwohner und ist die größte Stadt Spaniens.

   In diesem Fall entspricht die Form siendo dem Ausdruck y es.

2. Die Bedeutung des Gerundio für den allgemeinen Sprachgebrauch liegt in seiner Verwendung in Verbindung mit einem anderen (konjugierten) Verb.

   Am häufigsten wird hierbei das Hilfsverb estar verwendet um auszudrücken, dass sich eine **Handlung im Ablauf** befindet oder wiederholt vorkommt:

   Siempre **estás haciendo** lo mismo.
   Du machst immer dasselbe.

   Estabamos trabajando.
   Wir arbeiteten gerade.

3. Daneben gibt es eine Reihe weiterer Verben, die das Gerundio begleiten können, von denen die wichtigsten nachstehend aufgeführt werden:

   ir + Gerundio

   drückt aus, dass sich eine Handlung entwickelt und langsam voranschreitet:

Voy pagando el piso a plazos.
Ich bezahle die Wohnung in Raten.

llevar + Gerundio

entspricht einer Zeitangabe des Typs hace ... que (seit):

Llevo viviendo en España casi un año.
Ich lebe seit fast einem Jahr in Spanien.

quedarse + Gerundio

drückt aus, dass eine Handlung andauert:

Paco **se quedó durmiendo** hasta las tres de la tarde.
Paco schlief weiter bis um drei Uhr nachmittags.

salir + Gerundio

Mit den Verben ganar und perder zeigt es das Ergebnis einer Handlung:

Paco **salió ganando** en la apuesta.
Paco gewann die Wette.

Sonst drückt es den plötzlichen Beginn einer Handlung aus:

Salí corriendo al enterarme de su llegada.
Ich rannte sofort hinaus, als ich von ihrer Ankunft hörte.

seguir + Gerundio

drückt aus, dass eine Handlung andauert:

Seguimos pensando lo mismo que antes.
Wir denken immer noch so wie früher.

venir + Gerundio

drückt aus, dass sich eine Handlung auf die Gegenwart hin entwickelt hat und weiter andauert:

La experiencia nos lo **viene demostrando**.
Die Erfahrung zeigt es uns.

18 La voz pasiva

Wie das Passiv im Deutschen dient la voz pasiva dazu, eine Handlung in der Weise darzustellen, dass das direkte Objekt einer möglichen Aktiv-Konstruktion in den Mittelpunkt der Aussage gestellt wird und somit zum Subjekt der Passiv-Konstruktion wird. Dabei kann die handelnde Person genannt werden, sie muss es aber nicht.

Aktivsatz ► Mi padre construyó la casa en 1993.
Passivsatz ► La casa **fue construída** (por mi padre) en 1993.
Das Haus wurde 1993 (von meinem Vater) gebaut.

Solche Passiv-Konstruktionen werden allerdings im Spanischen eher selten verwendet und wenn die handelnde Person nicht genannt wird, zieht man eine unpersönliche Konstruktion folgender Art vor:

Se construyó la casa en 1993. / La casa se construyó en 1993.
Das Haus wurde 1993 gebaut.

Der Gebrauch von *ser* und *estar*

Die richtige Verwendung von ser bzw. estar, deren deutsche Entsprechung in beiden Fällen *sein* bedeutet, ist deshalb so schwierig, weil es keine allgemein gültigen Regeln dazu gibt.
Zwar hat man versucht anhand der folgenden Kriterien eine Abgrenzung zwischen den beiden Verben vorzunehmen, doch lassen sich immer auch Gegenbeispiele dazu finden. Danach bezeichnet

ser	estar
– das Wesentliche	– das Unwesentliche
– das Innewohnende	– das Äußerliche
– das Objektive	– das Subjektive
– das Gewohnheitsmäßige	– das Gelegentliche
– das Dauerhafte	– das Wechselhafte

Im Folgenden wird versucht anhand von ausgewählten Beispielen eine Hilfestellung bei der Wahl des zu verwendenden Verbs zu geben.

1 ser

1 ser = existir (existieren)

Ser o no **ser**. (Sein oder nicht sein.)

Érase una vez ... (Es war einmal ...)

2 ser = tener lugar (stattfinden)

El examen **será** en el aula S 203.
Die Prüfung wird im Raum S 203 stattfinden.

Los partidos de fútbol suelen **ser** los sábados.
Die Fußballspiele finden gewöhnlich samstags statt.

3 Zeitangaben

1. Uhrzeit

¿Qué hora **es**? – **Es** la una y media.
Wie spät ist es? – Es ist halb zwei.

Dentro de unos momentos **serán** las diez en punto.
In wenigen Augenblicken ist es genau zehn Uhr.

¿**Son** las tres? – Las tres ya **han sido**.
Ist es drei Uhr? – Es ist schon nach drei.

2. Wochentag/Datum

Hoy **es** lunes.
Heute ist Montag.

Hoy **es** día veinte.
Heute ist der zwanzigste.

Es 29 de diciembre de 1998.
Es ist der 29. Dezember 1998.

3. Tageszeit/Jahreszeit

Ya **es** de día / de noche.
Es ist schon Tag/Nacht.

Todavía **es** invierno.
Es ist immer noch Winter.

4. mit **pronto/temprano/tarde**

Es pronto/tarde para salir.
Es ist recht früh/spät um auszugehen.

Es demasiado temprano para acostarse.
Es ist noch zu früh um ins Bett zu gehen.

5. mit **hora**

Todavía no **es** hora.
Es ist noch nicht soweit.

6. mit **vez**

No **es** la primera vez que te pasa algo así.
Es ist nicht das erste Mal, dass dir so etwas passiert.

Entonces **fue** la única vez que nos hablamos.
Damals war das einzige Mal, dass wir miteinander redeten.

4 Berufsbezeichnungen

Juan Luis **es** profesor de alemán.
Juan Luis ist Deutschlehrer.

Un día **serás** un escritor famoso.
Eines Tages wirst du ein berühmter Schriftsteller sein.

5 ser + para

Este regalo **es** para tí.
Dieses Geschenk ist für dich.

Los hermanos **son** para ayudarse unos a otros.
Geschwister sind dazu da, sich gegenseitig zu helfen.

6 ser + de

1. Herkunft

Sus padres **son** de Andalucía.
Seine Eltern sind aus Andalusien.

Su familia **es** de origen árabe.
Seine Familie ist arabischer Herkunft.

2. Material

El armario **es** de madera.
Der Schrank ist aus Holz.

El suelo **será** de mármol.
Der Fußboden wird aus Marmor sein.

3. Besitz

Este libro **es** de mi amiga Pilar.
Dieses Buch gehört meiner Freundin Pilar.

Estos campos **fueron** de mi tío Pablo.
Diese Felder gehörten meinem Onkel Pablo.

7 ser + Nebensatz

1. Substantiv + **ser** + Nebensatz

La verdad **es** que no se ve solución alguna.
Tatsache ist, dass überhaupt keine Lösung in Sicht ist.

La razón de su queja **era** que no se le prestaba atención.
Der Grund für seine Klage war, dass man ihm nicht zuhörte.

2. **ser** + Adjektiv + Nebensatz

No **es** imposible que ganes.
Es ist nicht unmöglich, dass du gewinnst.

Será necesario que prestes más atención.
Es ist notwendig, dass du aufmerksamer bist.

8 ser + Substantiv

Este **es** Paco.
Das ist Paco.

El paro **es** un gran problema.
Die Arbeitslosigkeit ist ein großes Problem.

9 **ser + Pronomen**

Este boli **es** mío.
Dieser Kugelschreiber gehört mir.

Eso no **es** nada.
Das ist eine Kleinigkeit.

10 **ser + Adjektiv = Klassifizierung**
(Zuordnung zu einer Klasse, Gruppe, Einheit usw.)

1. Nationalität

Este coche **es** sueco.
Dieses Auto kommt aus Schweden.

2. Religion

No **soy** católico.
Ich bin nicht katholisch.

3. Körpergröße

Juan Luis **es** bastante alto.
Juan Luis ist ziemlich groß.

4. Farbe

Mi nuevo coche **es** verde.
Mein neues Auto ist grün.

Aber: Beschreibung eines augenblicklichen Reifegrades:

Las aceitunas todavía están verdes.
Die Oliven sind noch grün.

Beschreibung eines vorübergehenden Zustandes:

El semáforo está en rojo.
Die Ampel ist rot.

Abgesehen von den vorgenannten „eindeutigen“ Zuordnungen gibt es nur eine allgemein gültige Aussage im Hinblick auf die Verwendung von ser bzw. estar im Zusammenhang mit einem Adjektiv: ser wird verwendet, wenn durch das gewählte Adjektiv eine grundlegende **Klassifizierung** der zu bezeichnenden Person/Sache vorgenommen werden soll. Vergleiche:

La charla **fue** interesante.
Der Vortrag war interessant.
Hier nimmt der Sprecher eine grundlegende Bewertung des Vortrags vor und ordnet ihn der „Klasse“ der „interessanten“ zu.

La charla estuvo interesante.
Hier äußert sich der Sprecher weniger grundsätzlich und nimmt nur eine den Umständen entsprechende Beschreibung vor (16, S. 50).

Daneben gibt es eine Reihe von Adjektiven, deren Bedeutung von der Wahl des Verbs ser bzw. estar abhängt, wie aus der Übersetzung der folgenden Beispielsätze ersichtlich wird:

1.	Tu novio es listo. Tu novio está listo.	Dein Freund ist klug. Dein Freund ist bereit.
2.	Tu novio es atento. Tu novio está atento.	Dein Freund ist liebenswürdig. Dein Freund ist aufmerksam.
3.	Tu novio es molesto. Tu novio está molesto.	Dein Freund ist lästig. Dein Freund fühlt sich belästigt.
4.	Tu novio es decente. Tu novio está decente.	Dein Freund ist anständig. Dein Freund ist ordentlich gekleidet.
5.	Tu novio es violento. Tu novio está violento.	Dein Freund ist gewalttätig. Dein Freund ist widerwillig.
6.	Tu novio es grave. Tu novio está grave.	Dein Freund ist ernst. Dein Freund ist sehr krank.
7.	Tu novio es nuevo. Tu novio está nuevo.	Dein Freund ist neu (hier). Dein Freund ist in guter körperlicher Verfassung.

1 estar

1 Ortsangaben

¿Donde **está** Correos? – Está a la vuelta de la esquina.
Wo ist die Post? – Sie ist um die Ecke.

El perro **estaba** detrás de la puerta.
Der Hund war hinter der Tür.

2 Zeitliche Reihenfolge

La mujer **estaba** en el séptimo mes de embarazo.
Die Frau war im siebten Monat schwanger.

Este libro **está** en la última fase de elaboración.
Dieses Buch befindet sich in der letzten Phase seiner Entstehung.

3 Zeit-/Temperaturangaben in der 1. Ps Pl

¿A qué día **estamos**? – **Estamos** a 30 de diciembre.
Welcher Tag ist heute? – Heute ist der 30. Dezember.

Dentro de un par de semanas **estaremos** ya en primavera.
In ein paar Wochen ist es schon Frühling.

Estamos a 30 grados.
Es sind 30 Grad.

4 Begrüßungsformeln

¿Cómo **estás**? – Bien, ¿y tú?
Wie geht's? – Gut und dir?

¿Qué tal **estamos**? – Pues, regular.
Wie geht's uns denn so? – Na ja, es geht.

5 Geschmacksurteil

¿Te gusta la comida? – Sí, **está** muy buena.
Schmeckt dir das Essen? – Ja, es ist sehr gut.

6 estar = estar listo (bereit sein)

¿**Está** la comida? – Sí, ya **está**.
Ist das Essen fertig? – Ja, es ist schon fertig.

¿**Estáis**? – No, no **estamos** todavía.
Seid ihr so weit? – Nein, wir sind noch nicht so weit.

7 estar = estar en casa/aquí (zuhause sein)

¿**Está** Paco? – No, no **está**.
Ist Paco da/zu Hause? – Nein, er ist nicht da.

8 estar de acuerdo (einverstanden sein)

No **estoy de acuerdo** con tu proposición.
Ich bin mit deinem Vorschlag nicht einverstanden.

9 estar + por + Infinitiv

Me molesté tanto que **estuve** por abandonar el cargo.
Ich war so verärgert, dass ich das Amt aufgeben wollte.

Las botas **están** todavía por limpiar.
Die Stiefel müssen noch gesäubert werden.

10 estar a punto de + Infinitiv

Estaba a punto de acostarme.
Ich war gerade im Begriff mich hinzulegen.

11 estar (+ como) + para + Infinitiv

La situación no **está** (como) para resignarse en ella.
Die Situation ist nicht so kritisch, dass man sich damit abfinden müsste.

12 estar + de + Substantiv

Estoy de vacaciones.
Ich bin im Urlaub.

Prefiero **estar** de pie.
Ich stehe lieber.

Está de visita mi suegra.
Meine Schwiegermutter ist zu Besuch.

13 estar + para + Substantiv/Pronomen

Ahora no **estoy** para bromas.
Ich bin jetzt nicht zum Spaßen aufgelegt.

Paco no **está** para nadie.
Paco ist für niemanden zu sprechen.

14 estar + Adverb

Está mal que llegues tarde.
Es ist schlecht, dass du so spät kommst.

Estaría bien si dijeras la verdad.
Es wäre gut, wenn du die Wahrheit sagen würdest.

15 estar + Partizip

El coche **está** roto.
Das Auto ist kaputt.

El camino **estaba** cortado.
Der Weg war gesperrt.

In diesen Fällen handelt es sich nicht um Passivsätze (diese werden mit **ser** gebildet, S. 17), sondern das Partizip hat hier die Funktion eines Adjektivs, mit dessen Hilfe ein Zustand beschrieben wird.

16 **estar + Adjektiv = Beschreibung** (einer Situation, eines Zustands usw.)

Estos días muchos **están** enfermos.
Zur Zeit sind viele krank.

¿**Está** vivo el pájaro? – No, ya **está** muerto.
Lebt der Vogel noch? – Nein, er ist schon tot.

Estás tonto.
Du bist dumm.

Estamos muy contentos de nuestro coche.
Wir sind mit unserem Auto sehr zufrieden.

El aparato **está** intacto.
Der Apparat funktioniert.

Estoy harto de decirlo.
Ich bin es leid es immer wieder zu sagen.

Está claro que no ganarás mucho al principio.
Es ist klar, dass du am Anfang nicht viel verdienst.

Obwohl **claro** auch mit **ser** verwendet werden kann, zeigt sich im heutigen Spanisch eine klare Tendenz zur Verwendung mit **estar**. Im Übrigen wird hier nochmals darauf hingewiesen, dass viele Adjektive sowohl mit **ser** als auch mit **estar** kombiniert werden können (S. 46).

Entsprechungen für das deutsche *werden*

Im Folgenden werden die wichtigsten Entsprechungen für das deutsche *werden* genannt:

ir a ser
¿Qué **vas a ser**?
Was willst du werden?

llegar a ser
Paco **ha llegado a ser** el mejor jugador de su equipo.
Paco ist der beste Spieler seiner Mannschaft geworden.

hacerse
Ya **se ha hecho** un hombre.
Er ist schon ein richtiger Mann geworden.

quedarse
Te quedarás sordo.
Du wirst noch taub werden.

ponerse + Adjektiv
Te has puesto roja otra vez.
Du bist schon wieder rot geworden.

volverse + Adjektiv
¿**Te has vuelto** loco?
Bist du verrückt geworden?

convertirse en + Substantiv
La Costa del Sol **se convirtió en** una gran zona turística.
Die Costa del Sol ist ein bedeutendes Feriengebiet geworden.

reflexive Verben z.B.
cansarse müde werden / ermüden
ruborizarse rot werden / erröten
tranquilizarse ruhig werden / sich beruhigen

Anmerkung: In literarischen Texten findet sich gelegentlich das aus dem Französischen stammende Verb **devenir** in der Bedeutung von *werden*.

2 Verbtabellen

Hilfsverben

Verben auf -ar

Verben auf -er

Verben auf -ir

Das Passiv

Reflexive Verben

1 haber unregelmäßiges Verb

Hilfsverben

Indicativo

Presente
he
has
ha
hemos
habéis
han

Perfecto
he habido
has habido
ha habido
hemos habido
habéis habido
han habido

Imperfecto
había
habías
había
habíamos
habíais
habían

Indefinido
hube
hubiste
hubo
hubimos
hubisteis
hubieron

Pluscuamperfecto
había habido
habías habido
había habido
habíamos habido
habíais habido
habían habido

Pretérito anterior
hube habido
hubiste habido
hubo habido
hubimos habido
hubisteis habido
hubieron habido

Futuro
habré
habrás
habrá
habremos
habréis
habrán

Futuro compuesto
habré habido
habrás habido
habrá habido
habremos habido
habréis habido
habrán habido

Imperativo

Imperativo afirmativo
–
–
–
–
–

Imperativo negativo
–
–
–
–
–

Subjuntivo

Presente	*Perfecto*
haya	haya habido
hayas	hayas habido
haya	haya habido
hayamos	hayamos habido
hayáis	hayáis habido
hayan	hayan habido

Imperfecto	*Pluscuamperfecto*
hubiera/hubiese	hubiera/hubiese habido
hubieras/hubieses	hubieras/hubieses habido
hubiera/hubiese	hubiera/hubiese habido
hubiéramos/hubiésemos	hubiéramos/hubiésemos habido
hubierais/hubieseis	hubierais/hubieseis habido
hubieran/hubiesen	hubieran/hubiesen habido

Condicional

Condicional	*Condicional compuesto*
habría	habría habido
habrías	habrías habido
habría	habría habido
habríamos	habríamos habido
habríais	habríais habido
habrían	habrían habido

Gerundio

habiendo

Participio

habido

unpersönliche Sonderform

hay

2 estar unregelmäßiges Verb

Indicativo

Presente
est**oy**
est**ás**
est**á**
est**amos**
est**áis**
est**án**

Perfecto
he estado
has estado
ha estado
hemos estado
habéis estado
han estado

Imperfecto
est**aba**
est**abas**
est**aba**
est**ábamos**
est**abais**
est**aban**

Indefinido
est**uve**
est**uviste**
est**uvo**
est**uvimos**
est**uvisteis**
est**uvieron**

Pluscuamperfecto
había estado
habías estado
había estado
habíamos estado
habíais estado
habían estado

Pretérito anterior
hube estado
hubiste estado
hubo estado
hubimos estado
hubisteis estado
hubieron estado

Futuro
estar**é**
estar**ás**
estar**á**
estar**emos**
estar**éis**
estar**án**

Futuro compuesto
habré estado
habrás estado
habrá estado
habremos estado
habréis estado
habrán estado

Imperativo

Imperativo afirmativo
est**á** (tú)
est**é** (usted)
est**emos** (nosotros)
est**ad** (vosotros)
est**én** (ustedes)

Imperativo negativo
no est**és** (tú)
no est**é** (usted)
no est**emos** (nosotros)
no est**éis** (vosotros)
no est**én** (ustedes)

Subjuntivo

Presente	*Perfecto*
esté	haya estado
estés	hayas estado
esté	haya estado
estemos	hayamos estado
estéis	hayáis estado
estén	hayan estado

Imperfecto	*Pluscuamperfecto*
estuviera/estuviese	hubiera/hubiese estado
estuvieras/estuvieses	hubieras/hubieses estado
estuviera/estuviese	hubiera/hubiese estado
estuviéramos/estuviésemos	hubiéramos/hubiésemos estado
estuvierais/estuvieseis	hubierais/hubieseis estado
estuvieran/estuviesen	hubieran/hubiesen estado

Condicional

Condicional	*Condicional compuesto*
estaría	habría estado
estarías	habrías estado
estaría	habría estado
estaríamos	habríamos estado
estaríais	habríais estado
estarían	habrían estado

Gerundio

estando

Participio

estado

Hilfsverben

3 ser unregelmäßiges Verb

Indicativo

Presente
soy
eres
es
somos
sois
son

Perfecto
he sido
has sido
ha sido
hemos sido
habéis sido
han sido

Imperfecto
era
eras
era
éramos
erais
eran

Indefinido
fui
fuiste
fue
fuimos
fuisteis
fueron

Pluscuamperfecto
había sido
habías sido
había sido
habíamos sido
habíais sido
habían sido

Pretérito anterior
hube sido
hubiste sido
hubo sido
hubimos sido
hubisteis sido
hubieron sido

Futuro
seré
serás
será
seremos
seréis
serán

Futuro compuesto
habré sido
habrás sido
habrá sido
habremos sido
habréis sido
habrán sido

Imperativo

Imperativo afirmativo
sé (tú)
sea (usted)
seamos (nosotros)
sed (vosotros)
sean (ustedes)

Imperativo negativo
no seas (tú)
no sea (usted)
no seamos (nosotros)
no seáis (vosotros)
no sean (ustedes)

Subjuntivo

Presente

sea
seas
sea
seamos
seáis
sean

Perfecto

haya sido
hayas sido
haya sido
hayamos sido
hayáis sido
hayan sido

Imperfecto

fuera/fuese
fueras/fueses
fuera/fuese
fuéramos/fuésemos
fuerais/fueseis
fueran/fuesen

Pluscuamperfecto

hubiera/hubiese sido
hubieras/hubieses sido
hubiera/hubiese sido
hubiéramos/hubiésemos sido
hubierais/hubieseis sido
hubieran/hubiesen sido

Condicional

Condicional

sería
serías
sería
seríamos
seríais
serían

Condicional compuesto

habría sido
habrías sido
habría sido
habríamos sido
habríais sido
habrían sido

Gerundio

siendo

Participio

sido

4 hablar regelmäßiges Verb

Indicativo

Presente
habl**o**
habl**as**
habl**a**
habl**amos**
habl**áis**
habl**an**

Perfecto
he hablado
has hablado
ha hablado
hemos hablado
habéis hablado
han hablado

Imperfecto
habl**aba**
habl**abas**
habl**aba**
habl**ábamos**
habl**abais**
habl**aban**

Indefinido
habl**é**
habl**aste**
habl**ó**
habl**amos**
habl**asteis**
habl**aron**

Pluscuamperfecto
había hablado
habías hablado
había hablado
habíamos hablado
habíais hablado
habían hablado

Pretérito anterior
hube hablado
hubiste hablado
hubo hablado
hubimos hablado
hubisteis hablado
hubieron hablado

Futuro
hablar**é**
hablar**ás**
hablar**á**
hablar**emos**
hablar**éis**
hablar**án**

Futuro compuesto
habré hablado
habrás hablado
habrá hablado
habremos hablado
habréis hablado
habrán hablado

Imperativo

Imperativo afirmativo
habl**a** (tú)
habl**e** (usted)
habl**emos** (nosotros)
habl**ad** (vosotros)
habl**en** (ustedes)

Imperativo negativo
no habl**es** (tú)
no habl**e** (usted)
no habl**emos** (nosotros)
no habl**éis** (vosotros)
no habl**en** (ustedes)

Subjuntivo

Presente

hable
hables
hable
hablemos
habléis
hablen

Perfecto

haya hablado
hayas hablado
haya hablado
hayamos hablado
hayáis hablado
hayan hablado

Imperfecto

habl**ara**/habl**ase**
habl**aras**/habl**ases**
habl**ara**/habl**ase**
habl**áramos**/habl**ásemos**
habl**arais**/habl**aseis**
habl**aran**/habl**asen**

Pluscuamperfecto

hubiera/**hubiese** hablado
hubieras/**hubieses** hablado
hubiera/**hubiese** hablado
hubiéramos/**hubiésemos** hablado
hubierais/**hubieseis** hablado
hubieran/**hubiesen** hablado

Condicional

Condicional

hablar**ía**
hablar**ías**
hablar**ía**
hablar**íamos**
hablar**íais**
hablar**ían**

Condicional compuesto

habría hablado
habrías hablado
habría hablado
habríamos hablado
habríais hablado
habrían hablado

Gerundio

habl**ando**

Participio

habl**ado**

ahincar

o ► qu vor e; Akzentverschiebung

Indicativo

Presente

ahínc**o**
ahínc**as**
ahínc**a**
ahinc**amos**
ahinc**áis**
ahínc**an**

Perfecto

he ahincado
has ahincado
ha ahincado
hemos ahincado
habéis ahincado
han ahincado

Imperfecto

ahinc**aba**
ahinc**abas**
ahinc**aba**
ahinc**ábamos**
ahinc**abais**
ahinc**aban**

Indefinido

ahinq**ué**
ahinc**aste**
ahinc**ó**
ahinc**amos**
ahinc**asteis**
ahinc**aron**

Pluscuamperfecto

había ahincado
habías ahincado
había ahincado
habíamos ahincado
habíais ahincado
habían ahincado

Pretérito anterior

hube ahincado
hubiste ahincado
hubo ahincado
hubimos ahincado
hubisteis ahincado
hubieron ahincado

Futuro

ahincar**é**
ahincar**ás**
ahincar**á**
ahincar**emos**
ahincar**éis**
ahincar**án**

Futuro compuesto

habré ahincado
habrás ahincado
habrá ahincado
habremos ahincado
habréis ahincado
habrán ahincado

Imperativo

Imperativo afirmativo

ahínc**a** (tú)
ahínq**ue** (usted)
ahinq**uemos** (nosotros)
ahinc**ad** (vosotros)
ahínq**uen** (ustedes)

Imperativo negativo

no ahínq**ues** (tú)
no ahínq**ue** (usted)
no ahinq**uemos** (nosotros)
no ahinq**uéis** (vosotros)
no ahínq**uen** (ustedes)

Subjuntivo

Presente

ahínque
ahínques
ahínque
ahinquemos
ahinquéis
ahínquen

Perfecto

haya ahincado
hayas ahincado
haya ahincado
hayamos ahincado
hayáis ahincado
hayan ahincado

Imperfecto

ahinc**ara**/ahinc**ase**
ahinc**aras**/ahinc**ases**
ahinc**ara**/ahinc**ase**
ahinc**áramos**/ahinc**ásemos**
ahinc**arais**/ahinc**aseis**
ahinc**aran**/ahinc**asen**

Pluscuamperfecto

hubiera/hubiese ahincado
hubieras/hubieses ahincado
hubiera/hubiese ahincado
hubiéramos/hubiésemos ahincado
hubierais/hubieseis ahincado
hubieran/hubiesen ahincado

Condicional

Condicional

ahincar**ía**
ahincar**ías**
ahincar**ía**
ahincar**íamos**
ahincar**íais**
ahincar**ían**

Condicional compuesto

habría ahincado
habrías ahincado
habría ahincado
habríamos ahincado
habríais ahincado
habrían ahincado

Gerundio

ahinc**ando**

Participio

ahinc**ado**

6 almorzar o ► ue; z ► c vor e

Indicativo

Presente
almuerzo
almuerzas
almuerza
almorzamos
almorzáis
almuerzan

Perfecto
he almorzado
has almorzado
ha almorzado
hemos almorzado
habéis almorzado
han almorzado

Imperfecto
almorzaba
almorzabas
almorzaba
almorzábamos
almorzabais
almorzaban

Indefinido
almorcé
almorzaste
almorzó
almorzamos
almorzasteis
almorzaron

Pluscuamperfecto
había almorzado
habías almorzado
había almorzado
habíamos almorzado
habíais almorzado
habían almorzado

Pretérito anterior
hube almorzado
hubiste almorzado
hubo almorzado
hubimos almorzado
hubisteis almorzado
hubieron almorzado

Futuro
almorzaré
almorzarás
almorzará
almorzaremos
almorzaréis
almorzarán

Futuro compuesto
habré almorzado
habrás almorzado
habrá almorzado
habremos almorzado
habréis almorzado
habrán almorzado

Imperativo

Imperativo afirmativo
almuerza (tú)
almuerce (usted)
almorcemos (nosotros)
almorzad (vosotros)
almuercen (ustedes)

Imperativo negativo
no almuerces (tú)
no almuerce (usted)
no almorcemos (nosotros)
no almorcéis (vosotros)
no almuercen (ustedes)

Subjuntivo

Presente

almuerce
almuerces
almuerce
almorcemos
almorcéis
almuercen

Perfecto

haya almorzado
hayas almorzado
haya almorzado
hayamos almorzado
hayáis almorzado
hayan almorzado

Imperfecto

almorz**ara**/almorz**ase**
almorz**aras**/almorz**ases**
almorz**ara**/almorz**ase**
almorz**áramos**/almorz**ásemos**
almorz**arais**/almorz**aseis**
almorz**aran**/almorz**asen**

Pluscuamperfecto

hubiera/**hubiese** almorzado
hubieras/**hubieses** almorzado
hubiera/**hubiese** almorzado
hubiéramos/**hubiésemos** almorzado
hubierais/**hubieseis** almorzado
hubieran/**hubiesen** almorzado

Condicional

Condicional

almorzar**ía**
almorzar**ías**
almorzar**ía**
almorzar**íamos**
almorzar**íais**
almorzar**ían**

Condicional compuesto

habría almorzado
habrías almorzado
habría almorzado
habríamos almorzado
habríais almorzado
habrían almorzado

Gerundio

almorz**ando**

Participio

almorz**ado**

7

andar unregelmäßiges Verb

Indicativo

Presente

and**o**
and**as**
and**a**
and**amos**
and**áis**
and**an**

Perfecto

he andado
has andado
ha andado
hemos andado
habéis andado
han andado

Imperfecto

and**aba**
and**abas**
and**aba**
and**ábamos**
and**abais**
and**aban**

Indefinido

and**uve**
and**uviste**
and**uvo**
and**uvimos**
and**uvisteis**
and**uvieron**

Pluscuamperfecto

había andado
habías andado
había andado
habíamos andado
habíais andado
habían andado

Pretérito anterior

hube andado
hubiste andado
hubo andado
hubimos andado
hubisteis andado
hubieron andado

Futuro

andar**é**
andar**ás**
andar**á**
andar**emos**
andar**éis**
andar**án**

Futuro compuesto

habré andado
habrás andado
habrá andado
habremos andado
habréis andado
habrán andado

Imperativo

Imperativo afirmativo

and**a** (tú)
and**e** (usted)
and**emos** (nosotros)
and**ad** (vosotros)
and**en** (ustedes)

Imperativo negativo

no and**es** (tú)
no and**e** (usted)
no and**emos** (nosotros)
no and**éis** (vosotros)
no and**en** (ustedes)

Subjuntivo

Presente	*Perfecto*
and**e**	**haya** andado
and**es**	**hayas** andado
and**e**	**haya** andado
and**emos**	**hayamos** andado
and**éis**	**hayáis** andado
and**en**	**hayan** andado

Imperfecto	*Pluscuamperfecto*
anduvie**ra**/anduvie**se**	**hubiera/hubiese** andado
anduvie**ras**/anduvie**ses**	**hubieras/hubieses** andado
anduvie**ra**/anduvie**se**	**hubiera/hubiese** andado
anduvié**ramos**/anduvié**semos**	**hubiéramos/hubiésemos** andado
anduvie**rais**/anduvie**seis**	**hubierais/hubieseis** andado
anduvie**ran**/anduvie**sen**	**hubieran/hubiesen** andado

Condicional

Condicional	*Condicional compuesto*
andar**ía**	**habría** andado
andar**ías**	**habrías** andado
andar**ía**	**habría** andado
andar**íamos**	**habríamos** andado
andar**íais**	**habríais** andado
andar**ían**	**habrían** andado

Gerundio

and**ando**

Participio

and**ado**

8 aunar Akzentverschiebung

Indicativo

Presente
aúno
aúnas
aúna
aunamos
aunáis
aúnan

Perfecto
he aunado
has aunado
ha aunado
hemos aunado
habéis aunado
han aunado

Imperfecto
aunaba
aunabas
aunaba
aunábamos
aunabais
aunaban

Indefinido
auné
aunaste
aunó
aunamos
aunasteis
aunaron

Pluscuamperfecto
había aunado
habías aunado
había aunado
habíamos aunado
habíais aunado
habían aunado

Pretérito anterior
hube aunado
hubiste aunado
hubo aunado
hubimos aunado
hubisteis aunado
hubieron aunado

Futuro
aunaré
aunarás
aunará
aunaremos
aunaréis
aunarán

Futuro compuesto
habré aunado
habrás aunado
habrá aunado
habremos aunado
habréis aunado
habrán aunado

Imperativo

Imperativo afirmativo
aúna (tú)
aúne (usted)
aunemos (nosotros)
aunad (vosotros)
aúnen (ustedes)

Imperativo negativo
no aúnes (tú)
no aúne (usted)
no aunemos (nosotros)
no aunéis (vosotros)
no aúnen (ustedes)

Subjuntivo

Presente

aúne
aúnes
aúne
aunemos
aunéis
aúnen

Imperfecto

aunara/aunase
aunaras/aunases
aunara/aunase
aunáramos/aunásemos
aunarais/aunaseis
aunaran/aunasen

Perfecto

haya aunado
hayas aunado
haya aunado
hayamos aunado
hayáis aunado
hayan aunado

Pluscuamperfecto

hubiera/hubiese aunado
hubieras/hubieses aunado
hubiera/hubiese aunado
hubiéramos/hubiésemos aunado
hubierais/hubieseis aunado
hubieran/hubiesen aunado

Condicional

Condicional

aunaría
aunarías
aunaría
aunaríamos
aunaríais
aunarían

Condicional compuesto

habría aunado
habrías aunado
habría aunado
habríamos aunado
habríais aunado
habrían aunado

Gerundio

aunando

Participio

aunado

9 avergonzar o ► üe; z ► c vor e

Verben auf -ar

Indicativo

Presente
avergüenzo
avergüenzas
avergüenza
avergonzamos
avergonzáis
avergüenzan

Perfecto
he avergonzado
has avergonzado
ha avergonzado
hemos avergonzado
habéis avergonzado
han avergonzado

Imperfecto
avergonzaba
avergonzabas
avergonzaba
avergonzábamos
avergonzabais
avergonzaban

Indefinido
avergoncé
avergonzaste
avergonzó
avergonzamos
avergonzasteis
avergonzaron

Pluscuamperfecto
había avergonzado
habías avergonzado
había avergonzado
habíamos avergonzado
habíais avergonzado
habían avergonzado

Pretérito anterior
hube avergonzado
hubiste avergonzado
hubo avergonzado
hubimos avergonzado
hubisteis avergonzado
hubieron avergonzado

Futuro
avergonzaré
avergonzarás
avergonzará
avergonzaremos
avergonzaréis
avergonzarán

Futuro compuesto
habré avergonzado
habrás avergonzado
habrá avergonzado
habremos avergonzado
habréis avergonzado
habrán avergonzado

Imperativo

Imperativo afirmativo
avergüenza (tú)
avergüence (usted)
avergoncemos (nosotros)
avergonzad (vosotros)
avergüencen (ustedes)

Imperativo negativo
no avergüences (tú)
no avergüence (usted)
no avergoncemos (nosotros)
no avergoncéis (vosotros)
no avergüencen (ustedes)

Subjuntivo

Presente	*Perfecto*
avergüenc**e**	**haya** avergonzado
avergüenc**es**	**hayas** avergonzado
avergüenc**e**	**haya** avergonzado
avergonc**emos**	**hayamos** avergonzado
avergonc**éis**	**hayáis** avergonzado
avergüenc**en**	**hayan** avergonzado

Imperfecto	*Pluscuamperfecto*
avergonz**ara**/avergonz**ase**	**hubiera**/**hubiese** avergonzado
avergonz**aras**/avergonz**ases**	**hubieras**/**hubieses** avergonzado
avergonz**ara**/avergonz**ase**	**hubiera**/**hubiese** avergonzado
avergonz**áramos**/avergonz**ásemos**	**hubiéramos**/**hubiésemos** avergonzado
avergonz**arais**/avergonz**aseis**	**hubierais**/**hubieseis** avergonzado
avergonz**aran**/avergonz**asen**	**hubieran**/**hubiesen** avergonzado

Condicional

Condicional	*Condicional compuesto*
avergonzar**ía**	**habría** avergonzado
avergonzar**ías**	**habrías** avergonzado
avergonzar**ía**	**habría** avergonzado
avergonzar**íamos**	**habríamos** avergonzado
avergonzar**íais**	**habríais** avergonzado
avergonzar**ían**	**habrían** avergonzado

Gerundio

avergonz**ando**

Participio

avergonz**ado**

10 bostezar z ► c vor e

Indicativo

Presente
bostez**o**
bostez**as**
bostez**a**
bostez**amos**
bostez**áis**
bostez**an**

Perfecto
he bostezado
has bostezado
ha bostezado
hemos bostezado
habéis bostezado
han bostezado

Imperfecto
bostez**aba**
bostez**abas**
bostez**aba**
bostez**ábamos**
bostez**abais**
bostez**aban**

Indefinido
boste**cé**
bostez**aste**
bostez**ó**
bostez**amos**
bostez**asteis**
bostez**aron**

Pluscuamperfecto
había bostezado
habías bostezado
había bostezado
habíamos bostezado
habíais bostezado
habían bostezado

Pretérito anterior
hube bostezado
hubiste bostezado
hubo bostezado
hubimos bostezado
hubisteis bostezado
hubieron bostezado

Futuro
bostezar**é**
bostezar**ás**
bostezar**á**
bostezar**emos**
bostezar**éis**
bostezar**án**

Futuro compuesto
habré bostezado
habrás bostezado
habrá bostezado
habremos bostezado
habréis bostezado
habrán bostezado

Imperativo

Imperativo afirmativo
bostez**a** (tú)
boste**ce** (usted)
boste**cemos** (nosotros)
bostez**ad** (vosotros)
boste**cen** (ustedes)

Imperativo negativo
no boste**ces** (tú)
no boste**ce** (usted)
no boste**cemos** (nosotros)
no boste**céis** (vosotros)
no boste**cen** (ustedes)

Subjuntivo

Presente

boste**ce**
boste**ces**
boste**ce**
boste**cemos**
boste**céis**
boste**cen**

Perfecto

haya bostezado
hayas bostezado
haya bostezado
hayamos bostezado
hayáis bostezado
hayan bostezado

Imperfecto

bostez**ara**/bostez**ase**
bostez**aras**/bostez**ases**
bostez**ara**/bostez**ase**
bostez**áramos**/bostez**ásemos**
bostez**arais**/bostez**aseis**
bostez**aran**/bostez**asen**

Pluscuamperfecto

hubiera/**hubiese** bostezado
hubieras/**hubieses** bostezado
hubiera/**hubiese** bostezado
hubiéramos/**hubiésemos** bostezado
hubierais/**hubieseis** bostezado
hubieran/**hubiesen** bostezado

Condicional

Condicional

bostezar**ía**
bostezar**ías**
bostezar**ía**
bostezar**íamos**
bostezar**íais**
bostezar**ían**

Condicional compuesto

habría bostezado
habrías bostezado
habría bostezado
habríamos bostezado
habríais bostezado
habrían bostezado

Gerundio

bostez**ando**

Participio

bostez**ado**

11 cerrar e ► ie

Indicativo

Presente
cierro
cierras
cierra
cerramos
cerráis
cierran

Perfecto
he cerrado
has cerrado
ha cerrado
hemos cerrado
habéis cerrado
han cerrado

Imperfecto
cerraba
cerrabas
cerraba
cerrábamos
cerrabais
cerraban

Indefinido
cerré
cerraste
cerró
cerramos
cerrasteis
cerraron

Pluscuamperfecto
había cerrado
habías cerrado
había cerrado
habíamos cerrado
habíais cerrado
habían cerrado

Pretérito anterior
hube cerrado
hubiste cerrado
hubo cerrado
hubimos cerrado
hubisteis cerrado
hubieron cerrado

Futuro
cerraré
cerrarás
cerrará
cerraremos
cerraréis
cerrarán

Futuro compuesto
habré cerrado
habrás cerrado
habrá cerrado
habremos cerrado
habréis cerrado
habrán cerrado

Imperativo

Imperativo afirmativo
cierra (tú)
cierre (usted)
cerremos (nosotros)
cerrad (vosotros)
cierren (ustedes)

Imperativo negativo
no cierres (tú)
no cierre (usted)
no cerremos (nosotros)
no cerréis (vosotros)
no cierren (ustedes)

Subjuntivo

Presente	*Perfecto*
cierre	**haya** cerrado
cierres	**hayas** cerrado
cierre	**haya** cerrado
cerremos	**hayamos** cerrado
cerréis	**hayáis** cerrado
cierren	**hayan** cerrado

Imperfecto	*Pluscuamperfecto*
cerrara/cerrase	**hubiera/hubiese** cerrado
cerraras/cerrases	**hubieras/hubieses** cerrado
cerrara/cerrase	**hubiera/hubiese** cerrado
cerráramos/cerrásemos	**hubiéramos/hubiésemos** cerrado
cerrarais/cerraseis	**hubierais/hubieseis** cerrado
cerraran/cerrasen	**hubieran/hubiesen** cerrado

Condicional

Condicional	*Condicional compuesto*
cerraría	**habría** cerrado
cerrarías	**habrías** cerrado
cerraría	**habría** cerrado
cerraríamos	**habríamos** cerrado
cerraríais	**habríais** cerrado
cerrarían	**habrían** cerrado

Gerundio

cerrando

Participio

cerrado

12 continuar Akzentverschiebung

Indicativo

Presente

contin**úo**
contin**úas**
contin**úa**
continu**amos**
continu**áis**
contin**úan**

Perfecto

he continuado
has continuado
ha continuado
hemos continuado
habéis continuado
han continuado

Imperfecto

continu**aba**
continu**abas**
continu**aba**
continu**ábamos**
continu**abais**
continu**aban**

Indefinido

continu**é**
continu**aste**
continu**ó**
continu**amos**
continu**asteis**
continu**aron**

Pluscuamperfecto

había continuado
habías continuado
había continuado
habíamos continuado
habíais continuado
habían continuado

Pretérito anterior

hube continuado
hubiste continuado
hubo continuado
hubimos continuado
hubisteis continuado
hubieron continuado

Futuro

continu**aré**
continu**arás**
continu**ará**
continu**aremos**
continu**aréis**
continu**arán**

Futuro compuesto

habré continuado
habrás continuado
habrá continuado
habremos continuado
habréis continuado
habrán continuado

Imperativo

Imperativo afirmativo

contin**úa** (tú)
contin**úe** (usted)
continu**emos** (nosotros)
continu**ad** (vosotros)
contin**úen** (ustedes)

Imperativo negativo

no contin**úes** (tú)
no contin**úe** (usted)
no continu**emos** (nosotros)
no continu**éis** (vosotros)
no contin**úen** (ustedes)

Subjuntivo

Presente

contin**ú**e
contin**ú**es
contin**ú**e
continu**emos**
continu**éis**
contin**ú**en

Perfecto

haya continuado
hayas continuado
haya continuado
hayamos continuado
hayáis continuado
hayan continuado

Imperfecto

continu**ara**/continu**ase**
continu**aras**/continu**ases**
continu**ara**/continu**ase**
continu**áramos**/continu**ásemos**
continu**arais**/continu**aseis**
continu**aran**/continu**asen**

Pluscuamperfecto

hubiera/**hubiese** continuado
hubieras/**hubieses** continuado
hubiera/**hubiese** continuado
hubiéramos/**hubiésemos** continuado
hubierais/**hubieseis** continuado
hubieran/**hubiesen** continuado

Condicional

Condicional

continuar**ía**
continuar**ías**
continuar**ía**
continuar**íamos**
continuar**íais**
continuar**ían**

Condicional compuesto

habría continuado
habrías continuado
habría continuado
habríamos continuado
habríais continuado
habrían continuado

Gerundio

continu**ando**

Participio

continu**ado**

13 dar unregelmäßiges Verb

Verben auf -ar

Indicativo

Presente
doy
das
da
damos
dais
dan

Perfecto
he dado
has dado
ha dado
hemos dado
habéis dado
han dado

Imperfecto
daba
dabas
daba
dábamos
dabais
daban

Indefinido
dí
diste
dio
dimos
disteis
dieron

Pluscuamperfecto
había dado
habías dado
había dado
habíamos dado
habíais dado
habían dado

Pretérito anterior
hube dado
hubiste dado
hubo dado
hubimos dado
hubisteis dado
hubieron dado

Futuro
daré
darás
dará
daremos
daréis
darán

Futuro compuesto
habré dado
habrás dado
habrá dado
habremos dado
habréis dado
habrán dado

Imperativo

Imperativo afirmativo
da (tú)
dé (usted)
demos (nosotros)
dad (vosotros)
den (ustedes)

Imperativo negativo
no des (tú)
no dé (usted)
no demos (nosotros)
no deis (vosotros)
no den (ustedes)

Subjuntivo

Presente	*Perfecto*
dé	haya dado
des	hayas dado
dé	haya dado
demos	hayamos dado
deis	hayáis dado
den	hayan dado

Imperfecto	*Pluscuamperfecto*
diera/diese	hubiera/hubiese dado
dieras/dieses	hubieras/hubieses dado
diera/diese	hubiera/hubiese dado
diéramos/diésemos	hubiéramos/hubiésemos dado
dierais/dieseis	hubierais/hubieseis dado
dieran/diesen	hubieran/hubiesen dado

Condicional

Condicional	*Condicional compuesto*
daría	habría dado
darías	habrías dado
daría	habría dado
daríamos	habríamos dado
daríais	habríais dado
darían	habrían dado

Gerundio

dando

Participio

dado

desaguar u ► ü vor e

Indicativo

Presente
desagu**o**
desagu**as**
desagu**a**
desagu**amos**
desagu**áis**
desagu**an**

Perfecto
he desaguado
has desaguado
ha desaguado
hemos desaguado
habéis desaguado
han desaguado

Imperfecto
desagu**aba**
desagu**abas**
desagu**aba**
desagu**ábamos**
desagu**abais**
desagu**aban**

Indefinido
desag**üé**
desagu**aste**
desagu**ó**
desagu**amos**
desagu**asteis**
desagu**aron**

Pluscuamperfecto
había desaguado
habías desaguado
había desaguado
habíamos desaguado
habíais desaguado
habían desaguado

Pretérito anterior
hube desaguado
hubiste desaguado
hubo desaguado
hubimos desaguado
hubisteis desaguado
hubieron desaguado

Futuro
desaguar**é**
desaguar**ás**
desaguar**á**
desaguar**emos**
desaguar**éis**
desaguar**án**

Futuro compuesto
habré desaguado
habrás desaguado
habrá desaguado
habremos desaguado
habréis desaguado
habrán desaguado

Imperativo

Imperativo afirmativo
desagu**a** (tú)
desag**üe** (usted)
desag**üemos** (nosotros)
desagu**ad** (vosotros)
desag**üen** (ustedes)

Imperativo negativo
no desag**ües** (tú)
no desag**üe** (usted)
no desag**üemos** (nosotros)
no desag**üéis** (vosotros)
no desag**üen** (ustedes)

Subjuntivo

Presente
desagüe
desagües
desagüe
desagüemos
desagüéis
desagüen

Perfecto
haya desaguado
hayas desaguado
haya desaguado
hayamos desaguado
hayáis desaguado
hayan desaguado

Imperfecto
desagu**ara**/desagu**ase**
desagu**aras**/desagu**ases**
desagu**ara**/desagu**ase**
desagu**áramos**/desagu**ásemos**
desagu**arais**/desagu**aseis**
desagu**aran**/desagu**asen**

Pluscuamperfecto
hubiera/**hubiese** desaguado
hubieras/**hubieses** desaguado
hubiera/**hubiese** desaguado
hubiéramos/**hubiésemos** desaguado
hubierais/**hubieseis** desaguado
hubieran/**hubiesen** desaguado

Condicional

Condicional
desaguar**ía**
desaguar**ías**
desaguar**ía**
desaguar**íamos**
desaguar**íais**
desaguar**ían**

Condicional compuesto
habría desaguado
habrías desaguado
habría desaguado
habríamos desaguado
habríais desaguado
habrían desaguado

Gerundio
desagu**ando**

Participio
desagu**ado**

15 enviar Akzentverschiebung

Verben auf -ar

Indicativo

Presente	*Perfecto*
envío	**he** enviado
envías	**has** enviado
envía	**ha** enviado
enviamos	**hemos** enviado
enviáis	**habéis** enviado
envían	**han** enviado

Imperfecto	*Indefinido*
enviaba	envié
enviabas	enviaste
enviaba	envió
enviábamos	enviamos
enviabais	enviasteis
enviaban	enviaron

Pluscuamperfecto	*Pretérito anterior*
había enviado	**hube** enviado
habías enviado	**hubiste** enviado
había enviado	**hubo** enviado
habíamos enviado	**hubimos** enviado
habíais enviado	**hubisteis** enviado
habían enviado	**hubieron** enviado

Futuro	*Futuro compuesto*
enviaré	**habré** enviado
enviarás	**habrás** enviado
enviará	**habrá** enviado
enviaremos	**habremos** enviado
enviaréis	**habréis** enviado
enviarán	**habrán** enviado

Imperativo

Imperativo afirmativo	*Imperativo negativo*
envía (tú)	no envíes (tú)
envíe (usted)	no envíe (usted)
enviemos (nosotros)	no enviemos (nosotros)
enviad (vosotros)	no enviéis (vosotros)
envíen (ustedes)	no envíen (ustedes)

Subjuntivo

Presente

env**íe**
env**íes**
env**íe**
envi**emos**
envi**éis**
env**íen**

Perfecto

haya enviado
hayas enviado
haya enviado
hayamos enviado
hayáis enviado
hayan enviado

Imperfecto

envi**ara**/envi**ase**
envi**aras**/envi**ases**
envi**ara**/envi**ase**
envi**áramos**/envi**ásemos**
envi**arais**/envi**aseis**
envi**aran**/envi**asen**

Pluscuamperfecto

hubiera/**hubiese** enviado
hubieras/**hubieses** enviado
hubiera/**hubiese** enviado
hubiéramos/**hubiésemos** enviado
hubierais/**hubieseis** enviado
hubieran/**hubiesen** enviado

Condicional

Condicional

enviar**ía**
enviar**ías**
enviar**ía**
enviar**íamos**
enviar**íais**
enviar**ían**

Condicional compuesto

habría enviado
habrías enviado
habría enviado
habríamos enviado
habríais enviado
habrían enviado

Gerundio

envi**ando**

Participio

envi**ado**

16 fregar e ► ie; g ► gu vor e

Indicativo

Presente
friego
friegas
friega
fregamos
fregáis
friegan

Perfecto
he fregado
has fregado
ha fregado
hemos fregado
habéis fregado
han fregado

Imperfecto
fregaba
fregabas
fregaba
fregábamos
fregabais
fregaban

Indefinido
fregué
fregaste
fregó
fregamos
fregasteis
fregaron

Pluscuamperfecto
había fregado
habías fregado
había fregado
habíamos fregado
habíais fregado
habían fregado

Pretérito anterior
hube fregado
hubiste fregado
hubo fregado
hubimos fregado
hubisteis fregado
hubieron fregado

Futuro
fregaré
fregarás
fregará
fregaremos
fregaréis
fregarán

Futuro compuesto
habré fregado
habrás fregado
habrá fregado
habremos fregado
habréis fregado
habrán fregado

Imperativo

Imperativo afirmativo
friega (tú)
friegue (usted)
freguemos (nosotros)
fregad (vosotros)
frieguen (ustedes)

Imperativo negativo
no friegues (tú)
no friegue (usted)
no freguemos (nosotros)
no freguéis (vosotros)
no frieguen (ustedes)

Subjuntivo

Presente	*Perfecto*
friegue	haya fregado
friegues	hayas fregado
friegue	haya fregado
freguemos	hayamos fregado
freguéis	hayáis fregado
frieguen	hayan fregado

Imperfecto	*Pluscuamperfecto*
fregara/fregase	hubiera/hubiese fregado
fregaras/fregases	hubieras/hubieses fregado
fregara/fregase	hubiera/hubiese fregado
fregáramos/fregásemos	hubiéramos/hubiésemos fregado
fregarais/fregaseis	hubierais/hubieseis fregado
fregaran/fregasen	hubieran/hubiesen fregado

Condicional

Condicional	*Condicional compuesto*
fregaría	habría fregado
fregarías	habrías fregado
fregaría	habría fregado
fregaríamos	habríamos fregado
fregaríais	habríais fregado
fregarían	habrían fregado

Gerundio

fregando

Participio

fregado

17 jugar u ► ue; g ► gu vor e

Verben auf -ar

Indicativo

Presente
juego
juegas
juega
jugamos
jugáis
juegan

Perfecto
he jugado
has jugado
ha jugado
hemos jugado
habéis jugado
han jugado

Imperfecto
jugaba
jugabas
jugaba
jugábamos
jugabais
jugaban

Indefinido
jugué
jugaste
jugó
jugamos
jugasteis
jugaron

Pluscuamperfecto
había jugado
habías jugado
había jugado
habíamos jugado
habíais jugado
habían jugado

Pretérito anterior
hube jugado
hubiste jugado
hubo jugado
hubimos jugado
hubisteis jugado
hubieron jugado

Futuro
jugaré
jugarás
jugará
jugaremos
jugaréis
jugarán

Futuro compuesto
habré jugado
habrás jugado
habrá jugado
habremos jugado
habréis jugado
habrán jugado

Imperativo

Imperativo afirmativo
juega (tú)
juegue (usted)
juguemos (nosotros)
jugad (vosotros)
jueguen (ustedes)

Imperativo negativo
no juegues (tú)
no juegue (usted)
no juguemos (nosotros)
no juguéis (vosotros)
no jueguen (ustedes)

Subjuntivo

Presente	*Perfecto*
juegue	haya jugado
juegues	hayas jugado
juegue	haya jugado
juguemos	hayamos jugado
juguéis	hayáis jugado
jueguen	hayan jugado

Imperfecto	*Pluscuamperfecto*
jugara/jugase	hubiera/hubiese jugado
jugaras/jugases	hubieras/hubieses jugado
jugara/jugase	hubiera/hubiese jugado
jugáramos/jugásemos	hubiéramos/hubiésemos jugado
jugarais/jugaseis	hubierais/hubieseis jugado
jugaran/jugasen	hubieran/hubiesen jugado

Condicional

Condicional	*Condicional compuesto*
jugaría	habría jugado
jugarías	habrías jugado
jugaría	habría jugado
jugaríamos	habríamos jugado
jugaríais	habríais jugado
jugarían	habrían jugado

Gerundio

jugando

Participio

jugado

18 llegar g ► gu vor e

Indicativo

Presente
llego
llegas
llega
llegamos
llegáis
llegan

Perfecto
he llegado
has llegado
ha llegado
hemos llegado
habéis llegado
han llegado

Imperfecto
llegaba
llegabas
llegaba
llegábamos
llegabais
llegaban

Indefinido
llegué
llegaste
llegó
llegamos
llegasteis
llegaron

Pluscuamperfecto
había llegado
habías llegado
había llegado
habíamos llegado
habíais llegado
habían llegado

Pretérito anterior
hube llegado
hubiste llegado
hubo llegado
hubimos llegado
hubisteis llegado
hubieron llegado

Futuro
llegaré
llegarás
llegará
llegaremos
llegaréis
llegarán

Futuro compuesto
habré llegado
habrás llegado
habrá llegado
habremos llegado
habréis llegado
habrán llegado

Imperativo

Imperativo afirmativo
llega (tú)
llegue (usted)
lleguemos (nosotros)
llegad (vosotros)
lleguen (ustedes)

Imperativo negativo
no llegues (tú)
no llegue (usted)
no lleguemos (nosotros)
no lleguéis (vosotros)
no lleguen (ustedes)

Subjuntivo

Presente

llegue
llegues
llegue
lleguemos
lleguéis
lleguen

Perfecto

haya llegado
hayas llegado
haya llegado
hayamos llegado
hayáis llegado
hayan llegado

Imperfecto

llegara/llegase
llegaras/llegases
llegara/llegase
llegáramos/llegásemos
llegarais/llegaseis
llegaran/llegasen

Pluscuamperfecto

hubiera/hubiese llegado
hubieras/hubieses llegado
hubiera/hubiese llegado
hubiéramos/hubiésemos llegado
hubierais/hubieseis llegado
hubieran/hubiesen llegado

Condicional

Condicional

llegaría
llegarías
llegaría
llegaríamos
llegaríais
llegarían

Condicional compuesto

habría llegado
habrías llegado
habría llegado
habríamos llegado
habríais llegado
habrían llegado

Gerundio

llegando

Participio

llegado

19 probar o ► ue

Indicativo

Presente
pruebo
pruebas
prueba
probamos
probáis
prueban

Perfecto
he probado
has probado
ha probado
hemos probado
habéis probado
han probado

Imperfecto
probaba
probabas
probaba
probábamos
probabais
probaban

Indefinido
probé
probaste
probó
probamos
probasteis
probaron

Pluscuamperfecto
había probado
habías probado
había probado
habíamos probado
habíais probado
habían probado

Pretérito anterior
hube probado
hubiste probado
hubo probado
hubimos probado
hubisteis probado
hubieron probado

Futuro
probaré
probarás
probará
probaremos
probaréis
probarán

Futuro compuesto
habré probado
habrás probado
habrá probado
habremos probado
habréis probado
habrán probado

Imperativo

Imperativo afirmativo
prueba (tú)
pruebe (usted)
probemos (nosotros)
probad (vosotros)
prueben (ustedes)

Imperativo negativo
no pruebes (tú)
no pruebe (usted)
no probemos (nosotros)
no probéis (vosotros)
no prueben (ustedes)

Subjuntivo

Presente	*Perfecto*
pr**ue**be	**haya** probado
pr**ue**bes	**hayas** probado
pr**ue**be	**haya** probado
prob**emos**	**hayamos** probado
prob**éis**	**hayáis** probado
pr**ue**ben	**hayan** probado

Imperfecto	*Pluscuamperfecto*
prob**ara**/prob**ase**	**hubiera/hubiese** probado
prob**aras**/prob**ases**	**hubieras/hubieses** probado
prob**ara**/prob**ase**	**hubiera/hubiese** probado
prob**áramos**/prob**ásemos**	**hubiéramos/hubiésemos** probado
prob**arais**/prob**aseis**	**hubierais/hubieseis** probado
prob**aran**/prob**asen**	**hubieran/hubiesen** probado

Condicional

Condicional	*Condicional compuesto*
probar**ía**	**habría** probado
probar**ías**	**habrías** probado
probar**ía**	**habría** probado
probar**íamos**	**habríamos** probado
probar**íais**	**habríais** probado
probar**ían**	**habrían** probado

Gerundio

prob**ando**

Participio

prob**ado**

20 revolcar o ► ue; c ► qu vor e

Indicativo

Presente

revuelco
revuelcas
revuelca
revolcamos
revolcáis
revuelcan

Perfecto

he revolcado
has revolcado
ha revolcado
hemos revolcado
habéis revolcado
han revolcado

Imperfecto

revolcaba
revolcabas
revolcaba
revolcábamos
revolcabais
revolcaban

Indefinido

revolqué
revolcaste
revolcó
revolcamos
revolcasteis
revolcaron

Pluscuamperfecto

había revolcado
habías revolcado
había revolcado
habíamos revolcado
habíais revolcado
habían revolcado

Pretérito anterior

hube revolcado
hubiste revolcado
hubo revolcado
hubimos revolcado
hubisteis revolcado
hubieron revolcado

Futuro

revolcaré
revolcarás
revolcará
revolcaremos
revolcaréis
revolcarán

Futuro compuesto

habré revolcado
habrás revolcado
habrá revolcado
habremos revolcado
habréis revolcado
habrán revolcado

Imperativo

Imperativo afirmativo

revuelca (tú)
revuelque (usted)
revolquemos (nosotros)
revolcad (vosotros)
revuelquen (ustedes)

Imperativo negativo

no revuelques (tú)
no revuelque (usted)
no revolquemos (nosotros)
no revolquéis (vosotros)
no revuelquen (ustedes)

Subjuntivo

Presente

rev**uelque**
rev**uelques**
rev**uelque**
revol**quemos**
revol**quéis**
rev**uelquen**

Perfecto

haya revolcado
hayas revolcado
haya revolcado
hayamos revolcado
hayáis revolcado
hayan revolcado

Imperfecto

revolc**ara**/revolc**ase**
revolc**aras**/revolc**ases**
revolc**ara**/revolc**ase**
revolc**áramos**/revolc**ásemos**
revolc**arais**/revolc**aseis**
revolc**aran**/revolc**asen**

Pluscuamperfecto

hubiera/**hubiese** revolcado
hubieras/**hubieses** revolcado
hubiera/**hubiese** revolcado
hubiéramos/**hubiésemos** revolcado
hubierais/**hubieseis** revolcado
hubieran/**hubiesen** revolcado

Condicional

Condicional

revolcar**ía**
revolcar**ías**
revolcar**ía**
revolcar**íamos**
revolcar**íais**
revolcar**ían**

Condicional compuesto

habría revolcado
habrías revolcado
habría revolcado
habríamos revolcado
habríais revolcado
habrían revolcado

Gerundio

revolc**ando**

Participio

revolc**ado**

21 rogar o ► ue; g ► gu vor e

Indicativo

Presente
ruego
ruegas
ruega
rogamos
rogáis
ruegan

Perfecto
he rogado
has rogado
ha rogado
hemos rogado
habéis rogado
han rogado

Imperfecto
rogaba
rogabas
rogaba
rogábamos
rogabais
rogaban

Indefinido
rogué
rogaste
rogó
rogamos
rogasteis
rogaron

Pluscuamperfecto
había rogado
habías rogado
había rogado
habíamos rogado
habíais rogado
habían rogado

Pretérito anterior
hube rogado
hubiste rogado
hubo rogado
hubimos rogado
hubisteis rogado
hubieron rogado

Futuro
rogaré
rogarás
rogará
rogaremos
rogaréis
rogarán

Futuro compuesto
habré rogado
habrás rogado
habrá rogado
habremos rogado
habréis rogado
habrán rogado

Imperativo

Imperativo afirmativo
ruega (tú)
ruegue (usted)
roguemos (nosotros)
rogad (vosotros)
rueguen (ustedes)

Imperativo negativo
no ruegues (tú)
no ruegue (usted)
no roguemos (nosotros)
no roguéis (vosotros)
no rueguen (ustedes)

Subjuntivo

Presente

ruegue
ruegues
ruegue
roguemos
roguéis
rueguen

Perfecto

haya rogado
hayas rogado
haya rogado
hayamos rogado
hayáis rogado
hayan rogado

Imperfecto

rogara/ rogase
rogaras/ rogases
rogara/ rogase
rogáramos/ rogásemos
rogarais/ rogaseis
rogaran/ rogasen

Pluscuamperfecto

hubiera/hubiese rogado
hubieras/hubieses rogado
hubiera/hubiese rogado
hubiéramos/hubiésemos rogado
hubierais/hubieseis rogado
hubieran/hubiesen rogado

Condicional

Condicional

rogaría
rogarías
rogaría
rogaríamos
rogaríais
rogarían

Condicional compuesto

habría rogado
habrías rogado
habría rogado
habríamos rogado
habríais rogado
habrían rogado

Gerundio

rogando

Participio

rogado

22

tocar c ► qu vor e

Indicativo

Presente
toco
tocas
toca
tocamos
tocáis
tocan

Perfecto
he tocado
has tocado
ha tocado
hemos tocado
habéis tocado
han tocado

Imperfecto
tocaba
tocabas
tocaba
tocábamos
tocabais
tocaban

Indefinido
toqué
tocaste
tocó
tocamos
tocasteis
tocaron

Pluscuamperfecto
había tocado
habías tocado
había tocado
habíamos tocado
habíais tocado
habían tocado

Pretérito anterior
hube tocado
hubiste tocado
hubo tocado
hubimos tocado
hubisteis tocado
hubieron tocado

Futuro
tocaré
tocarás
tocará
tocaremos
tocaréis
tocarán

Futuro compuesto
habré tocado
habrás tocado
habrá tocado
habremos tocado
habréis tocado
habrán tocado

Imperativo

Imperativo afirmativo
toca (tú)
toque (usted)
toquemos (nosotros)
tocad (vosotros)
toquen (ustedes)

Imperativo negativo
no toques (tú)
no toque (usted)
no toquemos (nosotros)
no toquéis (vosotros)
no toquen (ustedes)

Subjuntivo

Presente

toque
toques
toque
toquemos
toquéis
toquen

Perfecto

haya tocado
hayas tocado
haya tocado
hayamos tocado
hayáis tocado
hayan tocado

Imperfecto

tocara/tocase
tocaras/tocases
tocara/tocase
tocáramos tocásemos
tocarais/tocaseis
tocaran/tocasen

Pluscuamperfecto

hubiera/hubiese tocado
hubieras/hubieses tocado
hubiera/hubiese tocado
hubiéramos/hubiésemos tocado
hubierais/hubieseis tocado
hubieran/hubiesen tocado

Condicional

Condicional

tocaría
tocarías
tocaría
tocaríamos
tocaríais
tocarían

Condicional compuesto

habría tocado
habrías tocado
habría tocado
habríamos tocado
habríais tocado
habrían tocado

Gerundio

tocando

Participio

tocado

23 tropezar e ► ie; z ► c vor e

Indicativo

Presente	*Perfecto*
tropie**zo**	**he** tropezado
tropie**zas**	**has** tropezado
tropie**za**	**ha** tropezado
tropez**amos**	**hemos** tropezado
tropez**áis**	**habéis** tropezado
tropie**zan**	**han** tropezado

Imperfecto	*Indefinido*
tropez**aba**	trope**cé**
tropez**abas**	tropez**aste**
tropez**aba**	tropez**ó**
tropez**ábamos**	tropez**amos**
tropez**abais**	tropez**asteis**
tropez**aban**	tropez**aron**

Pluscuamperfecto	*Pretérito anterior*
había tropezado	**hube** tropezado
habías tropezado	**hubiste** tropezado
había tropezado	**hubo** tropezado
habíamos tropezado	**hubimos** tropezado
habíais tropezado	**hubisteis** tropezado
habían tropezado	**hubieron** tropezado

Futuro	*Futuro compuesto*
tropezar**é**	**habré** tropezado
tropezar**ás**	**habrás** tropezado
tropezar**á**	**habrá** tropezado
tropezar**emos**	**habremos** tropezado
tropezar**éis**	**habréis** tropezado
tropezar**án**	**habrán** tropezado

Imperativo

Imperativo afirmativo	*Imperativo negativo*
tropie**za** (tú)	no tropie**ces** (tú)
tropie**ce** (usted)	no tropie**ce** (usted)
trope**cemos** (nosotros)	no trope**cemos** (nosotros)
tropez**ad** (vosotros)	no trope**céis** (vosotros)
tropie**cen** (ustedes)	no tropie**cen** (ustedes)

Subjuntivo

Presente

tropiece
tropieces
tropiece
tropecemos
tropecéis
tropiecen

Perfecto

haya tropezado
hayas tropezado
haya tropezado
hayamos tropezado
hayáis tropezado
hayan tropezado

Imperfecto

tropezara/tropezase
tropezaras/tropezases
tropezara/tropezase
tropezáramos/tropezásemos
tropezarais/tropezaseis
tropezaran/tropezasen

Pluscuamperfecto

hubiera/hubiese tropezado
hubieras/hubieses tropezado
hubiera/hubiese tropezado
hubiéramos/hubiésemos tropezado
hubierais/hubieseis tropezado
hubieran/hubiesen tropezado

Condicional

Condicional

tropezaría
tropezarías
tropezaría
tropezaríamos
tropezaríais
tropezarían

Condicional compuesto

habría tropezado
habrías tropezado
habría tropezado
habríamos tropezado
habríais tropezado
habrían tropezado

Gerundio

tropezando

Participio

tropezado

24 aprender regelmäßiges Verb

Verben auf -er

Indicativo

Presente
aprend**o**
aprend**es**
aprend**e**
aprend**emos**
aprend**éis**
aprend**en**

Perfecto
he aprendido
has aprendido
ha aprendido
hemos aprendido
habéis aprendido
han aprendido

Imperfecto
aprend**ía**
aprend**ías**
aprend**ía**
aprend**íamos**
aprend**íais**
aprend**ían**

Indefinido
aprend**í**
aprend**iste**
aprend**ió**
aprend**imos**
aprend**isteis**
aprend**ieron**

Pluscuamperfecto
había aprendido
habías aprendido
había aprendido
habíamos aprendido
habíais aprendido
habían aprendido

Pretérito anterior
hube aprendido
hubiste aprendido
hubo aprendido
hubimos aprendido
hubisteis aprendido
hubieron aprendido

Futuro
aprender**é**
aprender**ás**
aprender**á**
aprender**emos**
aprender**éis**
aprender**án**

Futuro compuesto
habré aprendido
habrás aprendido
habrá aprendido
habremos aprendido
habréis aprendido
habrán aprendido

Imperativo afirmativo
aprend**e** (tú)
aprend**a** (usted)
aprend**amos** (nosotros)
aprend**ed** (vosotros)
aprend**an** (ustedes)

Imperativo negativo
no aprend**as** (tú)
no aprend**a** (usted)
no aprend**amos** (nosotros)
no aprend**áis** (vosotros)
no aprend**an** (ustedes)

Subjuntivo

Presente

aprend**a**
aprend**as**
aprend**a**
aprend**amos**
aprend**áis**
aprend**an**

Perfecto

haya aprendido
hayas aprendido
haya aprendido
hayamos aprendido
hayáis aprendido
hayan aprendido

Imperfecto

aprend**iera**/aprend**iese**
aprend**ieras**/aprend**ieses**
aprend**iera**/aprend**iese**
aprend**iéramos**/aprend**iésemos**
aprend**ierais**/aprend**ieseis**
aprend**ieran**/aprend**iesen**

Pluscuamperfecto

hubiera/**hubiese** aprendido
hubieras/**hubieses** aprendido
hubiera/**hubiese** aprendido
hubiéramos/**hubiésemos** aprendido
hubierais/**hubieseis** aprendido
hubieran/**hubiesen** aprendido

Condicional

Condicional

aprender**ía**
aprender**ías**
aprender**ía**
aprender**íamos**
aprender**íais**
aprender**ían**

Condicional compuesto

habría aprendido
habrías aprendido
habría aprendido
habríamos aprendido
habríais aprendido
habrían aprendido

Gerundio

aprend**iendo**

Participio

aprend**ido**

25 caber unregelmäßiges Verb

Indicativo

Presente
quepo
cabes
cabe
cabemos
cabéis
caben

Perfecto
he cabido
has cabido
ha cabido
hemos cabido
habéis cabido
han cabido

Imperfecto
cabía
cabías
cabía
cabíamos
cabíais
cabían

Indefinido
cupe
cupiste
cupo
cupimos
cupisteis
cupieron

Pluscuamperfecto
había cabido
habías cabido
había cabido
habíamos cabido
habíais cabido
habían cabido

Pretérito anterior
hube cabido
hubiste cabido
hubo cabido
hubimos cabido
hubisteis cabido
hubieron cabido

Futuro
cabré
cabrás
cabrá
cabremos
cabréis
cabrán

Futuro compuesto
habré cabido
habrás cabido
habrá cabido
habremos cabido
habréis cabido
habrán cabido

Imperativo

Imperativo afirmativo
cabe (tú)
quepa (usted)
quepamos (nosotros)
cabed (vosotros)
quepan (ustedes)

Imperativo negativo
no quepas (tú)
no quepa (usted)
no quepamos (nosotros)
no quepáis (vosotros)
no quepan (ustedes)

Subjuntivo

Presente

quepa
quepas
quepa
quepamos
quepáis
quepan

Perfecto

haya cabido
hayas cabido
haya cabido
hayamos cabido
hayáis cabido
hayan cabido

Imperfecto

cupiera/cupiese
cupieras/cupieses
cupiera/cupiese
cupiéramos/cupiésemos
cupierais/cupieseis
cupieran/cupiesen

Pluscuamperfecto

hubiera/hubiese cabido
hubieras/hubieses cabido
hubiera/hubiese cabido
hubiéramos/hubiésemos cabido
hubierais/hubieseis cabido
hubieran/hubiesen cabido

Condicional

Condicional

cabría
cabrías
cabría
cabríamos
cabríais
cabrían

Condicional compuesto

habría cabido
habrías cabido
habría cabido
habríamos cabido
habríais cabido
habrían cabido

Gerundio

cabiendo

Participio

cabido

26 caer unregelmäßiges Verb

Indicativo

Presente

caigo
caes
cae
caemos
caéis
caen

Perfecto

he caído
has caído
ha caído
hemos caído
habéis caído
han caído

Imperfecto

caía
caías
caía
caíamos
caíais
caían

Indefinido

caí
caíste
cayó
caímos
caísteis
cayeron

Pluscuamperfecto

había caído
habías caído
había caído
habíamos caído
habíais caído
habían caído

Pretérito anterior

hube caído
hubiste caído
hubo caído
hubimos caído
hubisteis caído
hubieron caído

Futuro

caeré
caerás
caerá
caeremos
caeréis
caerán

Futuro compuesto

habré caído
habrás caído
habrá caído
habremos caído
habréis caído
habrán caído

Imperativo

Imperativo afirmativo

cae (tú)
caiga (usted)
caigamos (nosotros)
caed (vosotros)
caigan (ustedes)

Imperativo negativo

no caigas (tú)
no caiga (usted)
no caigamos (nosotros)
no caigáis (vosotros)
no caigan (ustedes)

Subjuntivo

Presente

caiga
caigas
caiga
caigamos
caigáis
caigan

Perfecto

haya caído
hayas caído
haya caído
hayamos caído
hayáis caído
hayan caído

Imperfecto

cayera/cayese
cayeras/cayeses
cayera/cayese
cayéramos/cayésemos
cayerais/cayeseis
cayeran/cayesen

Pluscuamperfecto

hubiera/hubiese caído
hubieras/hubieses caído
hubiera/hubiese caído
hubiéramos/hubiésemos caído
hubierais/hubieseis caído
hubieran/hubiesen caído

Condicional

Condicional

caería
caerías
caería
caeríamos
caeríais
caerían

Condicional compuesto

habría caído
habrías caído
habría caído
habríamos caído
habríais caído
habrían caído

Gerundio

cayendo

Participio

caído

27 cocer o ► ue; c ► z vor o und a

Indicativo

Presente	*Perfecto*
cuezo	he cocido
cueces	has cocido
cuece	ha cocido
cocemos	hemos cocido
cocéis	habéis cocido
cuecen	han cocido

Imperfecto	*Indefinido*
cocía	cocí
cocías	cociste
cocía	coció
cocíamos	cocimos
cocíais	cocisteis
cocían	cocieron

Pluscuamperfecto	*Pretérito anterior*
había cocido	hube cocido
habías cocido	hubiste cocido
había cocido	hubo cocido
habíamos cocido	hubimos cocido
habíais cocido	hubisteis cocido
habían cocido	hubieron cocido

Futuro	*Futuro compuesto*
coceré	habré cocido
cocerás	habrás cocido
cocerá	habrá cocido
coceremos	habremos cocido
coceréis	habréis cocido
cocerán	habrán cocido

Imperativo

Imperativo afirmativo	*Imperativo negativo*
cuece (tú)	no cuezas (tú)
cueza (usted)	no cueza (usted)
cozamos (nosotros)	no cozamos (nosotros)
coced (vosotros)	no cozáis (vosotros)
cuezan (ustedes)	no cuezan (ustedes)

Subjuntivo

Presente	*Perfecto*
cueza	haya cocido
cuezas	hayas cocido
cueza	haya cocido
cozamos	hayamos cocido
cozáis	hayáis cocido
cuezan	hayan cocido

Imperfecto	*Pluscuamperfecto*
cociera/cociese	hubiera/hubiese cocido
cocieras/cocieses	hubieras/hubieses cocido
cociera/cociese	hubiera/hubiese cocido
cociéramos/cociésemos	hubiéramos/hubiésemos cocido
cocierais/cocieseis	hubierais/hubieseis cocido
cocieran/cociesen	hubieran/hubiesen cocido

Condicional

Condicional	*Condicional compuesto*
cocería	habría cocido
cocerías	habrías cocido
cocería	habría cocido
coceríamos	habríamos cocido
coceríais	habríais cocido
cocerían	habrían cocido

Gerundio

cociendo

Participio

cocido

28 convencer c ► z vor a und o

Indicativo

Presente

conven**zo**
conven**ces**
conven**ce**
conven**cemos**
conven**céis**
conven**cen**

Perfecto

he convencido
has convencido
ha convencido
hemos convencido
habéis convencido
han convencido

Imperfecto

conven**cía**
conven**cías**
conven**cía**
conven**cíamos**
conven**cíais**
conven**cían**

Indefinido

conven**cí**
conven**ciste**
conven**ció**
conven**cimos**
conven**cisteis**
conven**cieron**

Pluscuamperfecto

había convencido
habías convencido
había convencido
habíamos convencido
habíais convencido
habían convencido

Pretérito anterior

hube convencido
hubiste convencido
hubo convencido
hubimos convencido
hubisteis convencido
hubieron convencido

Futuro

convencer**é**
convencer**ás**
convencer**á**
convencer**emos**
convencer**éis**
convencer**án**

Futuro compuesto

habré convencido
habrás convencido
habrá convencido
habremos convencido
habréis convencido
habrán convencido

Imperativo

Imperativo afirmativo

conven**ce** (tú)
conven**za** (usted)
conven**zamos** (nosotros)
conven**ced** (vosotros)
conven**zan** (ustedes)

Imperativo negativo

no conven**zas** (tú)
no conven**za** (usted)
no conven**zamos** (nosotros)
no conven**záis** (vosotros)
no conven**zan** (ustedes)

Subjuntivo

Presente

conven**za**
conven**zas**
conven**za**
conven**zamos**
conven**záis**
conven**zan**

Perfecto

haya convencido
hayas convencido
haya convencido
hayamos convencido
hayáis convencido
hayan convencido

Imperfecto

convenc**iera**/convenc**iese**
convenc**ieras**/convenc**ieses**
convenc**iera**/convenc**iese**
convenc**iéramos**/convenc**iésemos**
convenc**ierais**/convenc**ieseis**
convenc**ieran**/convenc**iesen**

Pluscuamperfecto

hubiera/**hubiese** convencido
hubieras/**hubieses** convencido
hubiera/**hubiese** convencido
hubiéramos/**hubiésemos** convencido
hubierais/**hubieseis** convencido
hubieran/**hubiesen** convencido

Condicional

Condicional

convencer**ía**
convencer**ías**
convencer**ía**
convencer**íamos**
convencer**íais**
convencer**ían**

Condicional compuesto

habría convencido
habrías convencido
habría convencido
habríamos convencido
habríais convencido
habrían convencido

Gerundio

convenc**iendo**

Participio

convenc**ido**

29 doler o ► ue

Indicativo

Presente	*Perfecto*
duelo	he dolido
dueles	has dolido
duele	ha dolido
dolemos	hemos dolido
doléis	habéis dolido
duelen	han dolido

Imperfecto	*Indefinido*
dolía	dolí
dolías	doliste
dolía	dolió
dolíamos	dolimos
dolíais	dolisteis
dolían	dolieron

Pluscuamperfecto	*Pretérito anterior*
había dolido	hube dolido
habías dolido	hubiste dolido
había dolido	hubo dolido
habíamos dolido	hubimos dolido
habíais dolido	hubisteis dolido
habían dolido	hubieron dolido

Futuro	*Futuro compuesto*
doleré	habré dolido
dolerás	habrás dolido
dolerá	habrá dolido
doleremos	habremos dolido
doleréis	habréis dolido
dolerán	habrán dolido

Imperativo

Imperativo afirmativo	*Imperativo negativo*
duele (tú)	no duelas (tú)
duela (usted)	no duela (usted)
dolamos (nosotros)	no dolamos (nosotros)
doled (vosotros)	no doláis (vosotros)
duelan (ustedes)	no duelan (ustedes)

Subjuntivo

Presente

duela
duelas
duela
dolamos
doláis
duelan

Perfecto

haya dolido
hayas dolido
haya dolido
hayamos dolido
hayáis dolido
hayan dolido

Imperfecto

doliera/doliese
dolieras/dolieses
doliera/doliese
doliéramos/doliésemos
dolierais/dolieseis
dolieran/doliesen

Pluscuamperfecto

hubiera/hubiese dolido
hubieras/hubieses dolido
hubiera/hubiese dolido
hubiéramos/hubiésemos dolido
hubierais/hubieseis dolido
hubieran/hubiesen dolido

Condicional

Condicional

dolería
dolerías
dolería
doleríamos
doleríais
dolerían

Condicional compuesto

habría dolido
habrías dolido
habría dolido
habríamos dolido
habríais dolido
habrían dolido

Gerundio

doliendo

Participio

dolido

30 entender e ► ie

Indicativo

Presente

entiend**o**
entiend**es**
entiend**e**
entend**emos**
entend**éis**
entiend**en**

Imperfecto

entend**ía**
entend**ías**
entend**ía**
entend**íamos**
entend**íais**
entend**ían**

Pluscuamperfecto

había entendido
habías entendido
había entendido
habíamos entendido
habíais entendido
habían entendido

Futuro

entender**é**
entender**ás**
entender**á**
entender**emos**
entender**éis**
entender**án**

Perfecto

he entendido
has entendido
ha entendido
hemos entendido
habéis entendido
han entendido

Indefinido

entend**í**
entend**iste**
entend**ió**
entend**imos**
entend**isteis**
entend**ieron**

Pretérito anterior

hube entendido
hubiste entendido
hubo entendido
hubimos entendiido
hubisteis entendiido
hubieron entendiido

Futuro compuesto

habré entendido
habrás entendido
habrá entendido
habremos entendido
habréis entendido
habrán entendido

Imperativo

Imperativo afirmativo

entiend**e** (tú)
entiend**a** (usted)
entend**amos** (nosotros)
entend**ed** (vosotros)
entiend**an** (ustedes)

Imperativo negativo

no entiend**as** (tú)
no entiend**a** (usted)
no entend**amos** (nosotros)
no entend**áis** (vosotros)
no entiend**an** (ustedes)

Subjuntivo

Presente	*Perfecto*
entienda	haya entendido
entiendas	hayas entendido
entienda	haya entendido
entendamos	hayamos entendido
entendáis	hayáis entendido
entiendan	hayan entendido

Imperfecto	*Pluscuamperfecto*
entendiera/entendiese	hubiera/hubiese entendido
entendieras/entendieses	hubieras/hubieses entendido
entendiera/entendiese	hubiera/hubiese entendido
entendiéramos/entendiésemos	hubiéramos/hubiésemos entendido
entendierais/entendieseis	hubierais/hubieseis entendido
entendieran/entendiesen	hubieran/hubiesen entendido

Condicional

Condicional	*Condicional compuesto*
entendería	habría entendido
entenderías	habrías entendido
entendería	habría entendido
entenderíamos	habríamos entendido
entenderíais	habríais entendido
entenderían	habrían entendido

Gerundio

entendiendo

Participio

entendido

31 hacer unregelmäßiges Verb

Verben auf -er

Indicativo

Presente
hago
haces
hace
hacemos
hacéis
hacen

Perfecto
he hecho
has hecho
ha hecho
hemos hecho
habéis hecho
han hecho

Imperfecto
hacía
hacías
hacía
hacíamos
hacíais
hacían

Indefinido
hice
hiciste
hizo
hicimos
hicisteis
hicieron

Pluscuamperfecto
había hecho
habías hecho
había hecho
habíamos hecho
habíais hecho
habían hecho

Pretérito anterior
hube hecho
hubiste hecho
hubo hecho
hubimos hecho
hubisteis hecho
hubieron hecho

Futuro
haré
harás
hará
haremos
haréis
harán

Futuro compuesto
habré hecho
habrás hecho
habrá hecho
habremos hecho
habréis hecho
habrán hecho

Imperativo

Imperativo afirmativo
haz (tú)
haga (usted)
hagamos (nosotros)
haced (vosotros)
hagan (ustedes)

Imperativo negativo
no hagas (tú)
no haga (usted)
no hagamos (nosotros)
no hagáis (vosotros)
no hagan (ustedes)

Subjuntivo

Presente

haga
hagas
haga
hagamos
hagáis
hagan

Perfecto

haya hecho
hayas hecho
haya hecho
hayamos hecho
hayáis hecho
hayan hecho

Imperfecto

hiciera/hiciese
hicieras/hicieses
hiciera/hiciese
hiciéramos/hiciésemos
hicierais/hicieseis
hicieran/hiciesen

Pluscuamperfecto

hubiera/hubiese hecho
hubieras/hubieses hecho
hubiera/hubiese hecho
hubiéramos/hubiésemos hecho
hubierais/hubieseis hecho
hubieran/hubiesen hecho

Condicional

Condicional

haría
harías
haría
haríamos
haríais
harían

Condicional compuesto

habría hecho
habrías hecho
habría hecho
habríamos hecho
habríais hecho
habrían hecho

Gerundio

haciendo

Participio

hecho

32 leer

unbetontes Endungs -i vor Vokal ► y;
betontes Endungs -i vor Konsonant ► í

Indicativo

Presente

leo
lees
lee
leemos
leéis
leen

Imperfecto

leía
leías
leía
leíamos
leíais
leían

Pluscuamperfecto

había leído
habías leído
había leído
habíamos leído
habíais leído
habían leído

Futuro

leeré
leerás
leerá
leeremos
leeréis
leerán

Perfecto

he leído
has leído
ha leído
hemos leído
habéis leído
han leído

Indefinido

leí
leíste
leyó
leímos
leísteis
leyeron

Pretérito anterior

hube leído
hubiste leído
hubo leído
hubimos leído
hubisteis leído
hubieron leído

Futuro compuesto

habré leído
habrás leído
habrá leído
habremos leído
habréis leído
habrán leído

Imperativo

Imperativo afirmativo

lee (tú)
lea (usted)
leamos (nosotros)
leed (vosotros)
lean (ustedes)

Imperativo negativo

no leas (tú)
no lea (usted)
no leamos (nosotros)
no leáis (vosotros)
no lean (ustedes)

Subjuntivo

Presente

lea
leas
lea
leamos
leáis
lean

Perfecto

haya leído
hayas leído
haya leído
hayamos leído
hayáis leído
hayan leído

Imperfecto

leyera/leyese
leyeras/leyeses
leyera/leyese
leyéramos/leyésemos
leyerais/leyeseis
leyeran/leyesen

Pluscuamperfecto

hubiera/hubiese leído
hubieras/hubieses leído
hubiera/hubiese leído
hubiéramos/hubiésemos leído
hubierais/hubieseis leído
hubieran/hubiesen leído

Condicional

Condicional

leería
leerías
leería
leeríamos
leeríais
leerían

Condicional compuesto

habría leído
habrías leído
habría leído
habríamos leído
habríais leído
habrían leído

Gerundio

leyendo

Participio

leído

33 ofrecer c ► zc vor a und o

Indicativo

Presente
ofrezco
ofreces
ofrece
ofrecemos
ofrecéis
ofrecen

Perfecto
he ofrecido
has ofrecido
ha ofrecido
hemos ofrecido
habéis ofrecido
han ofrecido

Imperfecto
ofrecía
ofrecías
ofrecía
ofrecíamos
ofrecíais
ofrecían

Indefinido
ofrecí
ofreciste
ofreció
ofrecimos
ofrecisteis
ofrecieron

Pluscuamperfecto
había ofrecido
habías ofrecido
había ofrecido
habíamos ofrecido
habíais ofrecido
habían ofrecido

Pretérito anterior
hube ofrecido
hubiste ofrecido
hubo ofrecido
hubimos ofrecido
hubisteis ofrecido
hubieron ofrecido

Futuro
ofreceré
ofrecerás
ofrecerá
ofreceremos
ofreceréis
ofrecerán

Futuro compuesto
habré ofrecido
habrás ofrecido
habrá ofrecido
habremos ofrecido
habréis ofrecido
habrán ofrecido

Imperativo

Imperativo afirmativo
ofrece (tú)
ofrezca (usted)
ofrezcamos (nosotros)
ofreced (vosotros)
ofrezcan (ustedes)

Imperativo negativo
no ofrezcas (tú)
no ofrezca (usted)
no ofrezcamos (nosotros)
no ofrezcáis (vosotros)
no ofrezcan (ustedes)

Subjuntivo

Presente

ofrezca
ofrezcas
ofrezca
ofrezcamos
ofrezcáis
ofrezcan

Perfecto

haya ofrecido
hayas ofrecido
haya ofrecido
hayamos ofrecido
hayáis ofrecido
hayan ofrecido

Imperfecto

ofreciera/ofreciese
ofrecieras/ofrecieses
ofreciera/ofreciese
ofreciéramos/ofreciésemos
ofrecierais/ofrecieseis
ofrecieran/ofreciesen

Pluscuamperfecto

hubiera/hubiese ofrecido
hubieras/hubieses ofrecido
hubiera/hubiese ofrecido
hubiéramos/hubiésemos ofrecido
hubierais/hubieseis ofrecido
hubieran/hubiesen ofrecido

Condicional

Condicional

ofrecería
ofrecerías
ofrecería
ofreceríamos
ofreceríais
ofrecerían

Condicional compuesto

habría ofrecido
habrías ofrecido
habría ofrecido
habríamos ofrecido
habríais ofrecido
habrían ofrecido

Gerundio

ofreciendo

Participio

ofrecido

34 oler unregelmäßiges Verb

Indicativo

Presente
huelo
hueles
huele
olemos
oléis
huelen

Perfecto
he olido
has olido
ha olido
hemos olido
habéis olido
han olido

Imperfecto
olía
olías
olía
olíamos
olíais
olían

Indefinido
olí
oliste
olió
olimos
olisteis
olieron

Pluscuamperfecto
había olido
habías olido
había olido
habíamos olido
habíais olido
habían olido

Pretérito anterior
hube olido
hubiste olido
hubo olido
hubimos olido
hubisteis olido
hubieron olido

Futuro
oleré
olerás
olerá
oleremos
oleréis
olerán

Futuro compuesto
habré olido
habrás olido
habrá olido
habremos olido
habréis olido
habrán olido

Imperativo

Imperativo afirmativo
huele (tú)
huela (usted)
olamos (nosotros)
oled (vosotros)
huelan (ustedes)

Imperativo negativo
no huelas (tú)
no huela (usted)
no olamos (nosotros)
no oláis (vosotros)
no huelan (ustedes)

Subjuntivo

Presente

huela
huelas
huela
olamos
oláis
huelan

Perfecto

haya olido
hayas olido
haya olido
hayamos olido
hayáis olido
hayan olido

Imperfecto

oliera/oliese
olieras/olieses
oliera/oliese
oliéramos/oliésemos
olierais/olieseis
olieran/oliesen

Pluscuamperfecto

hubiera/hubiese olido
hubieras/hubieses olido
hubiera/hubiese olido
hubiéramos/hubiésemos olido
hubierais/hubieseis olido
hubieran/hubiesen olido

Condicional

Condicional

olería
olerías
olería
oleríamos
oleríais
olerían

Condicional compuesto

habría olido
habrías olido
habría olido
habríamos olido
habríais olido
habrían olido

Gerundio

oliendo

Participio

olido

35 placer unregelmäßiges Verb; c ► zc vor a und o

Indicativo

Presente
plazco
places
place
placemos
placéis
placen

Imperfecto
placía
placías
placía
placíamos
placíais
placían

Pluscuamperfecto
había placido
habías placido
había placido
habíamos placido
habíais placido
habían placido

Futuro
placeré
placerás
placerá
placeremos
placeréis
placerán

Perfecto
he placido
has placido
ha placido
hemos placido
habéis placido
han placido

Indefinido
plací
placiste
plació/plugo
placimos
placisteis
placieron/plugieron

Pretérito anterior
hube placido
hubiste placido
hubo placido
hubimos placido
hubisteis placido
hubieron placido

Futuro compuesto
habré placido
habrás placido
habrá placido
habremos placido
habréis placido
habrán placido

Imperativo

Imperativo afirmativo
place (tú)
plazca (usted)
plazcamos (nosotros)
placed (vosotros)
plazcan (ustedes)

Imperativo negativo
no plazcas (tú)
no plazca (usted)
no plazcamos (nosotros)
no plazcáis (vosotros)
no plazcan (ustedes)

Subjuntivo

Presente
plazca
plazcas
plazca/plegue/plega
plazcamos
plazcáis
plazcan

Perfecto
haya placido
hayas placido
haya placido
hayamos placido
hayáis placido
hayan placido

Imperfecto
placiera/placiese
placieras/placieses
placiera/placiese/plugiera/plugiese
placiéramos/placiésemos
placierais/placieseis
placieran/placiesen

Pluscuamperfecto
hubiera/hubiese placido
hubieras/hubieses placido
hubiera/hubiese placido
hubiéramos/hubiésemos placido
hubierais/hubieseis placido
hubieran/hubiesen placido

Condicional

Condicional
placería
placerías
placería
placeríamos
placeríais
placerían

Condicional compuesto
habría placido
habrías placido
habría placido
habríamos placido
habríais placido
habrían placido

Gerundio
placiendo

Participio
placido

36 poder unregelmäßiges Verb

Indicativo

Presente
puedo
puedes
puede
podemos
podéis
pueden

Perfecto
he podido
has podido
ha podido
hemos podido
habéis podido
han podido

Imperfecto
podía
podías
podía
podíamos
podíais
podían

Indefinido
pude
pudiste
pudo
pudimos
pudisteis
pudieron

Pluscuamperfecto
había podido
habías podido
había podido
habíamos podido
habíais podido
habían podido

Pretérito anterior
hube podido
hubiste podido
hubo podido
hubimos podido
hubisteis podido
hubieron podido

Futuro
podré
podrás
podrá
podremos
podréis
podrán

Futuro compuesto
habré podido
habrás podido
habrá podido
habremos podido
habréis podido
habrán podido

Imperativo

Imperativo afirmativo
puede (tú)
pueda (usted)
podamos (nosotros)
poded (vosotros)
puedan (ustedes)

Imperativo negativo
no puedas (tú)
no pueda (usted)
no podamos (nosotros)
no podáis (vosotros)
no puedan (ustedes)

Subjuntivo

Presente

pueda
puedas
pueda
podamos
podáis
puedan

Perfecto

haya podido
hayas podido
haya podido
hayamos podido
hayáis podido
hayan podido

Imperfecto

pudiera/pudiese
pudieras/pudieses
pudiera/pudiese
pudiéramos/pudiésemos
pudierais/pudieseis
pudieran/pudiesen

Pluscuamperfecto

hubiera/hubiese podido
hubieras/hubieses podido
hubiera/hubiese podido
hubiéramos/hubiésemos podido
hubierais/hubieseis podido
hubieran/hubiesen podido

Condicional

Condicional

podría
podrías
podría
podríamos
podríais
podrían

Condicional compuesto

habría podido
habrías podido
habría podido
habríamos podido
habríais podido
habrían podido

Gerundio

pudiendo

Participio

podido

37 poner unregelmäßiges Verb

Indicativo

Presente
pongo
pones
pone
ponemos
ponéis
ponen

Perfecto
he puesto
has puesto
ha puesto
hemos puesto
habéis puesto
han puesto

Imperfecto
ponía
ponías
ponía
poníamos
poníais
ponían

Indefinido
puse
pusiste
puso
pusimos
pusisteis
pusieron

Pluscuamperfecto
había puesto
habías puesto
había puesto
habíamos puesto
habíais puesto
habían puesto

Pretérito anterior
hube puesto
hubiste puesto
hubo puesto
hubimos puesto
hubisteis puesto
hubieron puesto

Futuro
pondré
pondrás
pondrá
pondremos
pondréis
pondrán

Futuro compuesto
habré puesto
habrás puesto
habrá puesto
habremos puesto
habréis puesto
habrán puesto

Imperativo

Imperativo afirmativo
pon (tú)
ponga (usted)
pongamos (nosotros)
poned (vosotros)
pongan (ustedes)

Imperativo negativo
no pongas (tú)
no ponga (usted)
no pongamos (nosotros)
no pongáis (vosotros)
no pongan (ustedes)

Subjuntivo

Presente	*Perfecto*
ponga	haya puesto
pongas	hayas puesto
ponga	haya puesto
pongamos	hayamos puesto
pongáis	hayáis puesto
pongan	hayan puesto

Imperfecto	*Pluscuamperfecto*
pusiera/pusiese	hubiera/hubiese puesto
pusieras/pusieses	hubieras/hubieses puesto
pusiera/pusiese	hubiera/hubiese puesto
pusiéramos/pusiésemos	hubiéramos/hubiésemos puesto
pusierais/pusieseis	hubierais/hubieseis puesto
pusieran/pusiesen	hubieran/hubiesen puesto

Condicional

Condicional	*Condicional compuesto*
pondría	habría puesto
pondrías	habrías puesto
pondría	habría puesto
pondríamos	habríamos puesto
pondríais	habríais puesto
pondrían	habrían puesto

Gerundio

poniendo

Participio

puesto

38

proteger g ► j vor a und o

Indicativo

Presente

protejo
proteges
protege
protegemos
protegéis
protegen

Perfecto

he protegido
has protegido
ha protegido
hemos protegido
habéis protegido
han protegido

Imperfecto

protegía
protegías
protegía
protegíamos
protegíais
protegían

Indefinido

protegí
protegiste
protegió
protegimos
protegisteis
protegieron

Pluscuamperfecto

había protegido
habías protegido
había protegido
habíamos protegido
habíais protegido
habían protegido

Pretérito anterior

hube protegido
hubiste protegido
hubo protegido
hubimos protegido
hubisteis protegido
hubieron protegido

Futuro

protegeré
protegerás
protegerá
protegeremos
protegeréis
protegerán

Futuro compuesto

habré protegido
habrás protegido
habrá protegido
habremos protegido
habréis protegido
habrán protegido

Imperativo

Imperativo afirmativo

protege (tú)
proteja (usted)
protejamos (nosotros)
proteged (vosotros)
protejan (ustedes)

Imperativo negativo

no protejas (tú)
no proteja (usted)
no protejamos (nosotros)
no protejáis (vosotros)
no protejan (ustedes)

Subjuntivo

Presente

prote**ja**
prote**jas**
prote**ja**
prote**jamos**
prote**jáis**
prote**jan**

Perfecto

haya protegido
hayas protegido
haya protegido
hayamos protegido
hayáis protegido
hayan protegido

Imperfecto

proteg**iera**/proteg**iese**
proteg**ieras**/proteg**ieses**
proteg**iera**/proteg**iese**
proteg**iéramos**/proteg**iésemos**
proteg**ierais**/proteg**ieseis**
proteg**ieran**/proteg**iesen**

Pluscuamperfecto

hubiera/hubiese protegido
hubieras/hubieses protegido
hubiera/hubiese protegido
hubiéramos/hubiésemos protegido
hubierais/hubieseis protegido
hubieran/hubiesen protegido

Condicional

Condicional

proteger**ía**
proteger**ías**
proteger**ía**
proteger**íamos**
proteger**íais**
proteger**ían**

Condicional compuesto

habría protegido
habrías protegido
habría protegido
habríamos protegido
habríais protegido
habrían protegido

Gerundio

proteg**iendo**

Participio

proteg**ido**

39 querer unregelmäßiges Verb

Indicativo

Presente
quiero
quieres
quiere
queremos
queréis
quieren

Perfecto
he querido
has querido
ha querido
hemos querido
habéis querido
han querido

Imperfecto
quería
querías
quería
queríamos
queríais
querían

Indefinido
quise
quisiste
quiso
quisimos
quisisteis
quisieron

Pluscuamperfecto
había querido
habías querido
había querido
habíamos querido
habíais querido
habían querido

Pretérito anterior
hube querido
hubiste querido
hubo querido
hubimos querido
hubisteis querido
hubieron querido

Futuro
querré
querrás
querrá
querremos
querréis
querrán

Futuro compuesto
habré querido
habrás querido
habrá querido
habremos querido
habréis querido
habrán querido

Imperativo

Imperativo afirmativo
quiere (tú)
quiera (usted)
queramos (nosotros)
quered (vosotros)
quieran (ustedes)

Imperativo negativo
no quieras (tú)
no quiera (usted)
no queramos (nosotros)
no queráis (vosotros)
no quieran (ustedes)

Subjuntivo

Presente

quiera
quieras
quiera
queramos
queráis
quieran

Perfecto

haya querido
hayas querido
haya querido
hayamos querido
hayáis querido
hayan querido

Imperfecto

quisiera/quisiese
quisieras/quisieses
quisiera/quisiese
quisiéramos/quisiésemos
quisierais/quisieseis
quisieran/quisiesen

Pluscuamperfecto

hubiera/hubiese querido
hubieras/hubieses querido
hubiera/hubiese querido
hubiéramos/hubiésemos querido
hubierais/hubieseis querido
hubieran/hubiesen querido

Condicional

Condicional

querría
querrías
querría
querríamos
querríais
querrían

Condicional compuesto

habría querido
habrías querido
habría querido
habríamos querido
habríais querido
habrían querido

Gerundio

queriendo

Participio

querido

40 roer unregelmäßiges Verb

Indicativo

Presente
roo/roigo
roes
roe
roemos
roéis
roen

Perfecto
he roído
has roído
ha roído
hemos roído
habéis roído
han roído

Imperfecto
roía
roías
roía
roíamos
roíais
roían

Indefinido
roí
roíste
royó
roímos
roísteis
royeron

Pluscuamperfecto
había roído
habías roído
había roído
habíamos roído
habíais roído
habían roído

Pretérito anterior
hube roído
hubiste roído
hubo roído
hubimos roído
hubisteis roído
hubieron roído

Futuro
roeré
roerás
roerá
roeremos
roeréis
roerán

Futuro compuesto
habré roído
habrás roído
habrá roído
habremos roído
habréis roído
habrán roído

Imperativo

Imperativo afirmativo
roe (tú)
roa/roiga (usted)
roamos (nosotros)
roed (vosotros)
roan/roigan (ustedes)

Imperativo negativo
no roas/roigas (tú)
no roa/roiga (usted)
no roamos/roigamos (nosotros)
no roáis/roigáis (vosotros)
no roan/roigan (ustedes)

Subjuntivo

Presente

roa/roiga
roas/roigas
roa/roiga
roamos/roigamos
roáis/roigáis
roan/roigan

Perfecto

haya roído
hayas roído
haya roído
hayamos roído
hayáis roído
hayan roído

Imperfecto

royera/royese
royeras/royeses
royera/royese
royéramos/royésemos
royerais/royeseis
royeran/royesen

Pluscuamperfecto

hubiera/hubiese roído
hubieras/hubieses roído
hubiera/hubiese roído
hubiéramos/hubiésemos roído
hubierais/hubieseis roído
hubieran/hubiesen roído

Condicional

Condicional

roería
roerías
roería
roeríamos
roeríais
roerían

Condicional compuesto

habría roído
habrías roído
habría roído
habríamos roído
habríais roído
habrían roído

Gerundio

royendo

Participio

roído

41 saber unregelmäßiges Verb

Indicativo

Presente	*Perfecto*
sé	he sabido
sabes	has sabido
sabe	ha sabido
sabemos	hemos sabido
sabéis	habéis sabido
saben	han sabido

Imperfecto	*Indefinido*
sabía	supe
sabías	supiste
sabía	supo
sabíamos	supimos
sabíais	supisteis
sabían	supieron

Pluscuamperfecto	*Pretérito anterior*
había sabido	hube sabido
habías sabido	hubiste sabido
había sabido	hubo sabido
habíamos sabido	hubimos sabido
habíais sabido	hubisteis sabido
habían sabido	hubieron sabido

Futuro	*Futuro compuesto*
sabré	habré sabido
sabrás	habrás sabido
sabrá	habrá sabido
sabremos	habremos sabido
sabréis	habréis sabido
sabrán	habrán sabido

Imperativo

Imperativo afirmativo	*Imperativo negativo*
sabe (tú)	no sepas (tú)
sepa (usted)	no sepa (usted)
sepamos (nosotros)	no sepamos (nosotros)
sabed (vosotros)	no sepáis (vosotros)
sepan (ustedes)	no sepan (ustedes)

Subjuntivo

Presente

sepa
sepas
sepa
sepamos
sepáis
sepan

Perfecto

haya sabido
hayas sabido
haya sabido
hayamos sabido
hayáis sabido
hayan sabido

Imperfecto

supiera/supiese
supieras/supieses
supiera/supiese
supiéramos/supiésemos
supierais/supieseis
supieran/supiesen

Pluscuamperfecto

hubiera/hubiese sabido
hubieras/hubieses sabido
hubiera/hubiese sabido
hubiéramos/hubiésemos sabido
hubierais/hubieseis sabido
hubieran/hubiesen sabido

Condicional

Condicional

sabría
sabrías
sabría
sabríamos
sabríais
sabrían

Condicional compuesto

habría sabido
habrías sabido
habría sabido
habríamos sabido
habríais sabido
habrían sabido

Gerundio

sabiendo

Participio

sabido

42 satisfacer unregelmäßiges Verb

Indicativo

Presente
satisfago
satisfaces
satisface
satisfacemos
satisfacéis
satisfacen

Perfecto
he satisfecho
has satisfecho
ha satisfecho
hemos satisfecho
habéis satisfecho
han satisfecho

Imperfecto
satisfacía
satisfacías
satisfacía
satisfacíamos
satisfacíais
satisfacían

Indefinido
satisfice
satisficiste
satisfizo
satisficimos
satisficisteis
satisficieron

Pluscuamperfecto
había satisfecho
habías satisfecho
había satisfecho
habíamos satisfecho
habíais satisfecho
habían satisfecho

Pretérito anterior
hube satisfecho
hubiste satisfecho
hubo satisfecho
hubimos satisfecho
hubisteis satisfecho
hubieron satisfecho

Futuro
satisfaré
satisfarás
satisfará
satisfaremos
satisfaréis
satisfarán

Futuro compuesto
habré satisfecho
habrás satisfecho
habrá satisfecho
habremos satisfecho
habréis satisfecho
habrán satisfecho

Imperativo

Imperativo afirmativo
satisfaz/satisface (tú)
satisfaga (usted)
satisfagamos (nosotros)
satisfaced (vosotros)
satisfagan (ustedes)

Imperativo negativo
no satisfagas (tú)
no satisfaga (usted)
no satisfagamos (nosotros)
no satisfagáis (vosotros)
no satisfagan (ustedes)

Subjuntivo

Presente

satisfaga
satisfagas
satisfaga
satisfagamos
satisfagáis
satisfagan

Perfecto

haya satisfecho
hayas satisfecho
haya satisfecho
hayamos satisfecho
hayáis satisfecho
hayan satisfecho

Imperfecto

satisficiera/satisficiese
satisficieras/satisficieses
satisficiera/satisficiese
satisficiéramos/satisficiésemos
satisficierais/satisficieseis
satisficieran/satisficiesen

Pluscuamperfecto

hubiera/hubiese satisfecho
hubieras/hubieses satisfecho
hubiera/hubiese satisfecho
hubiéramos/hubiésemos satisfecho
hubierais/hubieseis satisfecho
hubieran/hubiesen satisfecho

Condicional

Condicional

satisfaría
satisfarías
satisfaría
satisfaríamos
satisfaríais
satisfarían

Condicional compuesto

habría satisfecho
habrías satisfecho
habría satisfecho
habríamos satisfecho
habríais satisfecho
habrían satisfecho

Gerundio

satisfaciendo

Participio

satisfecho

43 soler o ► ue; unvollständiges Verb

Indicativo

Presente	*Perfecto*
suelo	–
sueles	–
suele	–
solemos	–
soléis	–
suelen	–

Imperfecto	*Indefinido*
solía	solí
solías	soliste
solía	solió
solíamos	solimos
solíais	solisteis
solían	solieron

Pluscuamperfecto	*Pretérito anterior*
–	–
–	–
–	–
–	–
–	–
–	–

Futuro	*Futuro compuesto*
–	–
–	–
–	–
–	–
–	–
–	–

Imperativo

Imperativo afirmativo	*Imperativo negativo*
–	–
–	–
–	–
–	–
–	–

Subjuntivo

Presente	*Perfecto*
suela	–
suelas	–
suela	–
solamos	–
soláis	–
suelan	–

Imperfecto	*Pluscuamperfecto*
soliera/soliese	–
solieras/solieses	–
soliera/soliese	–
soliéramos/soliésemos	–
solierais/solieseis	–
solieran/soliesen	–

Condicional

Condicional	*Condicional compuesto*
–	–
–	–
–	–
–	–
–	–
–	–

Gerundio

–

Participio

–

44 tañer kein unbetontes i zwischen ñ (oder ll) und Vokal

Indicativo

Presente
taño
tañes
tañe
tañemos
tañéis
tañen

Perfecto
he tañido
has tañido
ha tañido
hemos tañido
habéis tañido
han tañido

Imperfecto
tañía
tañías
tañía
tañíamos
tañíais
tañían

Indefinido
tañí
tañiste
tañó
tañimos
tañisteis
tañeron

Pluscuamperfecto
había tañido
habías tañido
había tañido
habíamos tañido
habíais tañido
habían tañido

Pretérito anterior
hube tañido
hubiste tañido
hubo tañido
hubimos tañido
hubisteis tañido
hubieron tañido

Futuro
tañeré
tañerás
tañerá
tañeremos
tañeréis
tañerán

Futuro compuesto
habré tañido
habrás tañido
habrá tañido
habremos tañido
habréis tañido
habrán tañido

Imperativo

Imperativo afirmativo
tañe (tú)
taña (usted)
tañamos (nosotros)
tañed (vosotros)
tañan (ustedes)

Imperativo negativo
no tañas (tú)
no taña (usted)
no tañamos (nosotros)
no tañáis (vosotros)
no tañan (ustedes)

Subjuntivo

Presente

taña
tañas
taña
tañamos
tañáis
tañan

Perfecto

haya tañido
hayas tañido
haya tañido
hayamos tañido
hayáis tañido
hayan tañido

Imperfecto

tañera/tañese
tañeras/tañeses
tañera/tañese
tañéramos/tañésemos
tañerais/tañeseis
tañeran/tañesen

Pluscuamperfecto

hubiera/hubiese tañido
hubieras/hubieses tañido
hubiera/hubiese tañido
hubiéramos/hubiésemos tañido
hubierais/hubieseis tañido
hubieran/hubiesen tañido

Condicional

Condicional

tañería
tañerías
tañería
tañeríamos
tañeríais
tañerían

Condicional compuesto

habría tañido
habrías tañido
habría tañido
habríamos tañido
habríais tañido
habrían tañido

Gerundio

tañendo

Participio

tañido

45 tener unregelmäßiges Verb

Indicativo

Presente

tengo
tienes
tiene
tenemos
tenéis
tienen

Perfecto

he tenido
has tenido
ha tenido
hemos tenido
habéis tenido
han tenido

Imperfecto

tenía
tenías
tenía
teníamos
teníais
tenían

Indefinido

tuve
tuviste
tuvo
tuvimos
tuvisteis
tuvieron

Pluscuamperfecto

había tenido
habías tenido
había tenido
habíamos tenido
habíais tenido
habían tenido

Pretérito anterior

hube tenido
hubiste tenido
hubo tenido
hubimos tenido
hubisteis tenido
hubieron tenido

Futuro

tendré
tendrás
tendrá
tendremos
tendréis
tendrán

Futuro compuesto

habré tenido
habrás tenido
habrá tenido
habremos tenido
habréis tenido
habrán tenido

Imperativo

Imperativo afirmativo

ten (tú)
tenga (usted)
tengamos (nosotros)
tened (vosotros)
tengan (ustedes)

Imperativo negativo

no tengas (tú)
no tenga (usted)
no tengamos (nosotros)
no tengáis (vosotros)
no tengan (ustedes)

Subjuntivo

Presente	*Perfecto*
tenga	haya tenido
tengas	hayas tenido
tenga	haya tenido
tengamos	hayamos tenido
tengáis	hayáis tenido
tengan	hayan tenido

Imperfecto	*Pluscuamperfecto*
tuviera/tuviese	hubiera/hubiese tenido
tuvieras/tuvieses	hubieras/hubieses tenido
tuviera/tuviese	hubiera/hubiese tenido
tuviéramos/tuviésemos	hubiéramos/hubiésemos tenido
tuvierais/tuvieseis	hubierais/hubieseis tenido
tuvieran/tuviesen	hubieran/hubiesen tenido

Condicional

Condicional	*Condicional compuesto*
tendría	habría tenido
tendrías	habrías tenido
tendría	habría tenido
tendríamos	habríamos tenido
tendríais	habríais tenido
tendrían	habrían tenido

Gerundio

teniendo

Participio

tenido

46 traer unregelmäßiges Verb

Indicativo

Presente	*Perfecto*
traigo	he traído
traes	has traído
trae	ha traído
traemos	hemos traído
traéis	habéis traído
traen	han traído

Imperfecto	*Indefinido*
traía	traje
traías	trajiste
traía	trajo
traíamos	trajimos
traíais	trajisteis
traían	trajeron

Pluscuamperfecto	*Pretérito anterior*
había traído	hube traído
habías traído	hubiste traído
había traído	hubo traído
habíamos traído	hubimos traído
habíais traído	hubisteis traído
habían traído	hubieron traído

Futuro	*Futuro compuesto*
traeré	habré traído
traerás	habrás traído
traerá	habrá traído
traeremos	habremos traído
traeréis	habréis traído
traerán	habrán traído

Imperativo

Imperativo afirmativo	*Imperativo negativo*
trae (tú)	no traigas (tú)
traiga (usted)	no traiga (usted)
traigamos (nosotros)	no traigamos (nosotros)
traed (vosotros)	no traigáis (vosotros)
traigan (ustedes)	no traigan (ustedes)

Subjuntivo

Presente
traiga
traigas
traiga
traigamos
traigáis
traigan

Perfecto
haya traído
hayas traído
haya traído
hayamos traído
hayáis traído
hayan traído

Imperfecto
trajera/trajese
trajeras/trajeses
trajera/trajese
trajéramos/trajésemos
trajerais/trajeseis
trajeran/trajesen

Pluscuamperfecto
hubiera/hubiese traído
hubieras/hubieses traído
hubiera/hubiese traído
hubiéramos/hubiésemos traído
hubierais/hubieseis traído
hubieran/hubiesen traído

Condicional

Condicional
traería
traerías
traería
traeríamos
traeríais
traerían

Condicional compuesto
habría traído
habrías traído
habría traído
habríamos traído
habríais traído
habrían traído

Gerundio

trayendo

Participio

traído

47 valer unregelmäßiges Verb

Indicativo

Presente	Perfecto
valgo	he valido
vales	has valido
vale	ha valido
valemos	hemos valido
valéis	habéis valido
valen	han valido

Imperfecto	Indefinido
valía	valí
valías	valiste
valía	valió
valíamos	valimos
valíais	valisteis
valían	valieron

Pluscuamperfecto	Pretérito anterior
había valido	hube valido
habías valido	hubiste valido
había valido	hubo valido
habíamos valido	hubimos valido
habíais valido	hubisteis valido
habían valido	hubieron valido

Futuro	Futuro compuesto
valdré	habré valido
valdrás	habrás valido
valdrá	habrá valido
valdremos	habremos valido
valdréis	habréis valido
valdrán	habrán valido

Imperativo

Imperativo afirmativo	Imperativo negativo
vale (tú)	no valgas (tú)
valga (usted)	no valga (usted)
valgamos (nosotros)	no valgamos (nosotros)
valed (vosotros)	no valgáis (vosotros)
valgan (ustedes)	no valgan (ustedes)

Subjuntivo

Presente	*Perfecto*
valga	haya valido
valgas	hayas valido
valga	haya valido
valgamos	hayamos valido
valgáis	hayáis valido
valgan	hayan valido

Imperfecto	*Pluscuamperfecto*
valiera/valiese	hubiera/hubiese valido
valieras/valieses	hubieras/hubieses valido
valiera/valiese	hubiera/hubiese valido
valiéramos/valiésemos	hubiéramos/hubiésemos valido
valierais/valieseis	hubierais/hubieseis valido
valieran/valiesen	hubieran/hubiesen valido

Condicional

Condicional	*Condicional compuesto*
valdría	habría valido
valdrías	habrías valido
valdría	habría valido
valdríamos	habríamos valido
valdríais	habríais valido
valdrían	habrían valido

Gerundio

valiendo

Participio

valido

48 ver unregelmäßiges Verb

Indicativo

Presente
veo
ves
ve
vemos
veis
ven

Perfecto
he visto
has visto
ha visto
hemos visto
habéis visto
han visto

Imperfecto
veía
veías
veía
veíamos
veíais
veían

Indefinido
vi
viste
vio
vimos
visteis
vieron

Pluscuamperfecto
había visto
habías visto
había visto
habíamos visto
habíais visto
habían visto

Pretérito anterior
hube visto
hubiste visto
hubo visto
hubimos visto
hubisteis visto
hubieron visto

Futuro
veré
verás
verá
veremos
veréis
verán

Futuro compuesto
habré visto
habrás visto
habrá visto
habremos visto
habréis visto
habrán visto

Imperativo

Imperativo afirmativo
ve (tú)
vea (usted)
veamos (nosotros)
ved (vosotros)
vean (ustedes)

Imperativo negativo
no veas (tú)
no vea (usted)
no veamos (nosotros)
no veáis (vosotros)
no vean (ustedes)

Subjuntivo

Presente	*Perfecto*
vea	haya visto
veas	hayas visto
vea	haya visto
veamos	hayamos visto
veáis	hayáis visto
vean	hayan visto

Imperfecto	*Pluscuamperfecto*
viera/viese	hubiera/hubiese visto
vieras/vieses	hubieras/hubieses visto
viera/viese	hubiera/hubiese visto
viéramos/viésemos	hubiéramos/hubiésemos visto
vierais/vieseis	hubierais/hubieseis visto
vieran/viesen	hubieran/hubiesen visto

Condicional

Condicional	*Condicional compuesto*
vería	habría visto
verías	habrías visto
vería	habría visto
veríamos	habríamos visto
veríais	habríais visto
verían	habrían visto

Gerundio

viendo

Participio

visto

49 volver o ► ue

Indicativo

Presente
vuelvo
vuelves
vuelve
volvemos
volvéis
vuelven

Perfecto
he vuelto
has vuelto
ha vuelto
hemos vuelto
habéis vuelto
han vuelto

Imperfecto
volvía
volvías
volvía
volvíamos
volvíais
volvían

Indefinido
volví
volviste
volvió
volvimos
volvisteis
volvieron

Pluscuamperfecto
había vuelto
habías vuelto
había vuelto
habíamos vuelto
habíais vuelto
habían vuelto

Pretérito anterior
hube vuelto
hubiste vuelto
hubo vuelto
hubimos vuelto
hubisteis vuelto
hubieron vuelto

Futuro
volveré
volverás
volverá
volveremos
volveréis
volverán

Futuro compuesto
habré vuelto
habrás vuelto
habrá vuelto
habremos vuelto
habréis vuelto
habrán vuelto

Imperativo

Imperativo afirmativo
vuelve (tú)
vuelva (usted)
volvamos (nosotros)
volved (vosotros)
vuelvan (ustedes)

Imperativo negativo
no vuelvas (tú)
no vuelva (usted)
no volvamos (nosotros)
no volváis (vosotros)
no vuelvan (ustedes)

Subjuntivo

Presente

vuelva
vuelvas
vuelva
volvamos
volváis
vuelvan

Perfecto

haya vuelto
hayas vuelto
haya vuelto
hayamos vuelto
hayáis vuelto
hayan vuelto

Imperfecto

volviera/volviese
volvieras/volvieses
volviera/volviese
volviéramos/volviésemos
volvierais/volvieseis
volvieran/volviesen

Pluscuamperfecto

hubiera/hubiese vuelto
hubieras/hubieses vuelto
hubiera/hubiese vuelto
hubiéramos/hubiésemos vuelto
hubierais/hubieseis vuelto
hubieran/hubiesen vuelto

Condicional

Condicional

volvería
volverías
volvería
volveríamos
volveríais
volverían

Condicional compuesto

habría vuelto
habrías vuelto
habría vuelto
habríamos vuelto
habríais vuelto
habrían vuelto

Gerundio

volviendo

Participio

vuelto

50 yacer unregelmäßiges Verb

Indicativo

Presente
yazgo/yazco/yago
yaces
yace
yacemos
yacéis
yacen

Perfecto
he yacido
has yacido
ha yacido
hemos yacido
habéis yacido
han yacido

Imperfecto
yacía
yacías
yacía
yacíamos
yacíais
yacían

Indefinido
yací
yaciste
yació
yacimos
yacisteis
yacieron

Pluscuamperfecto
había yacido
habías yacido
había yacido
habíamos yacido
habíais yacido
habían yacido

Pretérito anterior
hube yacido
hubiste yacido
hubo yacido
hubimos yacido
hubisteis yacido
hubieron yacido

Futuro
yaceré
yacerás
yacerá
yaceremos
yaceréis
yacerán

Futuro compuesto
habré yacido
habrás yacido
habrá yacido
habremos yacido
habréis yacido
habrán yacido

Imperativo

Imperativo afirmativo
yace/yaz (tú)
yazga (usted)
yazgamos (nosotros)
yaced (vosotros)
yazgan (ustedes)

Imperativo negativo
no yazgas (tú)
no yazga (usted)
no yazgamos (nosotros)
no yazgáis (vosotros)
no yazgan (ustedes)

Subjuntivo

Presente

yazga/yazca/yaga
yazgas
yazga
yazgamos
yazgáis
yazgan

Imperfecto

yaciera/yaciese
yacieras/yacieses
yaciera/yaciese
yaciéramos/yaciésemos
yacierais/yacieseis
yacieran/yaciesen

Perfecto

haya yacido
hayas yacido
haya yacido
hayamos yacido
hayáis yacido
hayan yacido

Pluscuamperfecto

hubiera/hubiese yacido
hubieras/hubieses yacido
hubiera/hubiese yacido
hubiéramos/hubiésemos yacido
hubierais/hubieseis yacido
hubieran/hubiesen yacido

Condicional

Condicional

yacería
yacerías
yacería
yaceríamos
yaceríais
yacerían

Condicional compuesto

habría yacido
habrías yacido
habría yacido
habríamos yacido
habríais yacido
habrían yacido

Gerundio

yaciendo

Participio

yacido

51 subir regelmäßiges Verb

Indicativo

Presente
subo
subes
sube
subimos
subís
suben

Perfecto
he subido
has subido
ha subido
hemos subido
habéis subido
han subido

Imperfecto
subía
subías
subía
subíamos
subíais
subían

Indefinido
subí
subiste
subió
subimos
subisteis
subieron

Pluscuamperfecto
había subido
habías subido
había subido
habíamos subido
habíais subido
habían subido

Pretérito anterior
hube subido
hubiste subido
hubo subido
hubimos subido
hubisteis subido
hubieron subido

Futuro
subiré
subirás
subirá
subiremos
subiréis
subirán

Futuro compuesto
habré subido
habrás subido
habrá subido
habremos subido
habréis subido
habrán subido

Imperativo

Imperativo afirmativo
sube (tú)
suba (usted)
subamos (nosotros)
subid (vosotros)
suban (ustedes)

Imperativo negativo
no subas (tú)
no suba (usted)
no subamos (nosotros)
no subáis (vosotros)
no suban (ustedes)

Subjuntivo

Presente

suba
subas
suba
subamos
subáis
suban

Imperfecto

subiera/subiese
subieras/subieses
subiera/subiese
subiéramos/subiésemos
subierais/subieseis
subieran/subiesen

Perfecto

haya subido
hayas subido
haya subido
hayamos subido
hayáis subido
hayan subido

Pluscuamperfecto

hubiera/hubiese subido
hubieras/hubieses subido
hubiera/hubiese subido
hubiéramos/hubiésemos subido
hubierais/hubieseis subido
hubieran/hubiesen subido

Condicional

Condicional

subiría
subirías
subiría
subiríamos
subiríais
subirían

Condicional compuesto

habría subido
habrías subido
habría subido
habríamos subido
habríais subido
habrían subido

Gerundio

subiendo

Participio

subido

52 abolir unvollständiges Verb

Indicativo

Presente
–
–
–
aboli**mos**
abol**ís**
–

Perfecto
he abolido
has abolido
ha abolido
hemos abolido
habéis abolido
han abolido

Imperfecto
abol**ía**
abol**ías**
abol**ía**
abol**íamos**
abol**íais**
abol**ían**

Indefinido
abol**í**
abol**iste**
abol**ió**
abol**imos**
abol**isteis**
abol**ieron**

Pluscuamperfecto
había abolido
habías abolido
había abolido
habíamos abolido
habíais abolido
habían abolido

Pretérito anterior
hube abolido
hubiste abolido
hubo abolido
hubimos abolido
hubisteis abolido
hubieron abolido

Futuro
aboli**ré**
aboli**rás**
aboli**rá**
aboli**remos**
aboli**réis**
aboli**rán**

Futuro compuesto
habré abolido
habrás abolido
habrá abolido
habremos abolido
habréis abolido
habrán abolido

Imperativo

Imperativo afirmativo
–
–
–
aboli**d** (vosotros)
–

Imperativo negativo
–
–
–
no abol**áis** (vosotros)
–

Subjuntivo

Presente	*Perfecto*
–	**haya** abolido
–	**hayas** abolido
–	**haya** abolido
–	**hayamos** abolido
–	**hayáis** abolido
–	**hayan** abolido

Imperfecto	*Pluscuamperfecto*
aboli**era**/aboli**ese**	**hubiera**/**hubiese** abolido
aboli**eras**/aboli**eses**	**hubieras**/**hubieses** abolido
aboli**era**/aboli**ese**	**hubiera**/**hubiese** abolido
aboli**éramos**/aboli**ésemos**	**hubiéramos**/**hubiésemos** abolido
aboli**erais**/aboli**eseis**	**hubierais**/**hubieseis** abolido
aboli**eran**/aboli**esen**	**hubieran**/**hubiesen** abolido

Condicional

Condicional	*Condicional compuesto*
abolir**ía**	**habría** abolido
abolir**ías**	**habrías** abolido
abolir**ía**	**habría** abolido
abolir**íamos**	**habríamos** abolido
abolir**íais**	**habríais** abolido
abolir**ían**	**habrían** abolido

Gerundio

aboli**endo**

Participio

aboli**do**

53 asir g vor a und o

Indicativo

Presente
asgo
ases
ase
asimos
asís
asen

Perfecto
he asido
has asido
ha asido
hemos asido
habéis asido
han asido

Imperfecto
asía
asías
asía
asíamos
asíais
asían

Indefinido
así
asiste
asió
asimos
asisteis
asieron

Pluscuamperfecto
había asido
habías asido
había asido
habíamos asido
habíais asido
habían asido

Pretérito anterior
hube asido
hubiste asido
hubo asido
hubimos asido
hubisteis asido
hubieron asido

Futuro
asiré
asirás
asirá
asiremos
asiréis
asirán

Futuro compuesto
habré asido
habrás asido
habrá asido
habremos asido
habréis asido
habrán asido

Imperativo

Imperativo afirmativo
ase (tú)
asga (usted)
asgamos (nosotros)
asid (vosotros)
asgan (ustedes)

Imperativo negativo
no asgas (tú)
no asga (usted)
no asgamos (nosotros)
no asgáis (vosotros)
no asgan (ustedes)

Subjuntivo

Presente

asga
asgas
asga
asgamos
asgáis
asgan

Perfecto

haya asido
hayas asido
haya asido
hayamos asido
hayáis asido
hayan asido

Imperfecto

asiera/asiese
asieras/asieses
asiera/asiese
asiéramos/asiésemos
asierais/asieseis
asieran/asiesen

Pluscuamperfecto

hubiera/hubiese asido
hubieras/hubieses asido
hubiera/hubiese asido
hubiéramos/hubiésemos asido
hubierais/hubieseis asido
hubieran/hubiesen asido

Condicional

Condicional

asiría
asirías
asiría
asiríamos
asiríais
asirían

Condicional compuesto

habría asido
habrías asido
habría asido
habríamos asido
habríais asido
habrían asido

Gerundio

asiendo

Participio

asido

54 conducir c ► zc/j

Indicativo

Presente

conduzco
conduces
conduce
conducimos
conducís
conducen

Imperfecto

conducía
conducías
conducía
conducíamos
conducíais
conducían

Pluscuamperfecto

había conducido
habías conducido
había conducido
habíamos conducido
habíais conducido
habían conducido

Futuro

conduciré
conducirás
conducirá
conduciremos
conduciréis
conducirán

Perfecto

he conducido
has conducido
ha conducido
hemos conducido
habéis conducido
han conducido

Indefinido

conduje
condujiste
condujo
condujimos
condujisteis
condujeron

Pretérito anterior

hube conducido
hubiste conducido
hubo conducido
hubimos conducido
hubisteis conducido
hubieron conducido

Futuro compuesto

habré conducido
habrás conducido
habrá conducido
habremos conducido
habréis conducido
habrán conducido

Imperativo

Imperativo afirmativo

conduce (tú)
conduzca (usted)
conduzcamos (nosotros)
conducid (vosotros)
conduzcan (ustedes)

Imperativo negativo

no conduzcas (tú)
no conduzca (usted)
no conduzcamos (nosotros)
no conduzcáis (vosotros)
no conduzcan (ustedes)

Subjuntivo

Presente

conduzca
conduzcas
conduzca
conduzcamos
conduzcáis
conduzcan

Perfecto

haya conducido
hayas conducido
haya conducido
hayamos conducido
hayáis conducido
hayan conducido

Imperfecto

condujera/condujese
condujeras/condujeses
condujera/condujese
condujéramos/condujésemos
condujerais/condujeseis
condujeran/condujesen

Pluscuamperfecto

hubiera/hubiese conducido
hubieras/hubieses conducido
hubiera/hubiese conducido
hubiéramos/hubiésemos conducido
hubierais/hubieseis conducido
hubieran/hubiesen conducido

Condicional

Condicional

conduciría
conducirías
conduciría
conduciríamos
conduciríais
conducirían

Condicional compuesto

habría conducido
habrías conducido
habría conducido
habríamos conducido
habríais conducido
habrían conducido

Gerundio

conduciendo

Participio

conducido

55

constreñir

e ► i; kein unbetontes i zwischen ñ (oder ll) und Vokal

Indicativo

Presente
constriño
constriñes
constriñe
constreñimos
constreñís
constriñen

Perfecto
he constreñido
has constreñido
ha constreñido
hemos constreñido
habéis constreñido
han constreñido

Imperfecto
constreñía
constreñías
constreñía
constreñíamos
constreñíais
constreñían

Indefinido
constreñí
constreñiste
constriñó
constreñimos
constreñisteis
constriñeron

Pluscuamperfecto
había constreñido
habías constreñido
había constreñido
habíamos constreñido
habíais constreñido
habían constreñido

Pretérito anterior
hube constreñido
hubiste constreñido
hubo constreñido
hubimos constreñido
hubisteis constreñido
hubieron constreñido

Futuro
constreñiré
constreñirás
constreñirá
constreñiremos
constreñiréis
constreñirán

Futuro compuesto
habré constreñido
habrás constreñido
habrá constreñido
habremos constreñido
habréis constreñido
habrán constreñido

Imperativo

Imperativo afirmativo
constriñe (tú)
constriña (usted)
constriñamos (nosotros)
constreñid (vosotros)
constriñan (ustedes)

Imperativo negativo
no constriñas (tú)
no constriña (usted)
no constriñamos (nosotros)
no constriñáis (vosotros)
no constriñan (ustedes)

Subjuntivo

Presente

constriña
constriñas
constriña
constriñamos
constriñáis
constriñan

Perfecto

haya constreñido
hayas constreñido
haya constreñido
hayamos constreñido
hayáis constreñido
hayan constreñido

Imperfecto

constriñera/constriñese
constriñeras/constriñeses
constriñera/constriñese
constriñéramos/constriñésemos
constriñerais/constriñeseis
constriñeran/constriñesen

Pluscuamperfecto

hubiera/hubiese constreñido
hubieras/hubieses constreñido
hubiera/hubiese constreñido
hubiéramos/hubiésemos constreñido
hubierais/hubieseis constreñido
hubieran/hubiesen constreñido

Condicional

Condicional

constreñiría
constreñirías
constreñiría
constreñiríamos
constreñiríais
constreñirían

Condicional compuesto

habría constreñido
habrías constreñido
habría constreñido
habríamos constreñido
habríais constreñido
habrían constreñido

Gerundio

constriñendo

Participio

constreñido

56 construir unbetontes i vor Vokal ► y

Indicativo

Presente
construy**o**
construy**es**
construy**e**
constru**imos**
constru**ís**
construy**en**

Perfecto
he construido
has construido
ha construido
hemos construido
habéis construido
han construido

Imperfecto
constru**ía**
constru**ías**
constru**ía**
constru**íamos**
constru**íais**
constru**ían**

Indefinido
constru**í**
constru**iste**
constru**yó**
constru**imos**
constru**isteis**
constru**yeron**

Pluscuamperfecto
había construido
habías construido
había construido
habíamos construido
habíais construido
habían construido

Pretérito anterior
hube construido
hubiste construido
hubo construido
hubimos construido
hubisteis construido
hubieron construido

Futuro
construir**é**
construir**ás**
construir**á**
construir**emos**
construir**éis**
construir**án**

Futuro compuesto
habré construido
habrás construido
habrá construido
habremos construido
habréis construido
habrán construido

Imperativo

Imperativo afirmativo
constru**ye** (tú)
constru**ya** (usted)
constru**yamos** (nosotros)
constru**id** (vosotros)
constru**yan** (ustedes)

Imperativo negativo
no constru**yas** (tú)
no constru**ya** (usted)
no constru**yamos** (nosotros)
no constru**yáis** (vosotros)
no constru**yan** (ustedes)

Subjuntivo

Presente

construya
construyas
construya
construyamos
construyáis
construyan

Perfecto

haya construido
hayas construido
haya construido
hayamos construido
hayáis construido
hayan construido

Imperfecto

construyera/construyese
construyeras/construyeses
construyera/construyese
construyéramos/construyésemos
construyerais/construyeseis
construyeran/construyesen

Pluscuamperfecto

hubiera/hubiese construido
hubieras/hubieses construido
hubiera/hubiese construido
hubiéramos/hubiésemos construido
hubierais/hubieseis construido
hubieran/hubiesen construido

Condicional

Condicional

construiría
construirías
construiría
construiríamos
construiríais
construirían

Condicional compuesto

habría construido
habrías construido
habría construido
habríamos construido
habríais construido
habrían construido

Gerundio

construyendo

Participio

construido

57 decir unregelmäßiges Verb

Indicativo

Presente
digo
dices
dice
decimos
decís
dicen

Perfecto
he dicho
has dicho
ha dicho
hemos dicho
habéis dicho
han dicho

Imperfecto
decía
decías
decía
decíamos
decíais
decían

Indefinido
dije
dijiste
dijo
dijimos
dijisteis
dijeron

Pluscuamperfecto
había dicho
habías dicho
había dicho
habíamos dicho
habíais dicho
habían dicho

Pretérito anterior
hube dicho
hubiste dicho
hubo dicho
hubimos dicho
hubisteis dicho
hubieron dicho

Futuro
diré
dirás
dirá
diremos
diréis
dirán

Futuro compuesto
habré dicho
habrás dicho
habrá dicho
habremos dicho
habréis dicho
habrán dicho

Imperativo

Imperativo afirmativo
di (tú)
diga (usted)
digamos (nosotros)
decid (vosotros)
digan (ustedes)

Imperativo negativo
no digas (tú)
no diga (usted)
no digamos (nosotros)
no digáis (vosotros)
no digan (ustedes)

Subjuntivo

Presente

diga
digas
diga
digamos
digáis
digan

Perfecto

haya dicho
hayas dicho
haya dicho
hayamos dicho
hayáis dicho
hayan dicho

Imperfecto

dijera/dijese
dijeras/dijeses
dijera/dijese
dijéramos/dijésemos
dijerais/dijeseis
dijeran/dijesen

Pluscuamperfecto

hubiera/hubiese dicho
hubieras/hubieses dicho
hubiera/hubiese dicho
hubiéramos/hubiésemos dicho
hubierais/hubieseis dicho
hubieran/hubiesen dicho

Condicional

Condicional

diría
dirías
diría
diríamos
diríais
dirían

Condicional compuesto

habría dicho
habrías dicho
habría dicho
habríamos dicho
habríais dicho
habrían dicho

Gerundio

diciendo

Participio

dicho

58 delinquir qu ► c vor a und o

Indicativo

Presente
delinc**o**
delinqu**es**
delinqu**e**
delinqu**imos**
delinqu**ís**
delinqu**en**

Perfecto
he delinquido
has delinquido
ha delinquido
hemos delinquido
habéis delinquido
han delinquido

Imperfecto
delinqu**ía**
delinqu**ías**
delinqu**ía**
delinqu**íamos**
delinqu**íais**
delinqu**ían**

Indefinido
delinqu**í**
delinqu**iste**
delinqu**ió**
delinqu**imos**
delinqu**isteis**
delinqu**ieron**

Pluscuamperfecto
había delinquido
habías delinquido
había delinquido
habíamos delinquido
habíais delinquido
habían delinquido

Pretérito anterior
hube delinquido
hubiste delinquido
hubo delinquido
hubimos delinquido
hubisteis delinquido
hubieron delinquido

Futuro
delinquir**é**
delinquir**ás**
delinquir**á**
delinquir**emos**
delinquir**éis**
delinquir**án**

Futuro compuesto
habré delinquido
habrás delinquido
habrá delinquido
habremos delinquido
habréis delinquido
habrán delinquido

Imperativo

Imperativo afirmativo
delinqu**e** (tú)
delinc**a** (usted)
delinc**amos** (nosotros)
delinqu**id** (vosotros)
delinc**an** (ustedes)

Imperativo negativo
no delinc**as** (tú)
no delinc**a** (usted)
no delinc**amos** (nosotros)
no delinc**áis** (vosotros)
no delinc**an** (ustedes)

Verben auf -ir

Subjuntivo

Presente

delin**ca**
delin**cas**
delin**ca**
delin**camos**
delin**cáis**
delin**can**

Perfecto

haya delinquido
hayas delinquido
haya delinquido
hayamos delinquido
hayáis delinquido
hayan delinquido

Imperfecto

delinqu**iera**/delinqu**iese**
delinqu**ieras**/delinqu**ieses**
delinqu**iera**/delinqu**iese**
delinqu**iéramos**/delinqu**iésemos**
delinqu**ierais**/delinqu**ieseis**
delinqu**ieran**/delinqu**iesen**

Pluscuamperfecto

hubiera/**hubiese** delinquido
hubieras/**hubieses** delinquido
hubiera/**hubiese** delinquido
hubiéramos/**hubiésemos** delinquido
hubierais/**hubieseis** delinquido
hubieran/**hubiesen** delinquido

Condicional

Condicional

delinquir**ía**
delinquir**ías**
delinquir**ía**
delinquir**íamos**
delinquir**íais**
delinquir**ían**

Condicional compuesto

habría delinquido
habrías delinquido
habría delinquido
habríamos delinquido
habríais delinquido
habrían delinquido

Gerundio

delinqu**iendo**

Participio

delinqu**ido**

59 discernir e ► ie

Indicativo

Presente	*Perfecto*
discierno	**he** discernido
disciernes	**has** discernido
discierne	**ha** discernido
discernimos	**hemos** discernido
discernís	**habéis** discernido
disciernen	**han** discernido

Imperfecto	*Indefinido*
discernía	discerní
discernías	discerniste
discernía	discernió
discerníamos	discernimos
discerníais	discernisteis
discernían	discernieron

Pluscuamperfecto	*Pretérito anterior*
había discernido	**hube** discernido
habías discernido	**hubiste** discernido
había discernido	**hubo** discernido
habíamos discernido	**hubimos** discernido
habíais discernido	**hubisteis** discernido
habían discernido	**hubieron** discernido

Futuro	*Futuro compuesto*
discerniré	**habré** discernido
discernirás	**habrás** discernido
discernirá	**habrá** discernido
discerniremos	**habremos** discernido
discerniréis	**habréis** discernido
discernirán	**habrán** discernido

Imperativo

Imperativo afirmativo	*Imperativo negativo*
discierne (tú)	no disciernas (tú)
discierna (usted)	no discierna (usted)
discernamos (nosotros)	no discernamos (nosotros)
discernid (vosotros)	no discernáis (vosotros)
disciernan (ustedes)	no disciernan (ustedes)

Subjuntivo

Presente

discierna
disciernas
discierna
discernamos
discernáis
disciernan

Perfecto

haya discernido
hayas discernido
haya discernido
hayamos discernido
hayáis discernido
hayan discernido

Imperfecto

discerniera/discerniese
discernieras/discernieses
discerniera/discerniese
discerniéramos/discerniésemos
discernierais/discernieseis
discernieran/discerniesen

Pluscuamperfecto

hubiera/hubiese discernido
hubieras/hubieses discernido
hubiera/hubiese discernido
hubiéramos/hubiésemos discernido
hubierais/hubieseis discernido
hubieran/hubiesen discernido

Condicional

Condicional

discerniría
discernirías
discerniría
discerniríamos
discerniríais
discernirían

Condicional compuesto

habría discernido
habrías discernido
habría discernido
habríamos discernido
habríais discernido
habrían discernido

Gerundio

discerniendo

Participio

discernido

60 distinguir gu ► g vor a und o

Indicativo

Presente
distingo
distingues
distingue
distinguimos
distinguís
distinguen

Perfecto
he distinguido
has distinguido
ha distinguido
hemos distinguido
habéis distinguido
han distinguido

Imperfecto
distinguía
distinguías
distinguía
distinguíamos
distinguíais
distinguían

Indefinido
distinguí
distinguiste
distinguió
distinguimos
distinguisteis
distinguieron

Pluscuamperfecto
había distinguido
habías distinguido
había distinguido
habíamos distinguido
habíais distinguido
habían distinguido

Pretérito anterior
hube distinguido
hubiste distinguido
hubo distinguido
hubimos distinguido
hubisteis distinguido
hubieron distinguido

Futuro
distinguiré
distinguirás
distinguirá
distinguiremos
distinguiréis
distinguirán

Futuro compuesto
habré distinguido
habrás distinguido
habrá distinguido
habremos distinguido
habréis distinguido
habrán distinguido

Imperativo

Imperativo afirmativo
distingue (tú)
distinga (usted)
distingamos (nosotros)
distinguid (vosotros)
distingan (ustedes)

Imperativo negativo
no distingas (tú)
no distinga (usted)
no distingamos (nosotros)
no distingáis (vosotros)
no distingan (ustedes)

Subjuntivo

Presente	*Perfecto*
distin**ga**	**haya** distinguido
distin**gas**	**hayas** distinguido
distin**ga**	**haya** distinguido
distin**gamos**	**hayamos** distinguido
distin**gáis**	**hayáis** distinguido
distin**gan**	**hayan** distinguido

Imperfecto	*Pluscuamperfecto*
distingu**iera**/distingu**iese**	**hubiera**/**hubiese** distinguido
distingu**ieras**/distingu**ieses**	**hubieras**/**hubieses** distinguido
distingu**iera**/distingu**iese**	**hubiera**/**hubiese** distinguido
distingu**iéramos**/distingu**iésemos**	**hubiéramos**/**hubiésemos** distinguido
distingu**ierais**/distingu**ieseis**	**hubierais**/**hubieseis** distinguido
distingu**ieran**/distingu**iesen**	**hubieran**/**hubiesen** distinguido

Condicional

Condicional	*Condicional compuesto*
distingui**ría**	**habría** distinguido
distingui**rías**	**habrías** distinguido
distingui**ría**	**habría** distinguido
distingui**ríamos**	**habríamos** distinguido
distingui**ríais**	**habríais** distinguido
distingui**rían**	**habrían** distinguido

Gerundio

distingu**iendo**

Participio

distingu**ido**

61 dormir o ► ue/u

Indicativo

Presente

duerm**o**
duerm**es**
duerm**e**
dorm**imos**
dorm**ís**
duerm**en**

Perfecto

he dormido
has dormido
ha dormido
hemos dormido
habéis dormido
han dormido

Imperfecto

dorm**ía**
dorm**ías**
dorm**ía**
dorm**íamos**
dorm**íais**
dorm**ían**

Indefinido

dorm**í**
dorm**iste**
durm**ió**
dorm**imos**
dorm**isteis**
durm**ieron**

Pluscuamperfecto

había dormido
habías dormido
había dormido
habíamos dormido
habíais dormido
habían dormido

Pretérito anterior

hube dormido
hubiste dormido
hubo dormido
hubimos dormido
hubisteis dormido
hubieron dormido

Futuro

dormir**é**
dormir**ás**
dormir**á**
dormir**emos**
dormir**éis**
dormir**án**

Futuro compuesto

habré dormido
habrás dormido
habrá dormido
habremos dormido
habréis dormido
habrán dormido

Imperativo

Imperativo afirmativo

duerm**e** (tú)
duerm**a** (usted)
durm**amos** (nosotros)
dorm**id** (vosotros)
duerm**an** (ustedes)

Imperativo negativo

no duerm**as** (tú)
no duerm**a** (usted)
no durm**amos** (nosotros)
no durm**áis** (vosotros)
no duerm**an** (ustedes)

Subjuntivo

Presente	*Perfecto*
duerma	**haya** dormido
duermas	**hayas** dormido
duerma	**haya** dormido
durmamos	**hayamos** dormido
durmáis	**hayáis** dormido
duerman	**hayan** dormido

Imperfecto	*Pluscuamperfecto*
durmiera/durmiese	**hubiera/hubiese** dormido
durmieras/durmieses	**hubieras/hubieses** dormido
durmiera/durmiese	**hubiera/hubiese** dormido
durmiéramos/durmiésemos	**hubiéramos/hubiésemos** dormido
durmierais/durmieseis	**hubierais/hubieseis** dormido
durmieran/durmiesen	**hubieran/hubiesen** dormido

Condicional

Condicional	*Condicional compuesto*
dormiría	**habría** dormido
dormirías	**habrías** dormido
dormiría	**habría** dormido
dormiríamos	**habríamos** dormido
dormiríais	**habríais** dormido
dormirían	**habrían** dormido

Gerundio

durmiendo

Participio

dormido

62 erguir unregelmäßiges Verb

Indicativo

Presente
yergo
yergues
yergue
erguimos
erguís
yerguen

Perfecto
he erguido
has erguido
ha erguido
hemos erguido
habéis erguido
han erguido

Imperfecto
erguía
erguías
erguía
erguíamos
erguíais
erguían

Indefinido
erguí
erguiste
irguió
erguimos
erguisteis
irguieron

Pluscuamperfecto
había erguido
habías erguido
había erguido
habíamos erguido
habíais erguido
habían erguido

Pretérito anterior
hube erguido
hubiste erguido
hubo erguido
hubimos erguido
hubisteis erguido
hubieron erguido

Futuro
erguiré
erguirás
erguirá
erguiremos
erguiréis
erguirán

Futuro compuesto
habré erguido
habrás erguido
habrá erguido
habremos erguido
habréis erguido
habrán erguido

Imperativo

Imperativo afirmativo
yergue (tú)
yerga (usted)
yergamos (nosotros)
erguid (vosotros)
yergan (ustedes)

Imperativo negativo
no yergas (tú)
no yerga (usted)
no yergamos (nosotros)
no yergáis (vosotros)
no yergan (ustedes)

Subjuntivo

Presente
yerga
yergas
yerga
yergamos
yergáis
yergan

Perfecto
haya erguido
hayas erguido
haya erguido
hayamos erguido
hayáis erguido
hayan erguido

Imperfecto
irguiera/irguiese
irguieras/irguieses
irguiera/irguiese
irguiéramos/irguiésemos
irguierais/irguieseis
irguieran/irguiesen

Pluscuamperfecto
hubiera/hubiese erguido
hubieras/hubieses erguido
hubiera/hubiese erguido
hubiéramos/hubiésemos erguido
hubierais/hubieseis erguido
hubieran/hubiesen erguido

Condicional

Condicional
erguiría
erguirías
erguiría
erguiríamos
erguiríais
erguirían

Condicional compuesto
habría erguido
habrías erguido
habría erguido
habríamos erguido
habríais erguido
habrían erguido

Gerundio

irguiendo

Participio

erguido

63 exigir g ► j vor a und o

Indicativo

Presente
exijo
exiges
exige
exigimos
exigís
exigen

Perfecto
he exigido
has exigido
ha exigido
hemos exigido
habéis exigido
han exigido

Imperfecto
exigía
exigías
exigía
exigíamos
exigíais
exigían

Indefinido
exigí
exigiste
exigió
exigimos
exigisteis
exigieron

Pluscuamperfecto
había exigido
habías exigido
había exigido
habíamos exigido
habíais exigido
habían exigido

Pretérito anterior
hube exigido
hubiste exigido
hubo exigido
hubimos exigido
hubisteis exigido
hubieron exigido

Futuro
exigiré
exigirás
exigirá
exigiremos
exigiréis
exigirán

Futuro compuesto
habré exigido
habrás exigido
habrá exigido
habremos exigido
habréis exigido
habrán exigido

Imperativo

Imperativo afirmativo
exige (tú)
exija (usted)
exijamos (nosotros)
exigid (vosotros)
exijan (ustedes)

Imperativo negativo
no exijas (tú)
no exija (usted)
no exijamos (nosotros)
no exijáis (vosotros)
no exijan (ustedes)

Subjuntivo

Presente
exi**ja**
exi**jas**
exi**ja**
exi**jamos**
exi**jáis**
exi**jan**

Imperfecto
exigi**era**/exigi**ese**
exigi**eras**/exigi**eses**
exigi**era**/exigi**ese**
exigi**éramos**/exigi**ésemos**
exigi**erais**/exigi**eseis**
exigi**eran**/exigi**esen**

Perfecto
haya exigido
hayas exigido
haya exigido
hayamos exigido
hayáis exigido
hayan exigido

Pluscuamperfecto
hubiera/hubiese exigido
hubieras/hubieses exigido
hubiera/hubiese exigido
hubiéramos/hubiésemos exigido
hubierais/hubieseis exigido
hubieran/hubiesen exigido

Condicional

Condicional
exigir**ía**
exigir**ías**
exigir**ía**
exigir**íamos**
exigir**íais**
exigir**ían**

Condicional compuesto
habría exigido
habrías exigido
habría exigido
habríamos exigido
habríais exigido
habrían exigido

Gerundio
exigi**endo**

Participio
exigi**do**

64 gañir kein unbetontes i zwischen ñ (oder ll) und Vokal

Indicativo

Presente
gaño
gañes
gañe
gañimos
gañís
gañen

Perfecto
he gañido
has gañido
ha gañido
hemos gañido
habéis gañido
han gañido

Imperfecto
gañía
gañías
gañía
gañíamos
gañíais
gañían

Indefinido
gañí
gañiste
gañó
gañimos
gañisteis
gañeron

Pluscuamperfecto
había gañido
habías gañido
había gañido
habíamos gañido
habíais gañido
habían gañido

Pretérito anterior
hube gañido
hubiste gañido
hubo gañido
hubimos gañido
hubisteis gañido
hubieron gañido

Futuro
gañiré
gañirás
gañirá
gañiremos
gañiréis
gañirán

Futuro compuesto
habré gañido
habrás gañido
habrá gañido
habremos gañido
habréis gañido
habrán gañido

Imperativo

Imperativo afirmativo
gañe (tú)
gaña (usted)
gañamos (nosotros)
gañid (vosotros)
gañan (ustedes)

Imperativo negativo
no gañas (tú)
no gaña (usted)
no gañamos (nosotros)
no gañáis (vosotros)
no gañan (ustedes)

Subjuntivo

Presente

gaña
gañas
gaña
gañamos
gañáis
gañan

Perfecto

haya gañido
hayas gañido
haya gañido
hayamos gañido
hayáis gañido
hayan gañido

Imperfecto

gañera/gañese
gañeras/gañeses
gañera/gañese
gañéramos/gañésemos
gañerais/gañeseis
gañeran/gañesen

Pluscuamperfecto

hubiera/hubiese gañido
hubieras/hubieses gañido
hubiera/hubiese gañido
hubiéramos/hubiésemos gañido
hubierais/hubieseis gañido
hubieran/hubiesen gañido

Condicional

Condicional

gañiría
gañirías
gañiría
gañiríamos
gañiríais
gañirían

Condicional compuesto

habría gañido
habrías gañido
habría gañido
habríamos gañido
habríais gañido
habrían gañido

Gerundio

gañendo

Participio

gañido

65 inquirir i ► ie

Indicativo

Presente
inquiero
inquieres
inquiere
inquirimos
inquirís
inquieren

Perfecto
he inquirido
has inquirido
ha inquirido
hemos inquirido
habéis inquirido
han inquirido

Imperfecto
inquiría
inquirías
inquiría
inquiríamos
inquiríais
inquirían

Indefinido
inquirí
inquiriste
inquirió
inquirimos
inquiristeis
inquirieron

Pluscuamperfecto
había inquirido
habías inquirido
había inquirido
habíamos inquirido
habíais inquirido
habían inquirido

Pretérito anterior
hube inquirido
hubiste inquirido
hubo inquirido
hubimos inquirido
hubisteis inquirido
hubieron inquirido

Futuro
inquiriré
inquirirás
inquirirá
inquiriremos
inquiriréis
inquirirán

Futuro compuesto
habré inquirido
habrás inquirido
habrá inquirido
habremos inquirido
habréis inquirido
habrán inquirido

Imperativo

Imperativo afirmativo
inquiere (tú)
inquiera (usted)
inquiramos (nosotros)
inquirid (vosotros)
inquieran (ustedes)

Imperativo negativo
no inquieras (tú)
no inquiera (usted)
no inquiramos (nosotros)
no inquiráis (vosotros)
no inquieran (ustedes)

Subjuntivo

Presente
inquiera
inquieras
inquiera
inquiramos
inquiráis
inquieran

Perfecto
haya inquirido
hayas inquirido
haya inquirido
hayamos inquirido
hayáis inquirido
hayan inquirido

Imperfecto
inquiriera/inquiriese
inquirieras/inquirieses
inquiriera/inquiriese
inquiriéramos/inquiriésemos
inquirierais/inquirieseis
inquirieran/inquiriesen

Pluscuamperfecto
hubiera/hubiese inquirido
hubieras/hubieses inquirido
hubiera/hubiese inquirido
hubiéramos/hubiésemos inquirido
hubierais/hubieseis inquirido
hubieran/hubiesen inquirido

Condicional

Condicional
inquiriría
inquirirías
inquiriría
inquiriríamos
inquiriríais
inquirirían

Condicional compuesto
habría inquirido
habrías inquirido
habría inquirido
habríamos inquirido
habríais inquirido
habrían inquirido

Gerundio
inquiriendo

Participio
inquirido

66 ir unregelmäßiges Verb

Indicativo

Presente
voy
vas
va
vamos
vais
van

Perfecto
he ido
has ido
ha ido
hemos ido
habéis ido
han ido

Imperfecto
iba
ibas
iba
íbamos
ibais
iban

Indefinido
fui
fuiste
fue
fuimos
fuisteis
fueron

Pluscuamperfecto
había ido
habías ido
había ido
habíamos ido
habíais ido
habían ido

Pretérito anterior
hube ido
hubiste ido
hubo ido
hubimos ido
hubisteis ido
hubieron ido

Futuro
iré
irás
irá
iremos
iréis
irán

Futuro compuesto
habré ido
habrás ido
habrá ido
habremos ido
habréis ido
habrán ido

Imperativo

Imperativo afirmativo
ve (tú)
vaya (usted)
vayamos (nosotros)
id (vosotros)
vayan (ustedes)

Imperativo negativo
no vayas (tú)
no vaya (usted)
no vayamos (nosotros)
no vayáis (vosotros)
no vayan (ustedes)

Subjuntivo

Presente

vaya
vayas
vaya
vayamos
vayáis
vayan

Perfecto

haya ido
hayas ido
haya ido
hayamos ido
hayáis ido
hayan ido

Imperfecto

fuera/fuese
fueras/fueses
fuera/fuese
fuéramos/fuésemos
fuerais/fueseis
fueran/fuesen

Pluscuamperfecto

hubiera/hubiese ido
hubieras/hubieses ido
hubiera/hubiese ido
hubiéramos/hubiésemos ido
hubierais/hubieseis ido
hubieran/hubiesen ido

Condicional

Condicional

iría
irías
iría
iríamos
iríais
irían

Condicional compuesto

habría ido
habrías ido
habría ido
habríamos ido
habríais ido
habrían ido

Gerundio

yendo

Participio

ido

67 lucir c ► zc vor a und o

Indicativo

Presente
luzco
luces
luce
lucimos
lucís
lucen

Perfecto
he lucido
has lucido
ha lucido
hemos lucido
habéis lucido
han lucido

Imperfecto
lucía
lucías
lucía
lucíamos
lucíais
lucían

Indefinido
lucí
luciste
lució
lucimos
lucisteis
lucieron

Pluscuamperfecto
había lucido
habías lucido
había lucido
habíamos lucido
habíais lucido
habían lucido

Pretérito anterior
hube lucido
hubiste lucido
hubo lucido
hubimos lucido
hubisteis lucido
hubieron lucido

Futuro
luciré
lucirás
lucirá
luciremos
luciréis
lucirán

Futuro compuesto
habré lucido
habrás lucido
habrá lucido
habremos lucido
habréis lucido
habrán lucido

Imperativo

Imperativo afirmativo
luce (tú)
luzca (usted)
luzcamos (nosotros)
lucid (vosotros)
luzcan (ustedes)

Imperativo negativo
no luzcas (tú)
no luzca (usted)
no luzcamos (nosotros)
no luzcáis (vosotros)
no luzcan (ustedes)

Subjuntivo

Presente

luzca
luzcas
luzca
luzcamos
luzcáis
luzcan

Perfecto

haya lucido
hayas lucido
haya lucido
hayamos lucido
hayáis lucido
hayan lucido

Imperfecto

luciera/luciese
lucieras/lucieses
luciera/luciese
luciéramos/luciésemos
lucierais/lucieseis
lucieran/luciesen

Pluscuamperfecto

hubiera/hubiese lucido
hubieras/hubieses lucido
hubiera/hubiese lucido
hubiéramos/hubiésemos lucido
hubierais/hubieseis lucido
hubieran/hubiesen lucido

Condicional

Condicional

luciría
lucirías
luciría
luciríamos
luciríais
lucirían

Condicional compuesto

habría lucido
habrías lucido
habría lucido
habríamos lucido
habríais lucido
habrían lucido

Gerundio

luciendo

Participio

lucido

68 mentir e ► ie/i

Indicativo

Presente

miento
mientes
miente
mentimos
mentís
mienten

Perfecto

he mentido
has mentido
ha mentido
hemos mentido
habéis mentido
han mentido

Imperfecto

mentía
mentías
mentía
mentíamos
mentíais
mentían

Indefinido

mentí
mentiste
mintió
mentimos
mentisteis
mintieron

Pluscuamperfecto

había mentido
habías mentido
había mentido
habíamos mentido
habíais mentido
habían mentido

Pretérito anterior

hube mentido
hubiste mentido
hubo mentido
hubimos mentido
hubisteis mentido
hubieron mentido

Futuro

mentiré
mentirás
mentirá
mentiremos
mentiréis
mentirán

Futuro compuesto

habré mentido
habrás mentido
habrá mentido
habremos mentido
habréis mentido
habrán mentido

Imperativo

Imperativo afirmativo

miente (tú)
mienta (usted)
mintamos (nosotros)
mentid (vosotros)
mientan (ustedes)

Imperativo negativo

no mientas (tú)
no mienta (usted)
no mintamos (nosotros)
no mintáis (vosotros)
no mientan (ustedes)

Subjuntivo

Presente

mienta
mientas
mienta
mintamos
mintáis
mientan

Perfecto

haya mentido
hayas mentido
haya mentido
hayamos mentido
hayáis mentido
hayan mentido

Imperfecto

mintiera/mintiese
mintieras/mintieses
mintiera/mintiese
mintiéramos/mintiésemos
mintierais/mintieseis
mintieran/mintiesen

Pluscuamperfecto

hubiera/hubiese mentido
hubieras/hubieses mentido
hubiera/hubiese mentido
hubiéramos/hubiésemos mentido
hubierais/hubieseis mentido
hubieran/hubiesen mentido

Condicional

Condicional

mentiría
mentirías
mentiría
mentiríamos
mentiríais
mentirían

Condicional compuesto

habría mentido
habrías mentido
habría mentido
habríamos mentido
habríais mentido
habrían mentido

Gerundio

mintiendo

Participio

mentido

69 oír unregelmäßiges Verb

Indicativo

Presente	*Perfecto*
oigo	he oído
oyes	has oído
oye	ha oído
oímos	hemos oído
oís	habéis oído
oyen	han oído

Imperfecto	*Indefinido*
oía	oí
oías	oíste
oía	oyó
oíamos	oímos
oíais	oísteis
oían	oyeron

Pluscuamperfecto	*Pretérito anterior*
había oído	hube oído
habías oído	hubiste oído
había oído	hubo oído
habíamos oído	hubimos oído
habíais oído	hubisteis oído
habían oído	hubieron oído

Futuro	*Futuro compuesto*
oiré	habré oído
oirás	habrás oído
oirá	habrá oído
oiremos	habremos oído
oiréis	habréis oído
oirán	habrán oído

Imperativo

Imperativo afirmativo	*Imperativo negativo*
oye (tú)	no oigas (tú)
oiga (usted)	no oiga (usted)
oigamos (nosotros)	no oigamos (nosotros)
oíd (vosotros)	no oigáis (vosotros)
oigan (ustedes)	no oigan (ustedes)

Subjuntivo

Presente	*Perfecto*
oiga	haya oído
oigas	hayas oído
oiga	haya oído
oigamos	hayamos oído
oigáis	hayáis oído
oigan	hayan oído

Imperfecto	*Pluscuamperfecto*
oyera/oyese	hubiera/hubiese oído
oyeras/oyeses	hubieras/hubieses oído
oyera/oyese	hubiera/hubiese oído
oyéramos/oyésemos	hubiéramos/hubiésemos oído
oyerais/oyeseis	hubierais/hubieseis oído
oyeran/oyesen	hubieran/hubiesen oído

Condicional

Condicional	*Condicional compuesto*
oiría	habría oído
oirías	habrías oído
oiría	habría oído
oiríamos	habríamos oído
oiríais	habríais oído
oirían	habrían oído

Gerundio

oyendo

Participio

oído

70 predecir unregelmäßiges Verb

Indicativo

Presente
predigo
predices
predice
predecimos
predecís
predicen

Perfecto
he predicho
has predicho
ha predicho
hemos predicho
habéis predicho
han predicho

Imperfecto
predecía
predecías
predecía
predecíamos
predecíais
predecían

Indefinido
predije
predijiste
predijo
predijimos
predijisteis
predijeron

Pluscuamperfecto
había predicho
habías predicho
había predicho
habíamos predicho
habíais predicho
habían predicho

Pretérito anterior
hube predicho
hubiste predicho
hubo predicho
hubimos predicho
hubisteis predicho
hubieron predicho

Futuro
predeciré
predecirás
predecirá
predeciremos
predeciréis
predecirán

Futuro compuesto
habré predicho
habrás predicho
habrá predicho
habremos predicho
habréis predicho
habrán predicho

Imperativo

Imperativo afirmativo
predice (tú)
prediga (usted)
predigamos (nosotros)
predecid (vosotros)
predigan (ustedes)

Imperativo negativo
no predigas (tú)
no prediga (usted)
no predigamos (nosotros)
no predigáis (vosotros)
no predigan (ustedes)

Subjuntivo

Presente

prediga
predigas
prediga
predigamos
predigáis
predigan

Perfecto

haya predicho
hayas predicho
haya predicho
hayamos predicho
hayáis predicho
hayan predicho

Imperfecto

predijera/predijese
predijeras/predijeses
predijera/predijese
predijéramos/predijésemos
predijerais/predijeseis
predijeran/predijesen

Pluscuamperfecto

hubiera/hubiese predicho
hubieras/hubieses predicho
hubiera/hubiese predicho
hubiéramos/hubiésemos predicho
hubierais/hubieseis predicho
hubieran/hubiesen predicho

Condicional

Condicional

predeciría
predecirías
predeciría
predeciríamos
predeciríais
predecirían

Condicional compuesto

habría predicho
habrías predicho
habría predicho
habríamos predicho
habríais predicho
habrían predicho

Gerundio

prediciendo

Participio

predicho

71 prohibir Akzentverschiebung

Indicativo

Presente
prohíbo
prohíbes
prohíbe
prohibimos
prohibís
prohíben

Perfecto
he prohibido
has prohibido
ha prohibido
hemos prohibido
habéis prohibido
han prohibido

Imperfecto
prohibía
prohibías
prohibía
prohibíamos
prohibíais
prohibían

Indefinido
prohibí
prohibiste
prohibió
prohibimos
prohibisteis
prohibieron

Pluscuamperfecto
había prohibido
habías prohibido
había prohibido
habíamos prohibido
habíais prohibido
habían prohibido

Pretérito anterior
hube prohibido
hubiste prohibido
hubo prohibido
hubimos prohibido
hubisteis prohibido
hubieron prohibido

Futuro
prohibiré
prohibirás
prohibirá
prohibiremos
prohibiréis
prohibirán

Futuro compuesto
habré prohibido
habrás prohibido
habrá prohibido
habremos prohibido
habréis prohibido
habrán prohibido

Imperativo

Imperativo afirmativo
prohíbe (tú)
prohíba (usted)
prohibamos (nosotros)
prohibid (vosotros)
prohíban (ustedes)

Imperativo negativo
no prohíbas (tú)
no prohíba (usted)
no prohibamos (nosotros)
no prohibáis (vosotros)
no prohíban (ustedes)

Subjuntivo

Presente

prohíba
prohíbas
prohíba
prohibamos
prohibáis
prohíban

Perfecto

haya prohibido
hayas prohibido
haya prohibido
hayamos prohibido
hayáis prohibido
hayan prohibido

Imperfecto

prohib**iera**/prohib**iese**
prohib**ieras**/prohib**ieses**
prohib**iera**/prohib**iese**
prohib**iéramos**/prohib**iésemos**
prohib**ierais**/prohib**ieseis**
prohib**ieran**/prohib**iesen**

Pluscuamperfecto

hubiera/hubiese prohibido
hubieras/hubieses prohibido
hubiera/hubiese prohibido
hubiéramos/hubiésemos prohibido
hubierais/hubieseis prohibido
hubieran/hubiesen prohibido

Condicional

Condicional

prohibir**ía**
prohibir**ías**
prohibir**ía**
prohibir**íamos**
prohibir**íais**
prohibir**ían**

Condicional compuesto

habría prohibido
habrías prohibido
habría prohibido
habríamos prohibido
habríais prohibido
habrían prohibido

Gerundio

prohib**iendo**

Participio

prohib**ido**

72 regir e ► i; g ► j vor a und o

Indicativo

Presente
rijo
riges
rige
regimos
regís
rigen

Perfecto
he regido
has regido
ha regido
hemos regido
habéis regido
han regido

Imperfecto
regía
regías
regía
regíamos
regíais
regían

Indefinido
regí
registe
rigió
regimos
registeis
rigieron

Pluscuamperfecto
había regido
habías regido
había regido
habíamos regido
habíais regido
habían regido

Pretérito anterior
hube regido
hubiste regido
hubo regido
hubimos regido
hubisteis regido
hubieron regido

Futuro
regiré
regirás
regirá
regiremos
regiréis
regirán

Futuro compuesto
habré regido
habrás regido
habrá regido
habremos regido
habréis regido
habrán regido

Imperativo

Imperativo afirmativo
rige (tú)
rija (usted)
rijamos (nosotros)
regid (vosotros)
rijan (ustedes)

Imperativo negativo
no rijas (tú)
no rija (usted)
no rijamos (nosotros)
no rijáis (vosotros)
no rijan (ustedes)

Subjuntivo

Presente	*Perfecto*
rija	haya regido
rijas	hayas regido
rija	haya regido
rijamos	hayamos regido
rijáis	hayáis regido
rijan	hayan regido

Imperfecto	*Pluscuamperfecto*
rigiera/rigiese	hubiera/hubiese regido
rigieras/rigieses	hubieras/hubieses regido
rigiera/rigiese	hubiera/hubiese regido
rigiéramos/rigiésemos	hubiéramos/hubiésemos regido
rigierais/rigieseis	hubierais/hubieseis regido
rigieran/rigiesen	hubieran/hubiesen regido

Condicional

Condicional	*Condicional compuesto*
regiría	habría regido
regirías	habrías regido
regiría	habría regido
regiríamos	habríamos regido
regiríais	habríais regido
regirían	habrían regido

Gerundio

rigiendo

Participio

regido

73 reír e ► i/í

Indicativo

Presente
río
ríes
ríe
reímos
reís
ríen

Perfecto
he reído
has reído
ha reído
hemos reído
habéis reído
han reído

Imperfecto
reía
reías
reía
reíamos
reíais
reían

Indefinido
reí
reíste
rió
reímos
reísteis
rieron

Pluscuamperfecto
había reído
habías reído
había reído
habíamos reído
habíais reído
habían reído

Pretérito anterior
hube reído
hubiste reído
hubo reído
hubimos reído
hubisteis reído
hubieron reído

Futuro
reiré
reirás
reirá
reiremos
reiréis
reirán

Futuro compuesto
habré reído
habrás reído
habrá reído
habremos reído
habréis reído
habrán reído

Imperativo

Imperativo afirmativo
ríe (tú)
ría (usted)
riamos (nosotros)
reíd (vosotros)
rían (ustedes)

Imperativo negativo
no rías (tú)
no ría (usted)
no riamos (nosotros)
no riáis (vosotros)
no rían (ustedes)

Subjuntivo

Presente

ría
rías
ría
riamos
riáis
rían

Perfecto

haya reído
hayas reído
haya reído
hayamos reído
hayáis reído
hayan reído

Imperfecto

riera/riese
rieras/rieses
riera/riese
riéramos/riésemos
rierais/rieseis
rieran/riesen

Pluscuamperfecto

hubiera/hubiese reído
hubieras/hubieses reído
hubiera/hubiese reído
hubiéramos/hubiésemos reído
hubierais/hubieseis reído
hubieran/hubiesen reído

Condicional

Condicional

reiría
reirías
reiría
reiríamos
reiríais
reirían

Condicional compuesto

habría reído
habrías reído
habría reído
habríamos reído
habríais reído
habrían reído

Gerundio

riendo

Participio

reído

74 reunir Akzentverschiebung

Indicativo

Presente
reúno
reúnes
reúne
reunimos
reunís
reúnen

Perfecto
he reunido
has reunido
ha reunido
hemos reunido
habéis reunido
han reunido

Imperfecto
reunía
reunías
reunía
reuníamos
reuníais
reunían

Indefinido
reuní
reuniste
reunió
reunimos
reunisteis
reunieron

Pluscuamperfecto
había reunido
habías reunido
había reunido
habíamos reunido
habíais reunido
habían reunido

Pretérito anterior
hube reunido
hubiste reunido
hubo reunido
hubimos reunido
hubisteis reunido
hubieron reunido

Futuro
reuniré
reunirás
reunirá
reuniremos
reuniréis
reunirán

Futuro compuesto
habré reunido
habrás reunido
habrá reunido
habremos reunido
habréis reunido
habrán reunido

Imperativo

Imperativo afirmativo
reúne (tú)
reúna (usted)
reunamos (nosotros)
reunid (vosotros)
reúnan (ustedes)

Imperativo negativo
no reúnas (tú)
no reúna (usted)
no reunamos (nosotros)
no reunáis (vosotros)
no reúnan (ustedes)

Subjuntivo

Presente	*Perfecto*
reúna	haya reunido
reúnas	hayas reunido
reúna	haya reunido
reunamos	hayamos reunido
reunáis	hayáis reunido
reúnan	hayan reunido

Imperfecto	*Pluscuamperfecto*
reuniera/reuniese	hubiera/hubiese reunido
reunieras/reunieses	hubieras/hubieses reunido
reuniera/reuniese	hubiera/hubiese reunido
reuniéramos/reuniésemos	hubiéramos/hubiésemos reunido
reunierais/reunieseis	hubierais/hubieseis reunido
reunieran/reuniesen	hubieran/hubiesen reunido

Condicional

Condicional	*Condicional compuesto*
reuniría	habría reunido
reunirías	habrías reunido
reuniría	habría reunido
reuniríamos	habríamos reunido
reuniríais	habríais reunido
reunirían	habrían reunido

Gerundio

reuniendo

Participio

reunido

75 salir unregelmäßiges Verb

Indicativo

Presente
salgo
sales
sale
salimos
salís
salen

Perfecto
he salido
has salido
ha salido
hemos salido
habéis salido
han salido

Imperfecto
salía
salías
salía
salíamos
salíais
salían

Indefinido
salí
saliste
salió
salimos
salisteis
salieron

Pluscuamperfecto
había salido
habías salido
había salido
habíamos salido
habíais salido
habían salido

Pretérito anterior
hube salido
hubiste salido
hubo salido
hubimos salido
hubisteis salido
hubieron salido

Futuro
saldré
saldrás
saldrá
saldremos
saldréis
saldrán

Futuro compuesto
habré salido
habrás salido
habrá salido
habremos salido
habréis salido
habrán salido

Imperativo

Imperativo afirmativo
sal (tú)
salga (usted)
salgamos (nosotros)
salid (vosotros)
salgan (ustedes)

Imperativo negativo
no salgas (tú)
no salga (usted)
no salgamos (nosotros)
no salgáis (vosotros)
no salgan (ustedes)

Subjuntivo

Presente

salga
salgas
salga
salgamos
salgáis
salgan

Perfecto

haya salido
hayas salido
haya salido
hayamos salido
hayáis salido
hayan salido

Imperfecto

saliera/saliese
salieras/salieses
saliera/saliese
saliéramos/saliésemos
salierais/salieseis
salieran/saliesen

Pluscuamperfecto

hubiera/hubiese salido
hubieras/hubieses salido
hubiera/hubiese salido
hubiéramos/hubiésemos salido
hubierais/hubieseis salido
hubieran/hubiesen salido

Condicional

Condicional

saldría
saldrías
saldría
saldríamos
saldríais
saldrían

Condicional compuesto

habría salido
habrías salido
habría salido
habríamos salido
habríais salido
habrían salido

Gerundio

saliendo

Participio

salido

76 seguir e ► i; gu ► g vor a und o

Indicativo

Presente	*Perfecto*
sigo	he seguido
sigues	has seguido
sigue	ha seguido
seguimos	hemos seguido
seguís	habéis seguido
siguen	han seguido

Imperfecto	*Indefinido*
seguía	seguí
seguías	seguiste
seguía	siguió
seguíamos	seguimos
seguíais	seguisteis
seguían	siguieron

Pluscuamperfecto	*Pretérito anterior*
había seguido	hube seguido
habías seguido	hubiste seguido
había seguido	hubo seguido
habíamos seguido	hubimos seguido
habíais seguido	hubisteis seguido
habían seguido	hubieron seguido

Futuro	*Futuro compuesto*
seguiré	habré seguido
seguirás	habrás seguido
seguirá	habrá seguido
seguiremos	habremos seguido
seguiréis	habréis seguido
seguirán	habrán seguido

Imperativo

Imperativo afirmativo	*Imperativo negativo*
sigue (tú)	no sigas (tú)
siga (usted)	no siga (usted)
sigamos (nosotros)	no sigamos (nosotros)
seguid (vosotros)	no sigáis (vosotros)
sigan (ustedes)	no sigan (ustedes)

Subjuntivo

Presente

siga
sigas
siga
sigamos
sigáis
sigan

Perfecto

haya seguido
hayas seguido
haya seguido
hayamos seguido
hayáis seguido
hayan seguido

Imperfecto

siguiera/siguiese
siguieras/siguieses
siguiera/siguiese
siguiéramos/siguiésemos
siguierais/siguieseis
siguieran/siguiesen

Pluscuamperfecto

hubiera/hubiese seguido
hubieras/hubieses seguido
hubiera/hubiese seguido
hubiéramos/hubiésemos seguido
hubierais/hubieseis seguido
hubieran/hubiesen seguido

Condicional

Condicional

seguiría
seguirías
seguiría
seguiríamos
seguiríais
seguirían

Condicional compuesto

habría seguido
habrías seguido
habría seguido
habríamos seguido
habríais seguido
habrían seguido

Gerundio

siguiendo

Participio

seguido

77 servir e ► i

Indicativo

Presente
sirvo
sirves
sirve
servimos
servís
sirven

Perfecto
he servido
has servido
ha servido
hemos servido
habéis servido
han servido

Imperfecto
servía
servías
servía
servíamos
servíais
servían

Indefinido
serví
serviste
sirvió
servimos
servisteis
sirvieron

Pluscuamperfecto
había servido
habías servido
había servido
habíamos servido
habíais servido
habían servido

Pretérito anterior
hube servido
hubiste servido
hubo servido
hubimos servido
hubisteis servido
hubieron servido

Futuro
serviré
servirás
servirá
serviremos
serviréis
servirán

Futuro compuesto
habré servido
habrás servido
habrá servido
habremos servido
habréis servido
habrán servido

Imperativo

Imperativo afirmativo
sirve (tú)
sirva (usted)
sirvamos (nosotros)
servid (vosotros)
sirvan (ustedes)

Imperativo negativo
no sirvas (tú)
no sirva (usted)
no sirvamos (nosotros)
no sirváis (vosotros)
no sirvan (ustedes)

Subjuntivo

Presente	*Perfecto*
sirva	haya servido
sirvas	hayas servido
sirva	haya servido
sirvamos	hayamos servido
sirváis	hayáis servido
sirvan	hayan servido

Imperfecto	*Pluscuamperfecto*
sirviera/sirviese	hubiera/hubiese servido
sirvieras/sirvieses	hubieras/hubieses servido
sirviera/sirviese	hubiera/hubiese servido
sirviéramos/sirviésemos	hubiéramos/hubiésemos servido
sirvierais/sirvieseis	hubierais/hubieseis servido
sirvieran/sirviesen	hubieran/hubiesen servido

Condicional

Condicional	*Condicional compuesto*
serviría	habría servido
servirías	habrías servido
serviría	habría servido
serviríamos	habríamos servido
serviríais	habríais servido
servirían	habrían servido

Gerundio

sirviendo

Participio

servido

78 venir unregelmäßiges Verb

Indicativo

Presente
vengo
vienes
viene
venimos
venís
vienen

Perfecto
he venido
has venido
ha venido
hemos venido
habéis venido
han venido

Imperfecto
venía
venías
venía
veníamos
veníais
venían

Indefinido
vine
viniste
vino
vinimos
vinisteis
vinieron

Pluscuamperfecto
había venido
habías venido
había venido
habíamos venido
habíais venido
habían venido

Pretérito anterior
hube venido
hubiste venido
hubo venido
hubimos venido
hubisteis venido
hubieron venido

Futuro
vendré
vendrás
vendrá
vendremos
vendréis
vendrán

Futuro compuesto
habré venido
habrás venido
habrá venido
habremos venido
habréis venido
habrán venido

Imperativo

Imperativo afirmativo
ven (tú)
venga (usted)
vengamos (nosotros)
venid (vosotros)
vengan (ustedes)

Imperativo negativo
no vengas (tú)
no venga (usted)
no vengamos (nosotros)
no vengáis (vosotros)
no vengan (ustedes)

Subjuntivo

Presente	*Perfecto*
venga	haya venido
vengas	hayas venido
venga	haya venido
vengamos	hayamos venido
vengáis	hayáis venido
vengan	hayan venido

Imperfecto	*Pluscuamperfecto*
viniera/viniese	hubiera/hubiese venido
vinieras/vinieses	hubieras/hubieses venido
viniera/viniese	hubiera/hubiese venido
viniéramos/viniésemos	hubiéramos/hubiésemos venido
vinierais/vinieseis	hubierais/hubieseis venido
vinieran/viniesen	hubieran/hubiesen venido

Condicional

Condicional	*Condicional compuesto*
vendría	habría venido
vendrías	habrías venido
vendría	habría venido
vendríamos	habríamos venido
vendríais	habríais venido
vendrían	habrían venido

Gerundio

viniendo

Participio

venido

79 zurcir c ► z vor a und o

Indicativo

Presente

zur**zo**
zurc**es**
zurc**e**
zurc**imos**
zurc**ís**
zurc**en**

Perfecto

he zurcido
has zurcido
ha zurcido
hemos zurcido
habéis zurcido
han zurcido

Imperfecto

zurc**ía**
zurc**ías**
zurc**ía**
zurc**íamos**
zurc**íais**
zurc**ían**

Indefinido

zurc**í**
zurc**iste**
zurc**ió**
zurc**imos**
zurc**isteis**
zurc**ieron**

Pluscuamperfecto

había zurcido
habías zurcido
había zurcido
habíamos zurcido
habíais zurcido
habían zurcido

Pretérito anterior

hube zurcido
hubiste zurcido
hubo zurcido
hubimos zurcido
hubisteis zurcido
hubieron zurcido

Futuro

zurcir**é**
zurcir**ás**
zurcir**á**
zurcir**emos**
zurcir**éis**
zurcir**án**

Futuro compuesto

habré zurcido
habrás zurcido
habrá zurcido
habremos zurcido
habréis zurcido
habrán zurcido

Imperativo

Imperativo afirmativo

zurc**e** (tú)
zur**za** (usted)
zur**zamos** (nosotros)
zurc**id** (vosotros)
zur**zan** (ustedes)

Imperativo negativo

no zur**zas** (tú)
no zur**za** (usted)
no zur**zamos** (nosotros)
no zur**záis** (vosotros)
no zur**zan** (ustedes)

Subjuntivo

Presente

zurza
zurzas
zurza
zurzamos
zurzáis
zurzan

Perfecto

haya zurcido
hayas zurcido
haya zurcido
hayamos zurcido
hayáis zurcido
hayan zurcido

Imperfecto

zurciera/zurciese
zurcieras/zurcieses
zurciera/zurciese
zurciéramos/zurciésemos
zurcierais/zurcieseis
zurcieran/zurciesen

Pluscuamperfecto

hubiera/hubiese zurcido
hubieras/hubieses zurcido
hubiera/hubiese zurcido
hubiéramos/hubiésemos zurcido
hubierais/hubieseis zurcido
hubieran/hubiesen zurcido

Condicional

Condicional

zurciría
zurcirías
zurciría
zurciríamos
zurciríais
zurcirían

Condicional compuesto

habría zurcido
habrías zurcido
habría zurcido
habríamos zurcido
habríais zurcido
habrían zurcido

Gerundio

zurciendo

Participio

zurcido

80 ser + Partizip z.B. visto

Indicativo

Presente
soy visto/a
eres visto/a
es visto/a
somos vistos/as
sois vistos/as
son vistos/as

Perfecto
he sido visto/a
has sido visto/a
ha sido visto/a
hemos sido vistos/as
habéis sido vistos/as
han sido vistos/as

Imperfecto
era visto/a
eras visto/a
era visto/a
éramos vistos/as
erais vistos/as
eran vistos/as

Indefinido
fui visto/a
fuiste visto/a
fue visto/a
fuimos vistos/as
fuisteis vistos/as
fueron vistos/as

Pluscuamperfecto
había sido visto/a
habías sido visto/a
había sido visto/a
habíamos sido vistos/as
habíais sido vistos/as
habían sido vistos/as

Pretérito anterior
hube sido visto/a
hubiste sido visto/a
hubo sido visto/a
hubimos sido vistos/as
hubisteis sido vistos/as
hubieron sido vistos/as

Futuro
seré visto/a
serás visto/a
será visto/a
seremos vistos/as
seréis vistos/as
serán vistos/as

Futuro compuesto
habré sido visto/a
habrás sido visto/a
habrá sido visto/a
habremos sido vistos/as
habréis sido vistos/as
habrán sido vistos/as

Imperativo

Imperativo afirmativo
sé visto/a (tú)
sea visto/a (usted)
seamos vistos/as (nosotros)
sed vistos/as (vosotros)
sean vistos/as (ustedes)

Imperativo negativo
no seas visto/a (tú)
no sea visto/a (usted)
no seamos vistos/as (nosotros)
no seáis vistos/as (vosotros)
no sean vistos/as (ustedes)

Subjuntivo

Presente

sea visto/a
seas visto/a
sea visto/a
seamos vistos/as
seáis vistos/as
sean vistos/as

Perfecto

haya sido visto/a
hayas sido visto/a
haya sido visto/a
hayamos sido vistos/as
hayáis sido vistos/as
hayan sido vistos/as

Imperfecto

fuera/fuese visto/a
fueras/fueses visto/a
fuera/fuese visto/a
fuéramos/fuésemos vistos/as
fuerais/fueseis vistos/as
fueran/fuesen vistos/as

Pluscuamperfecto

hubiera/hubiese sido visto/a
hubieras/hubieses sido visto/a
hubiera/hubiese sido visto/a
hubiéramos/hubiésemos sido vistos/as
hubierais/hubieseis sido vistos/as
hubieran/hubiesen sido vistos/as

Condicional

Condicional

sería visto/a
serías visto/a
sería visto/a
seríamos vistos/as
seríais vistos/as
serían vistos/as

Condicional compuesto

habría sido visto/a
habrías sido visto/a
habría sido visto/a
habríamos sido vistos/as
habríais sido vistos/as
habrían sido vistos/as

Gerundio

siendo visto(s)/a(s)

Participio

sido visto(s)/a(s)

81 quedarse Beispiel

Indicativo

Presente
me quedo
te quedas
se queda
nos quedamos
os quedáis
se quedan

Perfecto
me he quedado
te has quedado
se ha quedado
nos hemos quedado
os habéis quedado
se han quedado

Imperfecto
me quedaba
te quedabas
se quedaba
nos quedábamos
os quedabais
se quedaban

Indefinido
me quedé
te quedaste
se quedó
nos quedamos
os quedasteis
se quedaron

Pluscuamperfecto
me había quedado
te habías quedado
se había quedado
nos habíamos quedado
os habíais quedado
se habían quedado

Pretérito anterior
me hube quedado
te hubiste quedado
se hubo quedado
nos hubimos quedado
os hubisteis quedado
se hubieron quedado

Futuro
me quedaré
te quedarás
se quedará
nos quedaremos
os quedaréis
se quedarán

Futuro compuesto
me habré quedado
te habrás quedado
se habrá quedado
nos habremos quedado
os habréis quedado
se habrán quedado

Imperativo

Imperativo afirmativo
quéda**te** (tú)
quéde**se** (usted)
quedémo**nos** (nosotros)
queda**os** (vosotros)
quéden**se** (ustedes)

Imperativo negativo
no **te** quedes (tú)
no **se** quede (usted)
no **nos** quedemos (nosotros)
no **os** quedéis (vosotros)
no **se** queden (ustedes)

Subjuntivo

Presente

me quede
te quedes
se quede
nos quedemos
os quedéis
se queden

Perfecto

me haya quedado
te hayas quedado
se haya quedado
nos hayamos quedado
os hayáis quedado
se hayan quedado

Imperfecto

me quedara/quedase
te quedaras/quedases
se quedara/quedase
nos quedáramos/quedásemos
os quedarais/quedaseis
se quedaran/quedasen

Pluscuamperfecto

me hubiera/hubiese quedado
te hubieras/hubieses quedado
se hubiera/hubiese quedado
nos hubiéramos/hubiésemos quedado
os hubierais/hubieseis quedado
se hubieran/hubiesen quedado

Condicional

Condicional

me quedaría
te quedarías
se quedaría
nos quedaríamos
os quedaríais
se quedarían

Condicional compuesto

me habría quedado
te habrías quedado
se habría quedado
nos habríamos quedado
os habríais quedado
se habrían quedado

Gerundio

quedándo**se**

Participio

quedado

3 Häufig gebrauchte Verben und Redewendungen

A

abrir **~ a/c** abrir la puerta / la sesión die Tür öffnen / die Sitzung eröffnen; **~se a alg.** abrirse a un amigo sich einem Freund anvertrauen; **abrirse camino** sich den Weg bahnen; **abrir los brazos a alg.** jdn mit offenen Armen empfangen; **en un abrir y cerrar de ojos** blitzschnell

acabar **~a/c** He acabado el trabajo. Ich bin fertig mit der Arbeit. **~con a/c** Vas a acabar con el coche. Du machst noch das Auto kaputt. **~de** + Inf. Acabo de hacerlo. Ich habe es gerade getan. **~por** + Inf. Acabé por aceptar la propuesta. Ich akzeptierte schließlich den Vorschlag. **~se** Se acabó el buen tiempo. Das schöne Wetter ist vorbei. **¡Se acabó!** Schluss! Ende der Diskussion!

acompañar **~a alg.** Te acompañaré. Ich werde dich begleiten. **~a/c a a/c** acompañar una foto a una carta ein Foto dem Brief beifügen; **~se a/con/de** acompañarse al piano sich auf dem Klavier begleiten; acompañarse con la guitarra sich auf der Gitarre begleiten; acompañarse de alg. sich von jdm begleiten lassen; **acompañar en el sentimiento** sein Beileid ausdrücken

acordar **~a/c** Acordaron aplazar la decisión. Sie vereinbarten die Entscheidung zu verschieben. **~con a/c** Este cuadro acuerda bien con los muebles. Dieses Bild passt gut zu den Möbeln. **~se de** Me acuerdo de todo. Ich erinnere mich an alles. **¡Ya te acordarás!** Du wirst noch an mich denken! **Si mal no me acuerdo ...** Wenn ich mich nicht irre ...

acostar **~a alg.** acostar a los niños die Kinder ins Bett bringen; **~se** Siempre me acuesto después de la comida. Nach dem Mittagessen lege ich mich immer etwas hin. **~se con alg.** Quiero acostarme contigo. Ich möchte mit dir schlafen. **acostarse con las gallinas** mit den Hühnern (sehr früh) ins Bett gehen

adelantar Adelantamos con dificultad. Wir kommen nur mühsam voran. **~a/cw** adelantar el reloj die Uhr vorstellen; adelantar elecciones die Wahlen vorziehen; adelantar dinero Geld vorschießen; **~en** Adelantas mucho en inglés. Du machst gute Fortschritte im Englischen.

~con No adelantarás nada con eso. Damit erreichst du nichts. **~se a** adelantarse a un corredor einen Läufer überholen

alcanzar **~a alg.** alcanzar a una persona que va delante jdn einholen; **~a/c** alcanzar el tren den Zug erreichen; **alcanzársele a alg.** Ahora se me alcanza. Jetzt verstehe ich.

andar ~ + gerundio Andan buscando trabajo. Sie suchen Arbeit. **~en** ¡No andes en mis cosas! Fass' meine Sachen nicht an! **~con** Tienes que andar con cuidado. Du musst vorsichtig vorgehen. **~a** andar a golpes sich prügeln; **~por** Mi tía Julia anda por los cincuenta. Meine Tante Julia ist etwa 50 Jahre alt. **~se con/en** ¡No te andes con/en historias! Erzähl keine Geschichten! **¡Anda!** Donnerwetter! / Sag bloß! **Dime con quien andas y te diré quien eres.** Sag mir, mit wem du umgehst und ich sage dir, wer du bist. **Quien mal anda mal acaba.** Jeder erhält seinen gerechten Lohn. **Todo se andará.** Alles zu seiner Zeit. **andar a gatas** auf allen vieren gehen; **andar de boca en boca** in aller Munde sein

aparecer **~en** La presentadora apareció en pantalla. Die Ansagerin erschien auf dem Bildschirm. **~por** El sol aparece por el este. Die Sonne geht im Osten auf. **~ante** La cantante apareció ante un publico selecto. Die Sängerin trat vor einem erlesenen Publikum auf.

apretar **~a/c** apretar un botón / el acelerador auf einen Knopf drücken / Gas geben; **~a alg.** La madre apretó al bebé contra su pecho. Die Mutter drückte das Baby an ihre Brust. El profesor aprieta a los alumnos. Der Lehrer übt Druck auf die Schüler aus. **~entre** Apretó a su novia entre los brazos. Er nahm seine Freundin in die Arme. **apretar las clavijas a alg.** jdn unter Druck setzen; **apretarse el cinturón** den Gürtel enger schnallen

aprovechar **~a/c** aprovechar la ocasión die Gelegenheit nutzen; **~en** Este chico aprovecha en madurez. Dieser Junge ist frühreif. **~se de alg.** Se aprovechan de él. Sie nutzen ihn aus. **¡Que aproveche!** Guten Appetit!

arreglar **~a/c** arreglar la casa / los papeles / el televisor aufräumen / die Papiere ordnen / den Fernseher reparieren; **~a alg.** arreglar a los niños die Kinder zurecht machen; **~con** arreglar con sal y pimienta mit Salz und Pfeffer würzen; **~se** arreglarse con alg. sich mit jdm einigen;

~se para + Inf. Tienes que arreglarte para llegar a tiempo. Du musst sehen, dass du rechtzeitig da bist. **arreglarse por las buenas/malas** sich gütlich/mühsam einigen

atender **~a alg.** atender a un cliente / a un enfermo einen Kunden bedienen / einen Kranken pflegen; **~a a/c** no atender a razones nicht hören wollen; atender al teléfono am Telefon antworten; **¿Le atienden?** Werden Sie bedient?

B

bajar La temperatura baja. Die Temperatur sinkt. **~a/c** bajar la basura / el precio / el volumen den Müll runterbringen / den Preis senken / etw. leiser stellen; **~a** bajar al sotano in den Keller gehen; **~de** bajar del coche aus dem Wagen steigen; **bajarse del burro** einen Fehler eingestehen; **bajarse del carro** aus einem Projekt aussteigen

buscar **~a/c** buscar un empleo eine Stelle suchen; **~a alg.** buscar a una asistenta eine Putzfrau suchen; **ir/venir a buscar a alg.** jdn abholen (gehen/kommen); **buscarle las cosquillas a alg.** jdn ärgern; **buscar tres pies al gato** etw. Unlogisches/Unmögliches behaupten; **buscar una aguja en un pajar** eine Nadel in einem Heuhaufen suchen; **buscársela** es darauf ankommen lassen, bestraft zu werden; **buscarse la vida** sich durchschlagen

C

caber Aquí no cabe un alfiler. Hier passt nichts mehr hinein. **~en a/c** Esta caja no cabe en el maletero. Diese Kiste passt nicht in den Kofferraum. **~por a/c** El armario no cabe por la puerta. Der Schrank passt nicht durch die Tür. **~a** Dieciocho entre seis caben a tres. Achtzehn geteilt durch sechs ist drei. **dentro de lo que cabe** im Rahmen des Möglichen; **no cabe duda de que** es steht außer Zweifel, dass; **Eso no me cabe en la cabeza.** Das verstehe ich einfach nicht.

caer caer al suelo / en la trampa auf den Boden fallen / in die Falle gehen; **caer a mano** in der Nähe sein; **caer de su proprio peso** die logische Folge sein; **caer enfermo** krank werden; **caer en redondo** ohnmächtig werden; **caer en saco roto** auf taube Ohren stoßen; **caer en la cuenta** begreifen

cambiar **~de a/c** cambiar de casa umziehen; cambiar de dirección die Richtung ändern; cambiar de manos den Besitzer wechseln;

cambiar de opinión die Meinung ändern; **~a/c por a/c** El niño cambió su boli por un lápiz de color. Das Kind tauschte seinen Kugelschreiber gegen einen Buntstift.

casar **~a alg.** casar a sus niños seine Kinder verheiraten; **~se** casarse por lo civil / la Iglesia standesamtlich/kirchlich heiraten; casarse en segundas nupcias zum zweiten Mal heiraten; **no casarse con nadie** sich von niemandem beeinflussen lassen

cerrar **~a/c** cerrar la puerta die Tür schließen; cerrar el libro das Buch zumachen; cerrar el paso den Weg versperren; cerrar una carretera eine Straße sperren; cerrar el gas das Gas abdrehen; cerrar el debate die Debate beenden; cerrar las negociaciones die Verhandlungen zum Abschluss bringen; cerrar el balance den Kassenabschluss vornehmen; **~a/c con a/c** cerrar la puerta con llave die Tür abschließen; cerrar con broche de oro la fiesta den krönenden Abschluss des Festes bilden; **~a/c a a/c** cerrar los ojos a la realidad die Augen vor der Wirklichkeit verschließen; **cerrar el pico** den Schnabel halten; **cerrarse en banda** auf seiner Meinung beharren

cobrar **~a/c** cobrar dinero Geld verdienen; cobrar una torta eine Ohrfeige bekommen; **~a/c a alg.** ¿Cuánto me cobras? Wie viel verlangst du dafür? Me han cobrado todos los gastos. Sie haben mir alle Kosten berechnet. cobrar por ventanilla / en metálico mit Bargeld entlöhnt werden; **~se** El terremoto se cobró numerosas vidas humanas. Das Erdbeben forderte zahlreiche Menschenleben. **¡Me cobra, por favor!** Zahlen, bitte!

coger **~a/c** coger almendras Mandeln ernten; coger el autobús den Bus nehmen; **~a alg.** coger al ladrón den Dieb ergreifen; coger a alg. del brazo / en brazos / por la cintura jdn am Arm festhalten / auf den Arm nehmen / um die Taille fassen; **cogerlas al vuelo** etw. sofort verstehen; **coger bajo su manto a alg.** jdn beschützen; **coger a alg. con las manos en la masa / in fraganti** jdn auf frischer Tat / in flagranti ertappen; **cogerle a alg. la palabra** jdn beim Wort nehmen; **coger por su cuenta a alg.** sich jdn vornehmen; **coger una mona** sich betrinken; **coger el truco** den Dreh raushaben; **coger la palabra** das Wort ergreifen; **coger la puerta** abhauen

colgar Las frutas cuelgan del/en el árbol. Die Früchte hängen am Baum. **~a/c** He colgado el cuadro en la pared. Ich habe das Bild aufgehängt. ¡Cuelga el teléfono! Leg den Hörer auf! El jugador ha colgado las botas. Der Spieler hat endgültig Schluss gemacht. **~a alg.** Colgaron al ladrón. Sie hängten den Dieb. **Me han colgado en matemáticas.** Sie haben mich in Mathematik durchfallen lassen.

colocar **~a/c** colocar el coche en el aparcamiento den Wagen auf den Parkplatz stellen; colocar la flecha en el blanco mit dem Pfeil ins Schwarze treffen; colocar la pelota en la red den Ball ins Tor schießen; **~a alg.** colocar a alg. en una empresa jdn in einem Betrieb unterbringen; colocar a sus hijas seine Töchter verheiraten; **~se de** Me he colocado de camarero. Ich habe eine Stelle als Kellner gefunden.

comer comer caliente warm essen; dar/echar de comer a los animales das Vieh füttern; **~a/c** comer un bocadillo ein Sandwich essen; **ser de buen comer** gerne gut und viel essen; **comer a dos carrillos** das Essen herunterschlingen; **comer por comer** ohne Appetit / ohne hungrig zu sein essen; **¡Come y calla!** Sei still und tu, was ich sage! **El comer y el rascar, todo es empezar.** Der Appetit kommt beim Essen. **comerse el coco** sich den Kopf zerbrechen

conocer **~a/c, a alg.** conocer un país / a un médico ein Land / einen Arzt kennen; **~de** conocer de nombre / de vista dem Namen nach/vom Sehen kennen; **~en a/c** conocer en la materia sich in der Materie auskennen; **~a alg. por/en** conocer a alg. por el pelo / en la voz jdn am Haar / an der Stimme erkennen; **dar a conocer a/c** etw. bekannt geben; **conocer a/c al dedillo** etw. wie seine Westentasche kennen

contar **~a/c** Cuento el dinero que me queda. Ich zähle das Geld, das ich noch habe. **~con a/c** Cuento con tu ayuda. Ich rechne mit deiner Hilfe. **~con alg.** Puedes contar con nosotros. Du kannst dich auf uns verlassen. **~a alg. entre** Te cuento entre mes amigos. Ich zähle dich zu meinen Freunden. **~por** Ella cuenta por dos. Sie zählt doppelt. **¡Cuéntaselo a tu abuela!** Das kannst du deiner Großmutter erzählen! **¿Qué cuentas?** Was gibt's Neues?

correr correr como un gamo schnell wie der Wind sein / sich beeilen; **¡Corre!** Beeil dich! **¡No corras tanto!** Fahr nicht so schnell! **El río corre por el valle.** Der Fluss fließt durch das Tal. **El tiempo corre.** Die Zeit vergeht. **Corre el rumor de que el gobierno vaya a dimitir.** Es geht das Gerücht um, dass die Regierung zurücktritt. **Estas monedas ya no corren.** Diese Münzen sind nicht mehr gültig. **~a/c correr un mueble** ein Möbelstück verschieben; **correr las cortinas** die Vorhänge zuziehen; **correr un país** ein Land bereisen; **correr una noticia** eine Nachricht verbreiten; **correr un peligro** sich einer Gefahr aussetzen; **correr ningún riesgo** keinerlei Risiko eingehen; **correr con a/c** sich um etw. kümmern; **correr de la cuenta de alg.** auf jds Rechnung gehen; **dejar correr a/c** etw. laufen/sein lassen; **correrla** einen draufmachen; **a todo correr** in aller Eile; **de echarse a correr** zum Davonlaufen; **correrse** zur Seite rücken

cortar **~a/c** **cortar a/c por el medio** etw. durchschneiden; **cortar a/c en pedazos** etw. zerschneiden; **cortar a/c en dos** etw. in zwei Teile schneiden; **cortar a/c al rape** etw. kahl scheren; **cortar un árbol** einen Baum fällen; **cortar un arbusto** einen Strauch beschneiden; **cortar la carne** das Fleisch zerteilen; **cortar el césped** den Rasen mähen; **cortar cartas** Karten abheben; **cortar una carretera** eine Straße unpassierbar machen; **cortar el agua** das Wasser abdrehen; **cortar una bebida** ein Getränk verdünnen; **cortar la luz** den Strom abschalten; **cortar el bacalao** das Sagen haben; **cortar por lo sano a/c** etw. ein für alle Mal beenden

cuidar **~a/c** **Cuida bien el coche y te durará mucho.** Pflege das Auto gut und du wirst lange etw. davon haben. **~a alg.** **Tengo que cuidar a mi madre / a los niños.** Ich muss meine Mutter pflegen / die Kinder betreuen. **~con** **¡Cuida con lo que haces!** Pass auf, was du machst! **~(se) de alg.** **Cuida(te) de los otros.** Kümmere dich um die anderen. **~que** + Subj. **Cuida que no metas la pata.** Pass auf, dass du nicht ins Fettnäpfchen trittst.

D

dar **~a/c** **dar clase** unterrichten; **dar un abrazo** umarmen; **dar las buenas noches** gute Nacht sagen; **dar el pésame** sein Beileid aussprechen; **dar la lata** auf den Wecker gehen; **dar gusto / miedo / pena** Spaß machen / Angst machen / Mitleid erregen; **dar un**

paseo einen Spaziergang machen; **~a/c a alg.** ¡Dame un beso! Gib mir einen Kuss! **~a** Esta puerta da al patio. Diese Tür führt zum Hof. Me lo dio a entender. Er gab mir das zu verstehen. **~con** Dí con él en la plaza. Ich traf ihn auf dem Platz. Dio con la pared. Er stieß gegen die Wand. **~contra** La pelota dio contra la pared. Der Ball traf die Wand. **~de** + Inf. Da de comer a los animales. Füttere das Vieh. **~en** Has dado en el blanco / el clavo. Du hast ins Schwarze / den Nagel auf den Kopf getroffen. **~para** Su paciencia no dio para más. Seine Geduld war erschöpft. **~por** Doy por leído este libro. Ich setze dieses Buch als gelesen voraus. Le dan por culpable. Sie halten ihn für schuldig. Le ha dado por su esposa. Er hat sie als seine Frau ausgegeben. **¡Dale! ¡y dale! / ¡Dale que dale!** Immer die alte Leier! **¡Que más da!** Was soll's! **(Me) da igual.** Das ist (mir) egal. **darse al vino** dem Alkohol verfallen; **darse cuenta de a/c** etw. bemerken; **darse cuenta de que** sich bewusst werden, dass; **darse prisa** sich beeilen **darse por vencido** sich geschlagen geben

deber **~a/c a alg.** ¿Cuánto te debo? Wie viel schulde ich dir? **~hacer a/c** Debo salir en seguida. Ich muss sofort wegfahren. **~de hacer a/c** Deben de llegar pronto. Sie kommen vermutlich bald an. **~se a a/c** La falta de agua se debe a la sequía. Der Wassermangel ist auf die Dürreperiode zurückzuführen.

decir **~a/c** decir tonterías Dummheiten sagen; **~a/c a alg.** Te he dicho lo que sé. Ich habe dir gesagt, was ich weiß. **~a/c de alg.** Dicen de ella que tiene buen carácter. Man sagt von ihr, sie habe einen guten Charakter. No dicen nada negativo de él. Man sagt nichts Negatives über ihn. **~con a/c** Este peinado no dice con tu cara. Diese Frisur passt nicht zu deinem Gesicht. **decir que sí/no** ja/nein sagen; **~se** ¿Cómo se dice esto en español? Wie sagt man das auf Spanisch? **es decir** das heißt; **lo que quiere decir** was bedeutet; **¡Diga! / ¡Digame!** Ja, bitte? **digamos ...** sagen wir mal ... **¡No me diga! / ¡No me digas!** Was Sie nicht sagen! / Was du nicht sagst! **decir a/c para sí** etw. vor sich hin sagen; **decir por decir** nur so sagen; **decir y hacer** blitzschnell; **dicho y hecho** gesagt, getan; **sea dicho de paso** nebenbei gesagt; **dicho de otro modo** anders gesagt; **como queda dicho** wie gesagt

dejar **~a/c, a alg.** dejar un sitio / a su familia einen Ort / seine Familie verlassen; dejar el plato en la mesa den Teller auf dem Tisch stehenlassen; dejar un recado eine Nachricht hinterlassen; **~de a/c** ¡Déjate de tonterías! Hör mit dem Unsinn auf! **~de** + Inf. Deja de fumar. Gib das Rauchen auf. **dejar a/c para mañana** etw. auf morgen verschieben; **~a/c en manos de alg.** Dejaron en mis manos el asunto. Sie überließen mir die Angelegenheit. **dejar a alg. en paz** jdn in Ruhe lassen; **¡Déjalo!** Hör auf! / Lass sein! **~se** sich vernachlässigen

descansar ¡Vamos a descansar un poco! Lass uns etwas ausspannen! **~de a/c** Descanso del trabajo escuchando música. Ich erhole mich von der Arbeit, indem ich Musik höre. **~en alg.** Sus esperanzas descansan en sus hijos. Ihre Hoffnungen ruhen auf ihren Kindern. **~sobre a/c** El tejado descansa sobre una viga de hormigón. Das Dach ruht auf einem Betonträger. **¡Que descanse en paz!** Er/Sie möge in Frieden ruhen!

deshacer **~a/c** deshacer la maleta den Koffer auspacken; deshacer un contrato einen Vertrag auflösen; deshacer el camino den Weg zurückgehen; deshacer la cosecha die Ernte vernichten; deshacer los planes die Pläne zunichte machen; deshacer un aparato einen Apparat auseinander nehmen; **~se** Se ha deshecho la silla. Der Stuhl ist kaputtgegangen. **~se de a/c** Quiero deshacerme de mi coche. Ich möchte meinen Wagen loswerden. **~se en a/c** Se deshace en atenciones a su novia. Er überschüttet seine Freundin mit Aufmerksamkeiten. **~se a** + Inf. Me deshago a trabajar. Ich arbeite wie verrückt. **~se por** + Inf. Se deshizo por conseguir este puesto. Er tat alles um die Stelle zu bekommen.

despedir **~a/c** despedir una flecha / calor / humo einen Pfeil abschießen / Wärme ausstrahlen / Rauch ausstoßen; **~a alg.** La van a despedir con una fiesta. Man wird sie mit einem Fest verabschieden. Lo despidieron por falta de disciplina. Sie haben ihn wegen Disziplinlosigkeit entlassen. **~se** Me despedí sobre las once. Ich bin gegen 11 Uhr gegangen. **~se de alg.** Todavía tengo que despedirme de mis amigos. Ich muss mich noch von meinen Freunden verabschieden. **~se de a/c** Me he despedido del proyecto. Ich habe den Plan aufgegeben. **despedir a alg. con**

cajas destempladas jdn rauswerfen; **despedirse a la francesa** sich davonstehlen

distinguir **~a/c** Necesitamos colores distintos para distinguir estos objetos. Wir brauchen unterschiedliche Farben um diese Gegenstände zu kennzeichnen. **~a alg.** Lo que distingue a este hombre es su generosidad. Was diesen Mann auszeichnet, ist seine Großzügigkeit. **~con a/c** Lo distinguieron con una medalla. Sie ehrten ihn mit einer Medaille. **~a/c de a/c** Hay que distinguir lo bueno de lo malo. Man muss das Gute vom Bösen unterscheiden. **~entre** No se puede distinguir entre ellos. Man kann keinen Unterschied zwischen ihnen ausmachen. **~se** A lo lejos se distinguía poco a poco la silueta de una sierra. In der Ferne zeichneten sich nach und nach die Umrisse eines Gebirges ab. **~se de** Cada uno se distingue de los otros. Jeder unterscheidet sich von den anderen. **~se en a/c** Este alumno se distingue en matemáticas. Dieser Schüler ragt in Mathematik heraus. **~se por a/c** Esta chica se distingue sobre todo por su amabilidad. Dieses Mädchen zeichnet sich vor allem durch seine Liebenswürdigkeit aus.

doblar Allí tienes que doblar a la izquierda. Dort musst du links abbiegen. **~a/c** doblar alambre Draht biegen; doblar la espalda den Rücken beugen; doblar papel Papier falten; doblar el precio den Preis verdoppeln; doblar una película einen Film synchronisieren; doblar un cabo ein Kap umfahren; doblar la esquina um die Ecke biegen; **~a alg.** ¡Intenta doblarlo! Versuch ihn umzustimmen! Me dobla en edad. Er ist doppelt so alt wie ich. **~se** El árbol se dobló por el viento. Der Baum bog sich im Wind. **~se a a/c** Nunca me doblaré a tus exigencias. Ich werde mich nie deinen Forderungen beugen. **antes doblar que quebrar** Es ist besser etwas nachzugeben, als die Freundschaft aufs Spiel zu setzen. **no doblar** nicht knicken

E

echar **~a/c** echar una piedra einen Stein werfen; echar vino Wein einschenken; echar una mirada einen Blick zuwerfen; echar una carta einen Brief einwerfen; echar humo Rauch ausstoßen; echar los dientes Zähne bekommen; echar la llave den Schlüssel umdrehen; echar una partida eine Partie spielen; echar una carta (naipes) eine Karte ausspielen; **echar dinero** Geld einsetzen; **echar una película** einen Film zeigen; **echar tiempo** Zeit brauchen; **echar las cartas** die Karten legen; **echar gasolina** tanken; **~a alg.** Lo echaron del restaurante. Sie warfen ihn aus dem Restaurant. La han echado de la empresa. Man hat sie aus der Firma geworfen; **~a** + Inf. Echaron a reír. Sie fingen an zu lachen. **~se** Nos echamos en la cama. Wir legten uns ins Bett. Me eché hacia delante. Ich beugte mich vor. Se echó sobre alla. Er stürzte sich auf sie. **echar abajo a/c** etw. abreißen, zerstören; **echar chispas de los ojos** vor Wut schnauben; **echar de menos** vermissen; **echar leña al fuego** Öl ins Feuer gießen; **echar una mano a alg.** jdm bei der Arbeit helfen, mit anfassen; **echar un vistazo a a/c** einen kurzen Blick auf etw. werfen

empezar Ahora empiezan los problemas. Jetzt fangen die Probleme an. **~a/c** Ya he empezado el trabajo. Ich habe schon mit der Arbeit begonnen. ¿Empiezas la tarta? Schneidest du die Torte an? **~a** + Inf. Empiezo a entender la situación. Ich fange an die Situation zu verstehen. **~con a/c** Empecemos con las preguntas más urgentes. Fangen wir mit den dringendsten Fragen an. **~por a/c** Hay que empezar por el principio. Man muss vorne anfangen. **para empezar** zum Ersten

encontrar **~a/c** No encuentro mis gafas. Ich finde meine Brille nicht. Lo encontré muy interesante. Ich fand es sehr interessant. **~a alg.** Encontramos a los otros en la playa. Wir trafen die anderen am Strand. **~se** ¿Dónde vamos a encontrarnos? Wo wollen wir uns treffen? La puerta del Sol se encuentra en el centro de Madrid. Die Puerta del Sol befindet sich im Zentrum von Madrid. Muchos monumentos se encuentran en mal estado. Viele Baudenkmäler befinden sich in einem schlechten Zustand. **~se con** Me encontré con una sorpresa agradable. Ich erlebte eine angenehme Überraschung. Nos encontramos con que los otros ya habían salido. Wir mussten feststellen, dass die anderen schon weg waren.

enseñar En nuestro instituto enseña una Chilena. An unserem Gymnasium unterrichtet eine Chilenin. **~a/c** Este profesor enseña español y francés. Dieser Lehrer unterrichtet Spanisch und Französisch. Voy a enseñaros algo muy especial. Ich werde euch etwas ganz Besonderes zeigen. **~a/c a alg.** ¿Puede enseñarme el camino? Können Sie mir den Weg zeigen? **~a alg.** ¡Ya te enseñaré y sabrás lo que es trabajar! Ich werde dir schon beibringen, wie man arbeitet!

entender Si entiendo bien tú quieres marcharte. Wenn ich richtig verstehe, willst du gehen. **~a/c** Eso no lo entiendo. Das verstehe ich nicht. **~a alg.** No entiendo a esa mujer. Ich verstehe diese Frau nicht. **~de a/c** Él entiende todo de ordenadores. Er weiß alles über Computer. **~se** Los dos se entienden muy bien. Die beiden verstehen sich sehr gut. Se han entendido para hacerlo juntos. Sie haben sich darauf verständigt, es gemeinsam zu tun. ¡Yo ya me entiendo! Ich weiß schon, was ich sage! **~se con** Eso se entiende con lo que he dicho. Das stimmt mit dem überein, was ich gesagt habe. Eso no se entiende contigo. Das passt nicht zu dir.

equivocar **~a/c** Equivocaron las maletas en el aeropuerto. Sie haben im Flughafen die Koffer vertauscht. **~a/c con a/c** No equivoquemos una cosa con otra. Verwechseln wir nicht das eine mit dem anderen. **~se** ¡No te equivoques! Täusche dich nicht! **~se al** + Inf. equivocarse al escribir/hablar/leer sich verschreiben/versprechen/verlesen; **~se con alg.** Me equivoqué con ese hombre. Ich habe mich in diesem Mann getäuscht. **~se de a/c** Me equivoqué de número. Ich habe mich verwählt. **~se en a/c** Se equivocó en la respuesta. Er hat sich in der Antwort geirrt.

esperar Espera aquí. Warte hier. Esperemos con mucha paciencia. Warten wir mit großer Geduld ab. **~a/c** Esperaban un milagro. Sie hofften auf ein Wunder. **~a alg.** Lo esperan sobre las ocho. Man erwartet ihn gegen acht Uhr. **~a/c de alg.** No espero nada de ella. Ich erwarte nichts von ihr. **~en alg.** No esperemos en otros. Vertrauen wir nicht auf andere. **~que** + Subj. Espero que tengas éxito. Ich hoffe, dass du Erfolg hast. **Quien espera desespera.** Wer zu lange wartet, wartet vergebens. **Eso era de esperar.** Das war zu erwarten.

estar Estamos en casa. Wir sind zu Hause. El florero está en la mesa. Die Vase steht auf dem Tisch. La alfombra está en el suelo. Der Teppich liegt auf dem Boden. El espejo está en la pared. Der Spiegel hängt an der

Wand. **¿Cómo está tu padre?** Wie geht es deinem Vater? **~a Nerja está a 50 kilómetros de Málaga.** Nerja liegt 50 km von Málaga entfernt. **¿A qué estamos?** Der Wievielte ist heute? **Estamos a más de 30 grados.** Wir haben über 30 Grad. **Los aguacates están a cuatro euros el kilo.** Die Avocados kosten vier Euro das Kilo. **~con alg. Sonia está en el piso con otra estudiante.** Sonia wohnt mit einer anderen Studentin zusammen. **En este punto estamos con los vecinos.** In diesem Punkt stimmen wir mit den Nachbarn überein. **~de Raúl está de camarero.** Raúl arbeitet als Kellner. **Hoy estoy de buen humor.** Heute bin ich gut gelaunt. **Estamos de vacaciones.** Wir sind im Urlaub. **Esta pregunta está de más.** Diese Frage ist überflüssig. **~en El problema está en la licencia de obras.** Das Problem liegt in der Baugenehmigung. **Seguro que no estaba en sí cuando dijo tal cosa.** Er war sicher nicht ganz bei Trost, als er so etwas sagte. **Paco siempre está en todo.** Paco hat immer alles im Griff. **~para El avión está para despegar.** Das Flugzeug ist startklar. **Ahora no estoy para bromas.** Mir ist jetzt nicht zum Scherzen zumute. **~por Estoy por una Europa unida.** Ich bin für ein vereintes Europa. **Estamos por salir.** Wir haben Lust auszugehen. **Eso está por hacer.** Das muss wohl gemacht werden. **~sobre Están sobre la marcha del asunto.** Sie kontrollieren den Fortgang der Angelegenheit. **Esta madre siempre está sobre sus hijos.** Diese Mutter ist dauernd hinter ihren Kindern her. **~bien/mal de a/c Estoy mal de dinero.** Ich bin knapp bei Kasse. **~que Estoy que no puedo más.** Ich bin am Ende meiner Kräfte. **~se Aquí se está bien.** Hier kann man's aushalten. **Se están muy quietos.** Sie verhalten sich sehr ruhig.

F

faltar ~a a/c faltar a clase im Unterricht fehlen; **faltar al deber** seine Pflicht nicht erfüllen; **faltar a su palabra** sein Wort nicht halten; **~en a/c Hemos faltado en algo.** Wir haben etwas falsch gemacht. **~para a/c Falta poco para las vacaciones.** Es ist nicht mehr lange bis zu den Ferien. **~por** + Inf. **Falta por saber quién lo hizo.** Es bleibt zu fragen, wer das gemacht hat. **No faltaría más que ...** Das fehlte uns noch, dass ... **¡No faltaría más!** Ich bitte Sie! **¡No faltaba más!** So weit kommt es noch!

G

ganar **~a/c** **ganar un partido** ein Spiel gewinnen; **ganar una cantidad** einen Betrag verdienen; **ganar la orilla** das Ufer erreichen; **ganar experiencia** Erfahrungen sammeln; **ganar terreno** sich ausbreiten; **~con a/c** **No ganaron nada con el cambio.** Die Veränderung brachte ihnen nichts ein. **~en a/c** **Le gano en altura.** Ich bin größer als er. **ganar a alg. para a/c** jdn für etw. gewinnen; **~se** **ganarse la vida** seinen Lebensunterhalt verdienen

gastar **~a/c** **gastar dinero** Geld ausgeben; **gastar material** Material abnutzen; **gastar carburante** Treibstoff verbrauchen; **gastar tiempo** Zeit aufwenden; **gastar bromas** Witze machen; **~se** sich abnutzen / alt werden

gustar **~a/c** **¿Quieres gustar el gazpacho?** Möchtest du von dem Gazpacho kosten? **~a alg.** **Eso no me gusta nada.** Das gefällt mir überhaupt nicht. **A mí me gusta comer y beber.** Ich esse und trinke gern. **¿Te gusta la comida?** Schmeckt dir das Essen? **¿Te gustaría ir al cine?** Möchtest du ins Kino gehen?

H

haber **¿Qué hay?** Was gibt es? **No había mucho gente.** Es waren nicht viele Leute da. **Hace unos años hubo un terremoto aquí.** Vor einigen Jahren ereignete sich hier ein Erdbeben. **No hay más remedio.** Es bleibt keine andere Wahl. **~de** + Inf. **¿Qué ha de ser?** Was soll das schon sein? **~que** + Inf. **Hay que hacerlo.** Es muss getan werden. **haberselas con alg.** eine Auseinandersetzung mit jdm haben

hablar **hablar claro** deutlich reden; **hablar alto** laut reden; **hablar en cristiano** verständlich reden; **hablar por hablar** bla, bla reden; **hablar para sí** laut denken; **hablar sin rodeos** ohne Umschweife reden; **~a/c** **¿Cuántas lenguas hablas?** Wie viele Sprachen sprichst du? **~con alg.** **Quiero hablar con el jefe.** Ich möchte mit dem Chef sprechen. **~de a/c, alg.** **¿De qué estáis hablando?** Worüber sprecht ihr gerade? **~en** **Me puedes hablar en español.** Du kannst spanisch mit mir reden. **~por** **¿Hablo por todos?** Soll ich für alle sprechen? **~sobre** **Hemos hablado sobre muchas cosas.** Wir haben über viele Dinge gesprochen. **~se** **No nos hablamos desde hace algún tiempo.** Wir reden schon seit einiger Zeit nicht mehr miteinander. **¡Ni hablar!** Kommt überhaupt nicht in Frage!

hacer **~a/c** hacer calor heiß sein; hacer deporte Sport treiben; hacer fiesta feiern; hacer frente die Stirn bieten; hacer pedazos kaputtmachen; hacer puente zwischen zwei arbeitsfreien Tagen einen Tag frei haben; hacer sitio Platz machen; hacer vacaciones Ferien machen; hacer la cama das Bett machen; hacer un discurso eine Rede halten; hacer los platos das Geschirr spülen; hacer una pregunta eine Frage stellen; hacer una señal ein Zeichen geben; **~caso a alg.** No le hagas caso. Beachte ihn nicht. **~caso de a/c** No hago caso de lo que dicen los otros. Ich kümmere mich nicht darum, was die anderen sagen. **~+ Inf.** El profesor hizo callar a los alumnos. Der Lehrer sorgte dafür, dass die Schüler ruhig waren. Tengo que hacer reparar el coche. Ich muss das Auto reparieren lassen. **~de** Antonio hace de capataz. Antonio nimmt die Stelle des Vorarbeiters ein. **~por** + Inf. Haremos por hacerlo pronto. Wir werden versuchen es bald zu tun. **~bien/mal en** + Inf. Harás bien en estudiar el mapa antes de salir. Du tätest gut daran, vor der Abreise die Karte zu studieren. **~como que** Haz como que no lo oyes. Tu, als ob du es nicht hören würdest. **hace** + Zeitraum Hace un año vine a España por la primera vez. Vor einem Jahr kam ich zum ersten Mal nach Spanien. **desde hace** + Zeitraum Desde hace dos meses no tengo ninguna noticia de ella. Seit zwei Monaten habe ich keine Nachricht mehr von ihr. **a medio hacer** La casa está a medio hacer. Das Haus ist noch nicht fertig. **¡Qué le vamos a hacer!** Was soll man da machen! **~se a/c** Pedro se ha hecho un hombre. Pedro ist ein richtiger Mann geworden. Pilar se ha hecho musulmana. Pilar ist zum Islam übergetreten. No te hagas el sueco. Stell dich nicht dumm. Yo me hago cargo de eso. Ich erledige das. Alberto se hizo médico. Alberto ist Arzt geworden. Ya me hago mucha ilusión. Ich freue mich schon sehr. **~se a a/c** Tenéis que haceros a esta idea. Ihr müsst euch an diese Vorstellung gewöhnen. **~se con a/c** ¿Te has echo con todos los papeles? Hast du alle Papiere bekommen?

I

importar **~a/c** importar materias primas Rohstoffe importieren;

~a alg. Me importa mucho que digas la verdad. Es ist sehr wichtig für mich, dass du die Wahrheit sagst. ¿Le importa que cerremos la ventana? Macht es Ihnen was aus, wenn wir das Fenster schließen? ¿Qué te importa a tí? Was geht das dich an? **Lo que importa es que ...** Worauf es ankommt ist, dass ... **No importa.** Das macht nichts.

interesar **~a alg.** Eso me interesa mucho. Das interessiert mich sehr. **~a alg. en a/c** Interesaré a mi hermano en el negocio. Ich werde meinen Bruder an dem Geschäft beteiligen. **~se por** Me intereso por los idiomas. Ich interessiere mich für Sprachen.

ir **~a** Voy al cine. Ich gehe ins Kino. Hoy vamos a Málaga. Heute fahren wir nach Málaga. ¿Vas a pie? Gehst du zu Fuß? **~a** + Inf. Este fin de semana vamos a hacer una excursión a Ronda. Am Wochenende werden wir einen Ausflug nach Ronda machen. Iba a salir cuando llamó el teléfono. Ich war gerade dabei wegzugehen, als das Telefon klingelte. **~con a/c** Estos zapatos no van con ese traje. Diese Schuhe passen nicht zu dem Anzug. **~de a/c** Me gusta ir de vacaciones. Ich fahre gern in Urlaub. ¿Vamos de compras? Gehen wir einkaufen? **~en** ¿Vamos en coche o en tren? Fahren wir mit dem Auto oder mit der Bahn? **~para** Paco va para los 50. Paco geht auf die 50 zu. **~por** ¿Voy por el médico? Soll ich den Arzt holen? **ir al grano** zum Kern der Sache kommen; **ir a lo suyo** auf seinen Vorteil bedacht sein; **ir de mal en peor** immer schlechter werden; **ir para largo** lange dauern; **¡Ya voy!** Ich komme schon! **¡Qué va!** Von wegen! **¡Vamos!** Los! / Auf geht's! **Vamos a ver, ...** Also, ... / Schaun wir mal! **¡Vaya moto!** Was für ein tolles Motorrad! **~se** ¡Me voy! Ich gehe! ¡Vete! Geh'! / Hau ab! **irse a pique** scheitern; **irse al traste** misslingen; **irse de picos pardos** einen draufmachen; **irse por las ramas** abschweifen; **¡Vámonos!** Gehen wir!

J

jugar **~a/c** jugar una carta / un papel / una partida de ajedrez eine Karte ausspielen / eine Rolle spielen / eine Partie Schach spielen; **~a a/c** jugar al fútbol Fußball spielen; jugar a la lotería in der Lotterie spielen; jugar a las quinielas im Toto tippen; jugar a los caballos auf Pferde wetten; **~con** No jueges con eso. Geh' nicht leichtfertig damit um. ¿Estás jugando conmigo? Nimmst du mich nicht ernst? **~de** ¿Quién juega de portero? Wer spielt im Tor? **~en a/c** Ese hombre juega en negocios sucios. Dieser Mann hat mit dunklen Geschäften zu tun. **~se** ¿Cuánto te juegas? Wie viel setzt du ein? Mañana se juega la lotería. Morgen kommt die Lotterie zur Ausspielung. Se jugaron la vida. Sie setzten ihr Leben aufs Spiel. **jugarse el todo por el todo** alles auf eine Karte setzen

L

llamar **~a/c** llamar la atención sobre a/c auf etw. aufmerksam machen; **~a alg.** llamar a alg. por teléfono / al orden jdn anrufen / jdn zur Ordnung rufen; llamar a la puerta anklopfen; **llamar al pan, pan y al vino, vino** die Dinge beim Namen nennen; **~se** ¿Cómo se llama usted? Wie heißen Sie? **Me llamo Adela.** Mein Name ist Hase.

llegar **~a** He llegado a España. Ich bin in Spanien angekommen. Tú vas a llegar a los cien años. Du wirst noch hundert Jahre alt. **~hasta** A veces la nieve llega hasta el tejado. Manchmal reicht der Schnee bis zum Dach. **~a** + Inf. Esa mujer llegó a insultarme. Diese Frau ging soweit mich zu beschimpfen. Un día llegarás a ser feliz. Eines Tages wirst du glücklich sein. **llegar a la conclusión que ...** zu dem Schluss kommen, dass ... **llegar a las manos** handgreiflich werden; **llegar a oídos de alg.** jdm zu Ohren kommen; **llegar tarde / a tiempo** zu spät / rechtzeitig kommen

llevar Este camino lleva a la costa. Dieser Weg führt zur Küste. Esta higuera vieja ya no lleva. Dieser alte Feigenbaum trägt nicht mehr. ¿Cuánto tiempo ya llevas? Wie lange bist du schon da? **~a/c** Llevas un jersey muy bonito. Du hast einen sehr schönen Pullover an. Lleva eso al salón. Bring das ins Wohnzimmer. **~a alg.** ¿Adónde te puedo llevar? Wohin kann ich dich mitnehmen? **llevar a cabo** zu Ende führen; **llevar adelante** voranbringen; **llevar a efecto** verwirklichen; **llevar a feliz término** zu einem glücklichen Ende bringen; **llevar la cuenta** Buch führen; **~se** Me llevo eso. Ich nehme das mit. Paco se lleva bien con Joaquín. Paco versteht sich gut mit Joaquín. Me he llevado un buen susto. Ich habe einen gehörigen Schreck bekommen.

M

mandar Aquí mando yo. Hier habe ich das Sagen. **~a/c** El mismo jefe manda esta sección. Der Chef selbst leitet die Abteilung. Con esta palanca mandas toda la máquina. Mit diesem Hebel steuerst du die ganze Maschine. **~a/c a alg.** Mándales una postal a tus abuelos. Schick deinen Großeltern eine Ansichtskarte! **~a alg. a hacer a/c** Me mandaron a buscar un paquete. Man hat mich geschickt um ein Paket abzuholen. **~a alg. de** Le mandaron de mediador a los Balcanes. Man schickte ihn als Vermittler auf den Balkan. **~a alg. por a/c** Le mandaron por el correo. Man schickte ihn nach der Post. **~a alg. que** + Subj. Le mandaron que callara. Man befahl ihm zu schweigen. **mandar a alg. al cuerno / al diablo / a paseo** jdn zum Teufel schicken; **~se** Estos jóvenes saben mandarse solos. Diese jungen Leute wissen, wie sie alleine zurechtkommen.

marchar Me gusta marchar despacio. Ich gehe gern langsam. Los soldados marchan en formación cerrada. Die Soldaten marschieren in geschlossener Formation. El motor no marcha bien. Der Motor läuft nicht gut. ¿Cómo marchan los negocios? Wie gehn die Geschäfte? Marchan sobre ruedas. Sie laufen wie geschmiert. **~se** ¿Cuándo te marchas? Wann fährst du? Se marcharon de Málaga a Madrid. Sie zogen von Málaga nach Madrid.

meter **~a/c** ¡Mete esas cosas en el cajón! Tu das in die Schublade! He metido mi dinero en acciones. Ich habe mein Geld in Aktien angelegt. ¿Ya has metido sal y pimienta? Hast du schon Salz und Pfeffer hineingetan? ¿Quién te ha metido estas manzanas podridas? Wer hat dir diese faulen Äpfel angedreht? **~a alg.** Metieron a los rebeldes en la cárcel. Man steckte die Aufständischen ins Gefängnis. Metío a su hermana de cajera. Er brachte seine Schwester als Kassiererin unter. **meter la pata** ins Fettnäpfchen treten; **~se a** Se metió a cura. Er wurde Priester. **~se con alg.** No te metas con esta gente. Lass' dich nicht mit diesen Leuten ein! **~se de** Se metío de camarero en una pizzería. Er kam als Kellner in einer Pizzeria unter. **~se en** Ese hombre se mete en todo. Dieser Mann mischt sich überall ein. **meterse a/c en la cabeza** sich etw. in den Kopf setzen

O

oír **~a/c** No oigo nada. Ich höre nichts. Oyeron mis ruegos. Man hat meine Bitten erhört. **Como (lo) oyes.** Wie ich dir sage! **como quien oye llover** als ginge ihn das nichts an; **No se oye el vuelo de una mosca.** Man könnte eine Stecknadel fallen hören. **oír campanas pero no saber donde** alles durcheinander bringen; **¡Oye!** Hör mal! **¡Oiga!** Hören Sie!

P

parar(se) (Nos) paramos aquí. Hier halten wir an. Vas a parar en la cárcel. Du landest noch im Gefängnis. Siempre paramos en este hotel. Wir übernachten immer in diesem Hotel. No sé cómo ha parado en mis manos. Ich weiß nicht, wie das in meine Hände gelangt ist. **~a/c** El policía paró el coche. Der Polizist stoppte den Wagen. **¡Dónde va a parar!** Wohin soll das noch führen! **sin parar** Trabajo sin parar. Ich arbeite ununterbrochen.

parecer Eso parece más difícil de lo que es. Das sieht schwieriger aus, als es ist. Parece que tienes razón. Es sieht so aus, als ob du Recht hättest. **~a alg.** Eso me parece una idea excelente. Das scheint mir eine ausgezeichnete Idee zu sein. ¿Qué os parece? Was haltet ihr davon? ¿Te parece bien? Bist du einverstanden? **a lo que parece** so, wie es aussieht; **aunque parezca mentira** so unglaublich es auch klingt; **según parece** anscheinend; **~se** Los dos se parecen mucho. Die beiden ähneln sich sehr.

pasar Voy a pasar por la tarde. Ich komme am Nachmittag vorbei. Aquí pasa algo raro. Hier geschieht etwas Merkwürdiges. ¡Pase! Herein! ¿Que pasa? Was ist los? Pasa el tiempo. Die Zeit vergeht. ¡No pasa nada! Das ist nicht so schlimm! Voy pasando. Es geht so einigermaßen. Eso no lo puedo dejar pasar. Das kann ich nicht durchgehen lassen. **~a/c** Pasamos el río nadando. Wir durchschwammen den Fluss. Pásame el pan, por favor. Reich mir bitte das Brot! Tienes que pasar la tarjeta por la ranura. Du musst die Karte durch den Schlitz ziehen. Pasa tu mano por encima. Streiche mit der Hand darüber. No deberías pasar el semáforo en rojo. Du solltest nicht bei rot über die Straße gehen. Tengo que pasar esta parte. Ich muss diesen Teil auslassen. Hemos pasado todo el día en la playa. Wir haben den ganzen Tag am Strand verbracht. Tú nunca has pasado hambre.

Du hast noch nie Hunger gelitten. **¡Que lo pases bien!** Amüsier dich gut! **~a a/c** **Pasemos a otro asunto.** Kommen wir zu etwas anderem. **~de** **El taxi pasó de largo.** Das Taxi fuhr vorbei ohne anzuhalten. **~en** **Mi hermano mi pasa en edad.** Mein Bruder ist älter als ich. **~por** **Esta chica pasa por muy lista.** Dieses Mädchen gilt als sehr klug. **Lo que pasa es que ...** also es ist so ... **pase lo que pase** was auch immer geschehen mag; **~se** **Ya se ha pasado el plazo.** Die Frist ist schon abgelaufen. **Se han pasado unas frutas.** Einige Früchte sind verfault. **pasarse de listo** überschlau sein wollen

pedir **~a/c** **Te pido que no fumes.** Ich bitte dich nicht zu rauchen. **Piden un dineral por esa casa.** Sie verlangen eine Unsumme für dieses Haus. **He pedido una cerveza.** Ich habe ein Bier bestellt. **Estas plantas piden mucha agua.** Diese Pflanzen brauchen viel Wasser. **El fiscal pidió cinco años de cárcel.** Der Staatsanwalt beantragte eine fünfjährige Freiheitsstrafe. **~a gritos** **Esta casa pide a gritos un blanqueo.** Dieses Haus muss ganz dringend weiß gestrichen werden.

pensar **¿Qué piensas tú?** Was meinst du? **Pienso que es una buena idea.** Ich denke, das ist eine gute Idee. **~a/c** **Piénsalo bien.** Überleg es dir gut! **Quién lo hubiera pensado!** Wer hätte das gedacht! **Eso lo pensó Paco.** Das hat Paco sich ausgedacht. **~en a/c, en alg.** **Tenemos que pensar en todo.** Wir müssen an alles denken. **¿Habéis pensado en mí?** Habt ihr an mich gedacht? **~sobre a/c** **Tengo que pensar sobre el asunto.** Ich muss über die Angelegenheit nachdenken. ~+ Inf. **Pensamos quedarnos en casa.** Wir haben vor zu Hause zu bleiben. **cuando menos se piensa** wenn man am wenigsten damit rechnet; **¡Ni pensarlo!** Kommt nicht in Frage! **sin pensarlo** unverhofft

perder **No me gusta perder.** Ich verliere nicht gerne. **~a/c** **En este negocio perdimos mucho dinero.** Bei diesem Geschäft haben wir viel Geld verloren. **El automovilista perdío el control del coche.** Der Autofahrer verlor die Kontrolle über den Wagen. **No perdamos el tiempo charlando.** Verlieren wir keine Zeit mit Geschwätz! **No tenemos nada que perder.** Wir haben nichts zu verlieren. **~a alg.** **Hace dos años perdío a su padre.** Vor zwei Jahren verlor er seinen Vater. **Le perdió la especulación del**

suelo. Die Bodenspekulation hat ihn ruiniert. **~con a/c** Este tejido no pierde con el sol. Dieser Stoff verliert in der Sonne nicht die Farbe. Perderemos con el cambio de profesor. Durch den Lehrerwechsel werden wir Nachteile haben. **~en a/c** He perdido en salud. Meine Gesundheit hat gelitten. **~por** Mi equipo perdió por 3 a 0. Meine Mannschaft hat 3:0 verloren. **~se** Se me ha perdido la cartera. Meine Brieftasche ist mir abhanden gekommen. Nos perdimos en el bosque. Wir haben uns im Wald verlaufen. Diego se está perdiendo por su novia. Diego ist sehr in seine Freundin verliebt.

poder Todavía podemos hacerlo. Noch können wir es tun. Ya no puedo más. Ich bin am Ende meiner Kräfte. Puedes hacer lo que quieras. Du kannst machen, was du willst. No puedes hacer eso. Das darfst du nicht machen. No puedo con él. Ich komme nicht mit ihm klar. **¿Se puede?** Darf man hereinkommen? **puede (ser) que** + Subj. Puede (ser) que vuelva tarde. Es kann sein, dass ich spät zurückkomme.

poner **~a/c** Pongo la caja en el rincón. Ich stelle die Kiste in die Ecke. Pon el periódico en la mesa. Lege die Zeitung auf den Tisch! Hemos puesto una nueva ducha. Wir haben eine neue Dusche installiert. La nueva profesora nos ha puesto muchos deberes. Die neue Lehrerin hat uns viele Hausaufgaben aufgegeben. Esta gallina pone unos huevos grandes. Dieses Huhn legt große Eier. poner el despertador den Wecker stellen; poner la mesa den Tisch decken; poner una película einen Film zeigen; poner la radio das Radio anstellen; **~a alg. con alg.** Póngame con el director, por favor. Verbinden Sie mich bitte mit dem Direktor. **~de** Le pusieron de mozo en una constructora. Man hat ihn als Gehilfe bei einer Baufirma untergebracht. **~por** Te pongo por testigo. Du bist mein Zeuge. **pongamos que** + Subj. Pongamos que ella tenga 40 años y el 60 ... Gesetzt den Fall sie ist 40 und er 60 ... **poner a alg. al corriente** jdn auf dem Laufenden halten; **poner al día** auf den neuesten Stand bringen; **poner en claro** klarstellen; **poner en marcha** in Gang setzen; **poner en práctica** in die Tat umsetzen; **poner por encima** bevorzugen; **poner a** + Inf. He puesto el agua a calentar. Ich habe das Wasser aufgesetzt. **~se** Tengo que ponerme una camisa limpia. Ich muss ein frisches Hemd anziehen. Ya se ha puesto el sol. Die Sonne ist schon untergegangen. **~se a** + Inf. Se puso a trabajar en seguida. Er machte sich sofort an die Arbeit. **~se** + Adj. ¡No te pongas nervioso! Nur nicht nervös werden! **ponerse de acuerdo** sich einig werden; **ponerse de luto** Trauerkleidung tragen; **ponerse de pie** aufstehen

Q

quedar El problema queda sin solucionar. Das Problem bleibt ungelöst. Ya no queda café. Es ist kein Kaffee mehr da. Eso queda muy feo. Das sieht sehr hässlich aus. ¿Quedamos a las nueve delante del cine? Treffen wir uns um neun vor dem Kino? **~en** ¿En qué quedamos? Wie wollen wir verbleiben? **~por** Todavía queda algo por hacer. Es bleibt noch einiges zu tun. **~se** Me quedo aquí. Ich bleibe hier. El niño se quedó huérfano. Das Kind wurde Waise. **~se con** Me quedo con este libro. Ich nehme dieses Buch. **quedarse atrás** zurückbleiben; **quedarse con todo** alles behalten; **quedarse sin nada** alles verlieren

querer **~a/c** Quiero un helado. Ich möchte ein Eis. ¿Cuánto quieres por la moto? Wie viel verlangst du für das Motorrad? **~a alg.** Roberto quiere mucho a su mujer. Roberto liebt seine Frau sehr. **~** + Inf. Quisiera comprar una casa. Ich würde gern ein Haus kaufen. Él quiere hacerlo todo solo. Er will alles allein machen. **~que** + Subj. Quiero que sepas lo que pasa. Ich möchte, dass du Bescheid weißt. **Eso quiere decir ...** Das heißt ... **¡Como quieras!** Wie du willst! **¡Qué más quieres!** Was willst du noch mehr! **¡Qué quieres que le hagamos!** Was sollen wir machen! **Quieres que no ...** Ob du willst oder nicht ... / Ob es dir passt oder nicht ... **sin querer** unabsichtlich

quitar **~a/c** Primero tienes que quitarle la cinta adhesiva. Zuerst musst du den Klebestreifen davon abziehen. Con este producto puedes quitar la mancha. Mit diesem Mittel kannst du den Fleck entfernen. **~a/c a alg.** Los problemas me quitan el sueño. Die Probleme rauben mir den Schlaf. Me han quitado dinero. Man hat mir Geld weggenommen. **~se** ¡Quítate de ahí! Hau ab! Tendrías que quitarte de fumar. Du solltest das Rauchen aufgeben. ¿Por qué no te quitas el jersey? Warum ziehst du nicht den Pullover aus? **Un amigo mío se ha quitado la vida.** Ein Freund von mir hat sich das Leben genommen. **A veces es difícil quitarse de encima a alg.** Manchmal ist es schwer sich jdn vom Hals zu schaffen.

R

responder ~a alg. Nunca me respondes francamente. Du gibst mir nie eine offene Antwort. **~a a/c** No puedo responder a esta pregunta. Ich kann diese Frage nicht beantworten. Nadie responde al teléfono. Es geht niemand ans Telefon. Eso no responde a nuestras exigencias. Das entspricht nicht unseren Anforderungen. **~con a/c** ¿Puedo responderle con una pregunta? Darf ich mit einer Frage antworten? **~de a/c** Yo respondo de su honradez. Ich verbürge mich für seine Ehrlichkeit. **~por** No puedo responder por él. Ich kann nicht die Verantwortung für ihn übernehmen. Mi perro responde por Rafa. Mein Hund heißt Rafa.

romper ~a/c Tú nunca has roto un plato. Du hast nie einen Teller zerbrochen. No rompas el aparato. Mach den Apparat nicht kaputt. Por fin el acusado rompió el silencio. Schließlich brach der Angeklagte sein Schweigen. **~a** + Inf. El niño rompió a llorar. Das Kind fing plötzlich an zu weinen. **~con alg.** Luisa rompió con su novio. Luisa hat mit ihrem Freund Schluss gemacht. **~en** La chica rompió en lágrimas. Das Mädchen brach in Tränen aus. **~se** Otra vez se rompió el espejo. Der Spiegel ist schon wieder zerbrochen. No te rompas la cabeza. Zerbrich dir nicht den Kopf. Se rompió dos costillas en el accidente. Bei dem Unfall hat er sich zwei Rippen gebrochen.

S

saber ~a/c Ya sé lo que pasó. Ich weiß schon, was passiert ist. Ella sabe ruso. Sie kann russisch. Te lo digo para que lo sepas. Ich sage es dir, damit du Bescheid weißt. ¿Sabes algo de ella? Hast du etwas von ihr gehört? **~**+ Inf. Casi todos saben nadar. Fast alle können schwimmen. ¿Sabes hacer una paella? Kannst du eine Paella machen? **~a a/c** Eso no sabe a nada. Das schmeckt nach nichts. **~de memoria** ¿Quién sabe el poema de memoria? Wer kann das Gedicht auswendig? **a lo que sepa** soviel ich weiß; **¡Quién sabe!** Wer weiß! **¡Vete a saber!**

Das ist schwer zu sagen! **Ya se sabe.** Das ist bekannt. **¡Yo qué sé!** Was weiß ich!

sacar En este primer set ha sacado muy bien. In diesem ersten Satz hat er sehr gut aufgeschlagen (Tennis). **~a/c** Saqué unos billetes de la cartera. Ich nahm einige Geldscheine aus der Brieftasche. Saca el coche del garaje. Hole den Wagen aus der Garage. Este mes han sacado varios modelos nuevos. Diesen Monat hat man mehrere neue Modelle herausgebracht. No he logrado sacarle nada. Ich habe nichts aus ihm herausgebracht. ¿Qué habéis sacado del texto? Was habt ihr dem Text entnommen? ¿Quién va a sacar las entradas? Wer holt die Eintrittskarten? Sacamos unas buenas fotos. Wir haben einige gute Fotos gemacht. **~a alg.** No te preocupes, vamos a sacarte de ahí. Mach dir keine Sorgen, wir werden dich da herausholen. Paco sacó a bailar a Charo. Paco forderte Charo zum Tanz auf. ¿Quién saca al perro a pasear? Wer führt den Hund aus? **~adelante** Con estas ideas vamos a sacar adelante el asunto. Mit Hilfe dieser Ideen werden wir die Angelegenheit voranbringen. **~en claro / en limpio** Lo sacaron en claro que eso no podía seguir así. Sie stellten klar, dass es so nicht weitergehen könne. **~provecho** Hay que sacar provecho de sus ventajas. Man muss aus seinen Vorteilen Nutzen ziehen. **sacar buenas/malas notas** gute/schlechte Noten erzielen

salir El sol sale a las ocho. Die Sonne geht um acht Uhr auf. La mancha no ha salido. Der Fleck ist nicht rausgegangen. ¿A quién le toca salir? Wer muss ausspielen? **~a alg.** A Paco todo le sale bien. Paco gelingt alles. Ahora no me sale. Ich komme jetzt nicht drauf. Los dos hijos salen a la madre. Beide Kinder kommen nach der Mutter. **~a a/c** Todo el mundo salió a la calle. Alle gingen auf die Straße. La Calle Pintada sale a una plazuela. Die Calle Pintada mündet in einen kleinen Platz. ¡Sal a la pizarra! Komm an die Tafel! **~de** ¿A qué hora saliste de casa? Um wie viel Uhr bist du aus dem Haus gegangen? **~para** Salimos temprano para Granada. Wir brachen früh nach Granada auf. **~por** La casa le salió por 200.000 euros. Das Haus kostete ihn 200.000 Euro. **~adelante** A pesar de todo salimos adelante. Trotz allem sind wir weitergekommen. **~caro** Eso te va a salir caro. Das wird dich teuer zu stehen kommen. **~corriendo** ¿Por qué saliste corriendo? Warum bist du weggerannt? **~se** Muchos se salieron de la Iglesia. Viele traten aus der Kirche aus. **~se con la suya** Ese niño a menudo se sale con la suya. Dieses Kind setzt oft seinen Kopf durch.

seguir ¡Sigue! Mach weiter! Siga usted todo recto. Gehen Sie geradeaus weiter. Nadie sabe lo que sigue. Niemand weiß, wie es weitergeht. Bajamos en la parada que sigue. Wir steigen an der nächsten Haltestelle aus. **~a/c** No puedo seguir tus ideas. Ich kann deinen Vorstellungen nicht folgen. De momento sigo unos cursos en la escuela de idiomas. Im Augenblick besuche ich Kurse in der Sprachenschule. No sigas siempre lo que te digan los otros. Höre nicht immer auf das, was die anderen dir sagen. **~a a/c, a alg.** Un relámpago seguía a otro. Ein Blitz folgte auf den anderen. ¿Por qué no sigues a los otros? Warum folgst du nicht den anderen? Siempre le sigue a ella. Er läuft ihr immer hinterher. Seguían al ladron. Man verfolgte den Dieb. **~por** Tenéis que seguir por esta calle hasta el próximo cruce. Ihr müsst diese Straße weitergehen bis zur nächsten Kreuzung. **~ +** gerundio Sigue leyendo. Lies weiter. **~se** De eso se sigue que todo era mentira. Daraus folgt, dass alles gelogen war.

sentir **~a/c** ¿Sientes algo? Fühlst du etwas? Sentimos un profundo dolor. Wir empfinden einen tiefen Schmerz. ¿No sentís frío? Friert ihr nicht? ¿Sientes lo que dices? Meinst du, was du sagst? **~que** + Subj. Siento que no puedas venir. Ich bedaure, dass du nicht kommen kannst. **~que** + Ind. Sentí que algo no era normal. Ich spürte, dass etwas nicht normal war. **Lo siento mucho.** Es tut mir sehr Leid. **~se** Después de ducharme, me siento como un recíen nacido. Nach dem Duschen fühle ich mich wie neu geboren. No me siento bien. Ich fühle mich nicht wohl. **~se de a/c** Me siento de la espalda. Mir tut der Rücken weh.

ser Paco es constructor. Paco ist Bauunternehmer. ¿Eres feliz? Bist du glücklich? ¿Ser o no ser? Sein oder nicht sein? ¿Quién es ese? Wer ist das? ¿Qué hora es? Wie spät ist es? El concierto es hoy. Das Konzert findet heute statt. Hoy es miércoles. Heute ist Mittwoch. Pasado mañana será el 27 de marzo. Übermorgen ist der 27. März. ¿Cuánto es? Wie viel macht das? Algunos niños son mimados por sus padres. Einige Kinder werden von ihren Eltern verwöhnt. **~de** Soy de Berlin. Ich bin aus Berlin. La puerta es de madera. Die Tür ist aus Holz. Todavía es de día. Es ist noch Tag. ¿De qué color es tu coche? Welche Farbe hat dein Auto? Este libro es de mi amigo. Dieses Buch gehört meinem Freund. Estos son de los que ganan siempre. Die gehören zu denen, die immer gewinnen. **~para** Todo eso es para vosotros. All das ist für euch. Estos libros son para estudiar. Diese Bücher sind zum Lernen da. **¡Eso es!** Stimmt! **Es que ...** Also die Sache ist die, ... **por si fuera poco** Ese hombre no trabaja y, por si fuera poco, bebe además. Dieser Mann arbeitet nicht und, nicht genug damit, er trinkt auch noch. **Sea lo que sea.** Wie dem auch sei.

servir Eso ya no sirve. Das ist nicht mehr zu gebrauchen. ¿Quién sirve hoy? Wer bedient heute? Sirvió muchos años en una familia rica. Er war viele Jahre als Diener bei einer reichen Familie tätig. **~a/c** ¿Te sirvo un poco de este paté? Darf ich dir etwas von dieser Pastete auftun? **~a alg.** ¿Puedes servirme en eso? Kannst du mir dabei behilflich sein? En esta tienda siempre te sirven bien. In diesem Geschäft wirst du immer gut bedient. **~de** El destornillador puede servir de palanca. Der Schraubenzieher kann als Hebel dienen. **~en** Antonio sirvió en marina. Antonio diente in der Marine. **~para** Tú no sirves para nada. Du bist zu nichts zu gebrauchen. ¿Para qué sirve eso? Wozu soll das gut sein? **~se** ¿Me sirvo? Darf ich? Sírvete de tus facultades y luego tendrás éxito. Nutze deine Fähigkeiten und dann wirst du auch Erfolg haben.

subir El camino sube mucho. Der Weg steigt stark an. ¿Por qué no subes? Warum gehst du nicht hinauf? Ha subido la temperatura. Die Temperatur ist gestiegen. **~a/c** El gobierno ha subido el IVA otra vez. Die Regierung hat wieder die Mehrwertsteuer erhöht. Con este todoterreno subes cualquier cuesta. Mit diesem Geländewagen kommst du jede Steigung hoch. ¿Puedes subir estas cajas a la segunda planta? Kannst du diese Kisten in den zweiten Stock bringen? **~a** Me gusta subir a los picos. Ich steige gerne auf die Gipfel. Tenemos que subir al tren. Wir müssen in den Zug steigen. **~de** ¿Vas a subir de categoría? Wirst du beruflich aufsteigen? **~se** ¡Súbete! Steig ein! Tienes que subirte un tono. Du musst einen Ton höher singen.

T

tardar Eso no tardará mucho. Das wird nicht lange dauern. **~en** Tardamos tres horas en hacerlo. Wir haben drei Stunden dafür gebraucht. ¿Por qué tardas en responderme? Warum zögerst du mit der Antwort? **a más tardar** spätestens

tener **~a/c** No tengo mucho dinero. Ich habe nicht viel Geld. ¿Cuántos años tienes? Wie alt bist du? Mañana tendré examen. Morgen habe ich Prüfung. En este cajón se pueden tener los documentos. In dieser Schublade können die Dokumente aufbewahrt werden. Si te comportas bien, tendrás un regalo. Wenn du dich anständig benimmst, bekommst du ein Geschenk. ¡Ten cuidado! Pass auf! No tenemos nada que perder. Wir haben nichts zu verlieren. Tenlo por favor. Halte das bitte. **tener calor/frío** schwitzen/frieren; **tener hambre/sed** Hunger/Durst haben; **tener tiempo/prisa** Zeit haben/es eilig haben; **tener confianza/miedo** vertrauen/Angst haben; **~a/c a alg.** Te tenemos mucho cariño. Wir haben dich sehr lieb. **~alg.** Tengo una hermana. Ich habe eine Schwester. **~que** + Inf. Tengo que hacerlo ahora mismo. Ich muss es jetzt gleich machen. No tienes que llorar. Du brauchst nicht zu weinen. **tener en cuenta** berücksichtigen; **~se** Apenas si me tengo de pie. Ich halte mich kaum noch auf den Beinen. **~se por** + Adj. Tú te tienes por muy listo. Du hältst dich wohl für besonders schlau.

tirar La chimenea no tira. Der Kamin zieht nicht. **~a/c** No tires el papel al suelo. Wirf das Papier nicht auf die Erde. ¿Por qué lo tiras? Warum wirfst du das weg? Pepe está tirando sus ahorros. Pepe ist dabei, seine Ersparnisse zu verschleudern. Tuvieron que tirar el edificio. Sie mussten das Gebäude abreißen. Este libro tira diez mil ejemplares. Dieses Buch hat eine Auflage von zehntausend Exemplaren. En la fiesta tiraron un par de cohetes. Bei dem Fest wurden ein paar Feuerwerkskörper abgefeuert. **~a alg.** A ella le tira el teatro. Sie fühlt sich vom Theater angezogen. Tú no tiras a tu padre. Du kommst nicht nach deinem Vater. **~a Este azul tira a verde.** Dieses Blau tendiert zum Grünen hin. **~con a/c La policía tiraba varias veces con balas.** Die Polizei schoss mehrmals scharf. **~de a/c Tira de la cuerda.** Zieh an der Schnur. **~para Ese hombre tira para ministro.** Dieser Mann strebt ein Ministeramt an. **ir tirando Voy tirando.** Ich schlage mich so durch. **tirar la casa por la ventana** das Geld zum Fenster hinauswerfen; **~se El niño se tiró en el suelo.** Das Kind warf sich auf den Boden. **El hombre se tiró sobre ella.** Der Mann stürzte sich auf sie.

tocar ~a/c No me atreví a tocarla. Ich wagte es nicht sie zu berühren. **¡No me toques!** Rühr mich nicht an! **¡No tocar!** Anfassen verboten! **¿Tocas algún instrumento?** Spielst du irgendein Instrument? **Publicaron el informe sin tocar nada.** Man veröffentlichte den Bericht ohne etwas zu verändern. **No tocaron el tema del paro.** Das Thema Arbeitslosigkeit wurde nicht behandelt. **Tocan el timbre.** Es klingelt. **~a alg. ¿A quién le toca leer?** Wer ist mit Lesen dran? **¿Cuánto me toca a mí?** Wie viel steht mir zu? **~a Tocan a fuego.** Es ist Feueralarm. **~en ¡Cuidado! Qué no toques en el muro.** Pass auf, dass du die Mauer nicht streifst! **~se Las dos superficies se tocan.** Die beiden Flächen berühren sich. **Se tocó con un pañuelo.** Sie band sich ein Kopftuch um.

tomar ~a/c Tomo lo que me dan. Ich nehme, was ich bekomme. **El mozo tomó la propina agradecido.** Der Laufbursche nahm das Trinkgeld dankend an. **Tomé el taxi para ir al aeropuerto.** Ich nahm ein Taxi um zum Flughafen zu fahren. **Las tropas enemigas tomaron la ciudad.** Die feindlichen Truppen nahmen die Stadt ein. **¿Quieres tomar algo?** Möchtest du etwas essen/trinken? **¿En qué postura tengo que tomarte?** In welcher Stellung soll ich dich aufnehmen? **Tenemos que tomarlo en serio.** Wir müssen es ernst nehmen. **Lo he tomado en broma.** Ich habe es als Scherz aufgefasst. **~a alg. por** + Adj. **¿Le tomas por listo?** Hältst du ihn für intelligent? **~a mal Eso no te lo tomo a mal.** Das nehme ich dir nicht übel. **tomar una decisión** eine Entscheidung treffen; **tomar medidas** Maßnahmen ergreifen; **tomar nota de a/c** etwas notieren; **tomar el pelo a alg.** jdn auf den Arm nehmen; **tomar el sol** sonnenbaden; **tomar la temperatura** die Temperatur ermitteln; **tomarla con alg.** es mit jdm anlegen; **~se a/c** Nos hemos tomado una semana de vacaciones. Wir haben uns eine Woche Urlaub genommen. Me he tomado la libertad de decírselo. Ich habe mir erlaubt es ihm zu sagen.

trabajar Trabajo todo el día. Ich arbeite den ganzen Tag. Pilar trabaja por su cuenta. Pilar ist selbstständig. Hay que trabajar duro. Es muss hart gearbeitet werden. **~a/c** Tenemos que trabajar esta tabla con el cepillo. Wir müssen dieses Brett mit dem Hobel bearbeiten. El campesino trabaja la tierra. Der Bauer bestellt das Land. Tienes que trabajar el asunto. Du musst etwas in der Angelegenheit unternehmen. **~a alg.** Hay que trabajarle al director para que nos dé un aumento de sueldo. Man muss den Direktor bearbeiten, damit er uns eine Gehaltserhöhung bewilligt. **~a** Carmen trabaja a destajo. Carmen arbeitet im Akkord. **~de** Mari trabaja de limpiadora. Mari arbeitet als Putzfrau.

tratar **~a/c** Tienes que tratar el coche cuidadosamente. Du musst das Auto pfleglich behandeln. Los grupos enemigos están tratando la paz. Die verfeindeten Gruppen führen Friedensverhandlungen. **~a alg.** Aquí todo el mundo me trata bien. Hier behandeln mich alle gut. El médico trata a los enfermos. Der Arzt behandelt die Kranken. **~a alg. de** Me puedes tratar de «tu». Du kannst mich duzen. **~con alg.** No tratamos con esta gente. Wir verkehren nicht mit diesen Leuten. **~de** + Inf. He tratado de llamarlo. Ich habe versucht ihn anzurufen. **~en a/c** Miguel trata en vinos de Málaga. Miguel handelt mit Malagaweinen. **~sobre a/c** Este artículo trata sobre la investigación espacial. Dieser Artikel handelt von der Weltraumforschung. **~se de a/c** Se trata de una oferta. Es handelt sich um ein Sonderangebot.

V

valer Esta moneda ya no vale. Diese Münze ist nicht mehr gültig. Tu firma vale. Deine Unterschrift gilt. **~a/c** ¿Cuánto vale el euro? Wie viel ist der Euro wert? Este cuadro vale más de un millón. Dieses Bild ist mehr als eine Million wert. ¿Cuánto vale? Wie viel kostet es? Vale la pena ir a Granada. Es lohnt sich nach Granada zu fahren. **~a alg.**

Tu amistad me vale mucho. Deine Freundschaft ist mir viel wert. **~por a/c** Tu palabra me vale por un contrato. Dein Wort ist mir so viel wert wie ein Vertrag. **Más vale prevenir que curar.** Vorbeugen ist besser als heilen. **Más vale un pájaro en mano que cien volando.** Der Spatz in der Hand ist mir lieber als die Taube auf dem Dach. **Más vale tarde que nunca.** Besser spät als nie. **¡Vale!** Einverstanden! **~se** Para hacer este trabajo me valgo de una técnica especial. Um diese Arbeit zu machen bediene ich mich einer speziellen Technik. Todavía se vale por sí mismo. Er kommt noch alleine zurecht.

venir Han venido todos. Es sind alle gekommen. ¡Ven acá! Komm her! Los problemas vendrán más tarde. Die Probleme stellen sich später ein. La semana que viene ya no estaremos. Nächste Woche sind wir nicht mehr da. **~a alg.** Me vino un desastre. Ich erlebte eine Katastrophe. Ahora me viene al pensamiento algo raro. Jetzt kommt mir etwas Seltsames in den Sinn. Este pantalón me viene mal. Diese Hose passt mir nicht. **~a ser** Eso viene a ser una amenaza. Das kommt einer Drohung gleich. ¿Cuándo vienes a verme? Wann kommst du mich besuchen? **~de a/c** ¿De dónde vienes? Wo kommst du her? Eso viene de la crisis económica. Das kommt von der Wirtschaftskrise. Viene de la página 5. Fortsetzung von Seite 5. **~por a/c** Vengo por las fotos. Ich komme wegen der Fotos. **~sobre** Últimamente ha venido sobre la familla una serie de reveses de fortuna. Die Famile ist in letzter Zeit von einer Reihe von Schicksalsschlägen heimgesucht worden. **¡Venga!** Los! **~se** Esa gente se viene de lejos. Diese Leute kommen von weit her. El techo se vino abajo. Die Decke ist eingestürzt. Todas mis esperanzas se vinieron al suelo. Ich musste alle meine Hoffnungen begraben.

ver ~a/c ¿Ves ese coche? Siehst du das Auto da? Eso no lo veo. Das verstehe ich nicht. Tenemos que verlo antes de decidir. Wir müssen uns das anschauen, bevor wir entscheiden. **~a alg.** No veo a Paco. Ich sehe Paco nicht. ¿Cuándo puedo verte? Wann kann ich dich besuchen? **tener que ver con** Eso no tiene nada que ver con nuestro caso. Das hat nichts mit unserem Fall zu tun. **¡A ver!** Also … **¡Vamos a ver!** Wir werden sehen! **¡Ya lo**

veo! Ich verstehe! **~se** **¿Cuándo nos vemos?** Wann treffen wir uns?

vivir **Mis abuelos ya no viven.** Meine Großeltern leben nicht mehr. **Aquí se vive bien.** Hier kann man ein angenehmes Leben führen. **Él sabe vivir.** Er kommt im Leben zurecht. **Esta cerca no vivirá mucho.** Dieser Zaun wird nicht lange halten. **~en a/c, en alg.** **¿Todavía vives en casa de tus padres?** Wohnst du noch bei deinen Eltern? **Su recuerdo vivirá en nosotros.** Die Erinnerung an ihn wird in uns fortleben. **~a/c** **Cuando niño viví la guerra.** Als Kind habe ich den Krieg erlebt. **vivir a lo grande** auf großem Fuß leben

volver **¿Cuándo volverás?** Wann kommst du zurück? **~a/c** **Tienes que volver la tortilla.** Du musst die Tortilla umdrehen. **¿Te he vuelto el cambio?** Habe ich dir das Wechselgeld gegeben? **¿Por qué me vuelves la espalda?** Warum drehst du mir den Rücken zu? **~a alg.** + Adj. **Tus preguntas me vuelven loco.** Deine Fragerei macht mich verrückt. **~a** + Inf. **Has vuelto a decir una tontería.** Du hast schon wieder Unsinn geredet. **~a a/c** **Volviendo al tema ...** Um auf das Thema zurückzukommen ... **~de a/c** **Ayer volví de Sevilla.** Ich bin gestern aus Sevilla zurückgekommen. **~en** **Pronto volvió en sí.** Er kam schnell wieder zu sich. **~se** **Me volví para ver quién estaba detrás.** Ich habe mich umgedreht um zu sehen, wer hinter mir stand. **~se** + Adj. **En América se volvió rico.** In Amerika ist er reich geworden. **~se atrás** **Pronto tuve que volverme atrás.** Ich musste bald umkehren. **¿Por qué te vuelves atrás de tus declaraciones?** Warum hältst du deine Aussage nicht aufrecht?

4 Spanisch-Deutsches Verblexikon

Einleitung

Dieses kleine Verblexikon listet die wichtigsten spanischen Verben mit ihrer Übersetzung auf. Das Verblexikon beansprucht keine Vollständigkeit und kann ein Wörterbuch nicht ersetzen. Sie finden hier Hinweise, nach welchem Muster das Verb konjugiert wird und in einigen Fällen auch, wie die entsprechenden Verbanschlüsse lauten.

Die Verbanschlüsse werden immer dann angegeben, wenn:

- das entsprechende deutsche Verb einen anderen Anschluss vorweist; Beispiel: etw. abonnieren aber: **abonarse** a a/c
- die deutsche Übersetzung nicht eindeutig wäre; Beispiel: **quitar** a/c in der Bedeutung etw. ausziehen (= ein Kleidungsstück ausziehen und nicht im Sinne von die Wohnung wechseln, umziehen)
- unterschiedliche Verbanschlüsse zu einer unterschiedlichen Bedeutung führen oder die Verbanschlüsse für den Lerner eine besondere Schwierigkeit darstellen könnten. Beispiel: **negociar** a/c etw. verhandeln; **negociar** con a/c mit etw. handeln

Einige wichtige und sehr geläufige Verben werden mit Beispielsätzen im Kapitel 3 näher vorgestellt. Diese Verben sind hier mit einem roten Dreieck gekennzeichnet.

Erläuterungen und Abkürzungen

ser
Die Farbe zeigt an, dass es sich um ein Musterverb handelt.

abordar **4**
Die Zahl zeigt, nach welchem Muster dieses Verb konjugiert wird.

► caber
Das Dreieck gibt an, dass dieses Verb im Kapitel 3 (S. 216) mit Beispielsätzen erläutert wird.

***abacorar**
Das Sternchen zeigt an, dass das Verb (oder die so gekennzeichnete Bedeutung) in Lateinamerika geläufig ist.

cansar; ~se de a/c =
cansar; cansarse de a/c
a/c (= alguna cosa): etw. (= etwas)
a alg. (= a alguien): jdn/jdm
(= jemanden/jemandem)
PP: Partizip Perfekt;
Inf.: Infinitiv;
Adj.: Adjektiv

A

***abacorar** 4
hamstern
abalanzarse 10
sich stürzen
***abalear** 4
(er)schießen
abanderar 4
beflaggen
abandonar 4
aufgeben, verlassen
abanicar 22
zufächeln
***abarajar** 4
(ab)fangen
abaratar 4
verbilligen
abarcar 22
umfassen, *horten
abarquillar(se) 4
(sich) wellen, aufrollen
abarrotar 4
(über)füllen, *mit Waren überschwemmen
abastecer(se) de/con a/c 33
(sich) mit etw. versorgen
***abatanar(se)** 4
(sich) abnutzen
***abatatar** a/c 4
etw. durcheinander bringen
abatir 51
niederreißen
abdicar 22
abdanken
abetunar 4
asphaltieren
abigarrar 4
bunt machen
abismar 4
(in einen Abgrund) stürzen
abjurar 4
abschwören
ablandar 4
nachlassen, erweichen
abnegar(se) 16
(sich) opfern
abobar 4
verdummen
abocar a/c; **~se** 22
etw. umfüllen (Gefäß); sich besprechen
abocetar 4
skizzieren
abochornar; ~se 4
erhitzen; schwül werden, sich schämen
abocinar 4
weiten
abofetear 4
ohrfeigen
abogar por alg. 18
für jdn eintreten
abolir 52
unvollst.; abschaffen
abollar 4
verbeulen
abombar a/c; *~ a alg. 4
etw. wölben; *jdn beschwipsen
abominar 4
verabscheuen
abonarse a a/c 4
etw. abonnieren
abordar 4
ansprechen
aborrecer 33
verabscheuen
aborregarse 18
sich mit Schäfchenwolken bedecken

abortar ... 4
abtreiben, vereiteln

abotagarse ... 18
anschwellen

abotonar ... 4
zuknöpfen

abovedar ... 4
(über)wölben

***abracar(se)** ... 22
umfassen, (sich) umschlingen

abrasar ... 4
(ver)brennen

abrazar a/c; ~ a alg. ... 10
etw. enthalten; jdn umarmen

abrevar ... 4
tränken

abreviar ... 4
abkürzen

abrigar ... 18
schützen

abrillantar ... 4
polieren

► **abrir** ... 51
PP: abierto; öffnen, *Abstand nehmen

abrochar ... 4
zuknöpfen, anschnallen

abrogar ... 18
außer Kraft setzen

abrumar a alg. ... 4
jdn bedrücken

absolver ... 49
PP: absuelto; frei-/los-sprechen

absorber ... 24
aufsaugen

abstenerse ... 45
sich enthalten

abstraer ... 46
abstrahieren

abuchear ... 4
auspfeifen

abultar ... 4
sperrig sein, aufbauschen

abundar ... 4
im Überfluss vorhanden sein

aburguesarse ... 4
spießig werden

aburrir ... 51
langweilen

abusar de a/c ... 4
etw. missbrauchen

► **acabar** ... 4
(be)enden

acaecer ... 33
unpers.; geschehen

acalambrarse ... 4
sich verkrampfen

acallar a alg. ... 4
jdn zum Schweigen bringen

acalorar(se) ... 4
(sich) erhitzen

acampar ... 4
campen

acanalar ... 4
rillen

acantonar ... 4
einquartieren

acaparar ... 4
aufkaufen

acaramelar a/c; **~se** ... 4
mit Karamell überziehen; turteln

acariciar ... 4
streicheln

acarrear ... 4
transportieren

acartonarse ... 4
steif werden, abmagern

acatar a alg. 4
jdn achten, jdn (ver)ehren
acatarrarse 4
sich erkälten
acaudalar 4
ansammeln (Vermögen)
acaudillar a alg. 4
jdn anführen, jdn befehligen
acceder 24
einwilligen
accidentarse 4
verunglücken
accionar; ~ a/c 4
gestikulieren; etw. betätigen (Maschine)
acechar 4
(be)lauern
acecinar 4
pökeln
aceitar 4
ölen
acelerar a/c 4
etw. beschleunigen
acendrar a/c 4
etw. läutern, etw. reinigen
acentuar 12
betonen
aceptar 4
annehmen, akzeptieren
acerar 4
verstählen
acercar a/c; **~se** 22
etw. näher bringen; sich annähern
acertar a/c 11
etw. treffen, etw. finden
achabacanarse 4
verrohen, verderben
achacar a/c a alg.. 22
jdm etw. zuschreiben
achantar 4
einschüchtern
achaparrarse 4
pummelig werden
achatar a/c 4
etw. platt drücken
achicar a/c; ~ a alg.. 22
etw. verkleinern; jdn einschüchtern
achicharrar 4
anbrennen lassen
***achiquitar(se)** 4
(sich) verkleinern
achispar 4
beschwipsen
***acholar** 4
beschämen
achuchar 4
aufhetzen
***achucharrar(se)** 4
aufhetzen
***achucuyar(se)** 4
einschüchtern
achularse 4
angeberisch werden
***achuntar** 4
treffen (Ziel)
acicalarse 4
sich herausputzen
acidificar 22
(über)säuern
acidular 4
ansäuern
aclamar 4
zujubeln
aclarar a/c 4
etw. aufhellen, etw. aufklären
aclimatar a alg.; **~se** 4
jdn gewöhnen; sich gewöhnen

acobardar 4
einschüchtern
acodar 4
winklig biegen
acoger a/c; a alg. 38
etw./jdn aufnehmen
acogotar 4
unterwerfen
acojonar 4
einschüchtern, beeindrucken
acolchar 4
polstern
***acolchonar** 4
abpolstern
***acolitar** 4
Messdiener sein
***acomedirse** 77
sich bereit finden
acometer a/c; ~ a alg. 24
etw. in Angriff nehmen; jdn angreifen
acomodar 4
(an)passen
► **acompañar** 4
begleiten
acompasar 4
anpassen
acomplejar 4
Komplexe verursachen
acondicionar 4
herrichten, klimatisieren
acongojar a alg. 4
jdn betrüben
aconsejar 4
(be)raten
acontecer 33
unpers.; geschehen
acoplar 4
zusammenfügen, *anhängen

acoquinar 4
einschüchtern
acorazar 10
panzern
acorcharse 4
gefühllos werden
► **acordar** a/c; **~se** de a/c 19
vereinbaren; sich an etw. erinnern
acordonar 4
schnüren, abriegeln
acorralar 4
einpferchen, in die Enge treiben
acortar 4
(ab)kürzen
acosar a alg. 4
jdn verfolgen, jdn bedrängen
***acosijar** a alg. 4
jdn hetzen, jdn bedrängen
► **acostar** a alg.; **~se** 19
ins Bett bringen; sich hinlegen
acostumbrarse a a/c 4
sich an etw. gewöhnen, sich etw. angewöhnen
acotar 4
eingrenzen
***acotejar** 4
(an)ordnen
acrecentar 11
vermehren
acreditar a/c; ~ a alg. 4
etw. bestätigen, etw. autorisieren; jdn akkreditieren
acribillar 4
(durch)löchern
***acriollarse** 4
sich assimilieren
acrisolar 4
auf die Probe stellen

acristalar 4
verglasen
activar 4
aktivieren
actualizar 10
aktualisieren
actuar 12
handeln, auftreten
acuartelar 4
kasernieren (Truppen)
acuchillar 4
niederstechen
acuciar 4
drängen, anspornen
acuclillarse 4
sich niederkauern
acudir 51
gehen, herbeieilen
acumular 4
anhäufen
acunar a alg. 4
jdn wiegen (Baby)
acuñar 4
prägen (Münzen)
acurrucarse 22
sich kauern
acusar a/c; ~ a alg. 4
etw. anzeigen; jdn beschuldigen
adaptar(se) a a/c 4
(sich) an etw. anpassen
adecentar(se) 4
(sich) zurechtmachen
adecuar(se) a a/c. 4
(sich) an etw. anpassen
► **adelantar** 4
vorgehen (Uhr), überholen
adelgazar 10
abnehmen, dünner machen
adentrarse 4
hineingehen
aderezar a/c; ~ a alg. 10
etw. würzen; jdn herrichten
adeudar a/c; **~se** 4
etw. schulden; sich verschulden
adherirse a a/c. 68
etw. beitreten (Partei)
adicionar 4
hinzufügen
adiestrar 4
schulen, dressieren
adinerarse 4
zu Geld kommen
adivinar 4
(er)raten
adjudicar a/c a alg.; **~se** 22
jdm etw. zuweisen; sich aneignen
adjuntar 4
beifügen
administrar 4
verwalten, verabreichen
admirar 4
bewundern
admitir 51
zulassen
adobar 4
marinieren
adocenarse 4
mittelmäßig werden
adoctrinar 4
indoktrinieren
adolecer 33
erkranken
adoptar a/c; ~ a alg. 4
etw. annehmen; jdn adoptieren
adoquinar 4
pflastern
adorar 4
anbeten

adormecer; ~se 33
müde machen; einschlafen
adormilarse 4
einnicken
adornar 4
schmücken
adosar 4
anlehnen, anbauen
adquirir 65
erwerben
adscribir a/c a alg. 51
PP: adscrito; jdm etw. zuschreiben, jdm etw. zuteilen
aducir 54
vorbringen
adueñarse 4
sich aneignen
adular a alg. 4
jdm schmeicheln
adulterar 4
verfälschen
advertir a/c; ~ a alg. de a/c . . . 68
etw. wahrnehmen; jdn vor etw. warnen
aerotransportar 4
per Luftfracht befördern
afanarse 4
sich anstrengen
afear 4
hässlich machen
afectar a/c; ~ a alg. 4
etw. vortäuschen; jdn betreffen
afeitar(se) 4
(sich) rasieren
afelpar 4
mit Plüsch beziehen
afeminar(se) 4
verweiblichen
aferrar 11
festhalten
afianzar 10
befestigen
aficionarse a a/c; ~ a alg. 4
sich etw. angewöhnen, Leidenschaft für etw. entwickeln; jdn lieb gewinnen
***afiebrarse** 4
Fieber bekommen
afilar 4
schärfen, anspitzen
afinar 4
verfeinern, stimmen (Instrumente)
afincar(se) 22
Land erwerben, sich niederlassen
afirmar a/c 4
etw. bestätigen
afligir 63
betrüben
aflojar 4
nachlassen, lockern
aflorar 4
zutage treten
afluir 56
münden, herbeiströmen
afofarse 4
schwammig werden
afrentar 4
beleidigen
afrontar a/c; ~ a alg. 4
etw. gegenüberstellen; jdm trotzen
agachar 4
beugen (Kopf), *sich anschicken
agarrar 4
Wurzeln schlagen, festhalten, *losgehen

agarrotar 4
zusammenbinden
agasajar a alg. 4
jdn liebenswürdig aufnehmen
agavillar 4
in Garben binden
agazaparse 4
sich ducken
agenciar 4
beschaffen
agigantar 4
riesig machen
agilizar 10
erleichtern, beschleunigen
agitar a/c; ~ a alg. 4
etw. schütteln; jdn beunruhigen, jdn aufwühlen
aglomerar 4
anhäufen
aglutinar 4
(ver)binden
agobiar a alg.; **~se** 4
jdn (stark) überlasten; sich übernehmen
agolparse 4
(zusammen)strömen
agonizar 10
im Sterben liegen
agostarse 4
verdorren, zerstört werden
agotar a/c; ~ a alg. 4
etw. ausschöpfen, etw. aufbrauchen; jdn erschöpfen
agraciar a alg. 4
jdm gut stehen, jdn gut kleiden
agradar 4
gefallen
agradecer a/c a alg. 33
jdm für etw. danken
agrandar 4
vergrößern
agravar 4
verschlimmern
agraviar 4
beleidigen
agredir a alg. 52
unvollst.; jdn angreifen
agregar a/c; ~ a/c a alg. 18
etw. hinzufügen; jdm etw. zuteilen
agremiarse 4
sich in einem Verband zusammenschließen
agriar 4
säuern, verbittern
agrietar 4
rissig machen
agrisar 4
grau werden
agrupar 4
gruppieren
***aguaitar** 4
(er)warten
aguantar 4
ertragen, aushalten
aguar 14
verwässern
aguardar 4
(er)warten
agudizar 10
(ver)schärfen
aguijonear a alg. 4
jdn anstacheln
agujerar 4
durchlöchern
agusanarse 4
wurmstichtig werden
aguzar 10
spitzen, schärfen (Sinne)

aherrojar a alg. 4
jdn anketten, jdn unterdrücken
ahincar 5
inständig bitten
ahogar a/c, a alg.; **~se** 18
etw./jdn ertränken, etw./jdn ersticken; ertrinken
ahondar 8
Wurzeln treiben, vertiefen
ahorcar 22
erhängen
ahorrar 4
(er)sparen
ahuecar 22
aushöhlen
***ahuesarse** 4
sein Ansehen verlieren, unverkäuflich werden
ahumar 8
räuchern
ahuyentar a alg. 4
jdn verscheuchen
airar 15
erzürnen
airear 4
lüften
aislar 15
isolieren
ajamonarse 4
mollig werden
ajar 4
verschleißen
ajardinar 4
einen Garten/Grünflächen anlegen
ajetrear(se) 4
(sich) schinden
***ajotar** a alg. 4
jdn hetzen
ajuntar 4
versammeln
ajustar a/c; **~se** a a/c 4
etw. justieren; (sich) an etw. anpassen
ajusticiar 4
hinrichten
alabar 4
preisen
alabear 4
(ver)krümmen
alambicar 22
destillieren, nuancieren
alambrar 4
mit Draht einzäunen
alardear 4
protzen
alargar 18
länger machen, ausstrecken
alarmar 4
alarmieren
***albardear** 4
Wildpferde zähmen
albergar a alg.; **~se** 18
jdn beherbergen; Unterkunft finden
alborear 4
unpers.; dämmern
alborotar 4
lärmen, durcheinander bringen
alborozar 10
sehr erfreuen
alcahuetear a alg. 4
jdn verkuppeln
alcantarillar 4
kanalisieren
► **alcanzar** 10
(er)reichen
alcoholizar 10
alkoholisieren

***alebrestarse** 4
sich erregen
aleccionar 4
anleiten, belehren
alegar 18
vorbringen, *streiten
alegrar a alg. 4
jdn (er)freuen
alejar 4
entfernen
alelar 4
verdummen
alentar; ~ a alg.; **~se** 11
atmen; jdn ermuntern; Mut fassen, *sich erholen
alertar 4
warnen
aletargar 18
einschläfern
aletear 4
mit den Flügeln schlagen, zappeln
alfabetizar 10
alphabetisieren
alfombrar 4
mit Teppich auslegen
alhajar 4
ausstatten, mit Juwelen schmücken
aliarse 15
sich verbünden
alicatar 4
kacheln
alienarse 4
sich entfremden
aligerar 4
erleichtern
alimentar a/c; ~ a alg. 4
etw. einspeisen; jdn ernähren

***alinderar** 4
abstecken (Gebiet)
alinear a/c; ~ a alg. 4
etw. aufreihen; jdn aufstellen (Sport)
aliñar 4
würzen (Speisen)
alipegarse 18
ungelegen sein
alisar 4
glätten
alistar a alg. 4
jdn einschreiben
aliviar a/c; ~ a alg. 4
etw. leichter machen; jdn entlasten
allanar 4
einebnen
allegar 18
zusammentragen
almacenar 4
lagern, speichern
almibarar a/c; ~ a alg. 4
etw. in Sirup einlegen; jdm schmeicheln
almidonar 4
stärken (Wäsche)
almorzar 6
zu Mittag essen
alocarse 22
verrückt werden
alojar a alg.; **~se** 4
jdn unterbringen; (sich) einquartieren
alquilar 4
(ver)mieten
alterar 4
ändern, verderben, stören
alternar 4
sich abwechseln

alucinar 4
halluzinieren
aludir a a/c, a alg. 51
auf etw./jdn anspielen
alumbrar 4
(er/be)leuchten, zur Welt bringen
alunizar 10
auf dem Mond landen
***aluzar** 10
(er/be)leuchten
alzar 10
(er/hoch)heben
***amachinarse** 4
in wilder Ehe leben
amadrinar 4
Patin werden
amaestrar 4
dressieren
amagar 4
drohen, bevorstehen (Katastrophe, Krankheit)
amainar 4
abflauen
***amalayar** 4
erflehen
amalgamar 4
vermengen
amamantar 4
stillen (Baby)
amancebarse 4
in wilder Ehe leben
amanecer 33
unpers.; dämmern, *kein Auge zutun
amanerarse 4
sich zieren
amansar 4
zähmen, besänftigen
amañar 4
geschickt ausführen
amar 4
lieben
amarar 4
wassern
amargar 18
verbittern
amarillear 4
vergilben
amarrar a/c, a alg.; **~se** 4
etw. vertäuen (Schiff); etw./jdn festbinden; *heiraten
amartelarse 4
sich über beide Ohren verlieben
amartillar 4
eine Feuerwaffe spannen
amasar 4
kneten (Teig)
ambicionar 4
erstreben
ambientar 4
ansiedeln (Handlung)
amedrentar 4
einschüchtern
***amelcochar(se)** 4
turteln, sich geziert benehmen
amenazar 10
(be)drohen
americanizar 10
amerikanisieren
***ameritar** 4
verdienen
amerizar 10
wassern
ametrallar 4
mit dem Maschinengewehr be-/erschießen
amigarse 18
in wilder Ehe leben

amilanar 4
einschüchtern
aminorar 4
nachlassen, verringern
amnistiar 15
amnestieren
amodorrarse 4
schläfrig werden
amoldar a/c; **~se** a a/c 4
etw. einpassen; sich an etw. anpassen
amonarse 4
sich betrinken
amonestar 4
ermahnen
amontonar a/c; **~se** 4
etw. anhäufen; sich häufen
amoratarse 4
blaue Flecken bekommen
amordazar a alg. 10
jdn knebeln
amortajar 4
ankleiden (Verstorbenen)
amortiguar 14
dämpfen
amortizar 10
tilgen (Schuld), amortisieren
amostazarse 10
einschnappen, sich ärgern
amotinar a alg.; **~se** 4
jdn aufhetzen; sich auflehnen
amparar 4
(be)schützen
ampliar 15
vergrößern, erweitern
amplificar 22
verstärken (Ton)
amputar 4
amputieren

***amuchar(se)** 4
(sich) vervielfachen
amueblar 4
möblieren
amuermar 4
anöden
amurallar 4
mit einer Mauer umgeben
analizar 10
analysieren
anatematizar a alg. 10
jdn exkommunizieren, jdn verdammen
anclar 4
ankern
► **andar** 7
zu Fuß gehen
anegar a/c; ~ a alg. 18
etw. überschwemmen; jdn ertränken
anestesiar 4
betäuben
anexionar 4
annektieren
angostar 4
verengen
angustiar 4
verängstigen
anhelar 4
keuchen, sich sehnen
anidar 4
nisten
anillar 4
an Ringen befestigen
animalizarse 10
verrohen
animar a alg.; **~se** 4
jdn aufmuntern; Mut fassen
aniñarse 4
kindlich/kindisch werden

aniquilar 4
vernichten
anochecer 33
unpers.; Nacht werden
anonadar 4
vernichten
anotar 4
notieren
anquilosar 4
versteifen
ansiar 15
herbeisehnen
anteceder 24
vorhergehen (zeitl. oder räuml.)
anteponer a/c / a alg. 37
a a/c / a alg.
etw./jdn vor etw./jdn stellen
anticipar 4
vorwegnehmen
antojarse a/c 4
auf etw. Lust bekommen
anudar 4
verknoten
anular 4
annullieren
anunciar 4
ankündigen
añadir a/c a a/c 51
etw. etw. hinzufügen
añorar 4
nachtrauern
apabullar 4
einschüchtern
apacentar; ~ a/c 11
weiden (Vieh); etw. nähren,
etw. schüren (Leidenschaft)
***apachar** 4
rauben
apaciguar a alg. 14
jdn besänftigen

apadrinar 4
Taufpate/Trauzeuge sein
apagar 18
löschen (Licht)
apalabrar 4
absprechen
apalancar 22
mit einer Brechstange heben
apalear 4
schlagen, prügeln (mit einem
Stock)
apañar a/c; *~ a alg. 4
etw. flicken; *jdn verbergen
aparcar 22
parken
aparear 4
paarweise anordnen
► **aparecer** 33
erscheinen
aparejar; ~ a/c 4
anschirren (Pferd); etw.
herrichten
aparentar 4
vorgeben, vortäuschen
apartar 4
trennen
apasionar a alg.; **~se** por/ 4
en a/c / **alg.**
jdn begeistern; sich für etw./jdn
begeistern, sich in jdn verlieben
apear a alg.; **~se** 4
jdm vom Pferd helfen;
absteigen, aussteigen
apechugar 18
sich abfinden
apedrear 4
mit Steinen bewerfen
apegarse a a/c, a alg. 18
etw./jdn lieb gewinnen

apelar a a/c, a alg. 4
an etw./jdn appellieren
apellidar a alg. 4
jdn benennen
apelmazar 10
zusammenpressen
apelotonar 4
zusammenballen
apenar a alg.; **~se** 4
jdn bekümmern, jdm Sorgen bereiten; sich sorgen, *sich schämen
apercibir a alg. de a/c 51
jdn vor etw. warnen
apergaminarse 4
hager werden
apesadumbar(se) 4
(sich) grämen
apestar 4
stinken
apetecer 33
Lust/Appetit haben, gefallen
apiadar 4
Mitleid erregen
apilar 4
anhäufen, stapeln
apiñar 4
schichten, zusammendrängen
apisonar 4
feststampfen
aplacar 22
besänftigen
aplanar 4
planieren
aplastar a/c; ~ a alg. 4
etw. zerquetschen, etw. platt drücken; jdn besiegen
aplatanarse 4
sich hängen lassen

aplaudir 51
Beifall klatschen
aplazar a/c; *~ a alg. 10
etw. verschieben; *jdn durchfallen lassen
aplicar 22
auftragen, anwenden
apocar a/c; ~ a alg. 22
etw. verringern; jdn demütigen
apodar 4
einen Spitznamen geben
apoderar a alg.; **~se** de a/c. . . . 4
jdn bevollmächtigen; sich etw. bemächtigen
apolillarse 4
von Motten zerfressen werden
apologizar 10
rechtfertigen
apoltronarse 4
träge werden
apoquinar 4
blechen (Geld)
aporrear 4
heftig schlagen
aportar 4
bringen, einbringen (in Gesellschaft)
aposentar a alg. 4
jdn unterbringen
apostar 19
wetten
apostatar 4
sich lossagen
apostillar 4
mit Randbemerkungen versehen
apostrofar 4
apostrophieren
apoyar 4
(unter)stützen

apreciar 4
schätzen
aprehender a/c; ~ a alg. 24
etw. begreifen; jdn ergreifen
apremiar 4
(be)drängen
aprender 24
(er)lernen
apresar 4
packen, fangen, ergreifen
aprestar(se) 4
(sich) vorbereiten
apresurar a/c; ~ a alg. 4
etw. beschleunigen; jdn drängen
► **apretar** a/c, a alg.; **~se** 11
etw./jdn drücken; sich verengen, sich drängeln
apretujar 4
zerknautschen
aprisionar a alg. 4
jdn einsperren
aprobar 19
billigen, bestehen (Examen)
apropiar a/c; **~se** 4
etw. anpassen; sich aneignen
► **aprovechar** 4
(aus)nutzen
aprovisionar a alg. 4
jdn versorgen (mit Material, Nahrung)
aproximarse a a/c 4
sich an etw. annähern
apuntalar 4
abstützen
apuntar 4
aufschreiben
apuntillar 4
den Gnadenstoß geben (Stier)
apuñalar 4
erdolchen
apuñar 4
die Faust ballen
apurar a/c; ***~se** 4
etw. (aus)leeren; *sich beeilen
aquejar a alg. 4
an/unter jdm leiden
aquietar 4
beruhigen
aquilatar 4
prüfen, schätzen (Edelsteine)
arañar 4
(ver)kratzen
arar 4
pflügen
arbitrar 4
schlichten
arbolar 4
bemasten
archivar 4
abheften
arder 24
brennen
argüir de a/c 56
ü ► u *vor* y + *Endung*; aus etw. folgern
argumentar 4
argumentieren
armar 4
bewaffnen
armonizar 10
harmonisieren
aromatizar 10
würzen
arponear 4
harpunieren
arquear 4
biegen
arracimarse 4
sich drängen

arraigar ... 18
Wurzeln schlagen
arramblar con a/c ... 4
etw. an sich reißen
arrancar; ~ a/c ... 22
anfahren; etw. ausreißen
arrasar ... 4
einebnen
arrastrar ... 4
ziehen, schleifen
arrear ... 4
antreiben (Vieh)
arrebatar ... 4
entreißen
arrebolar(se) ... 4
(sich) röten
arrebujar ... 4
zerknittern
arreciar ... 4
heftiger werden
arredrar a alg. ... 4
jdn zurückdrängen, jdn erschrecken
► **arreglar** a/c; ~ a alg.; **~se** ... 4
etw. regeln, etw. reparieren; etw./jdn/sich zurechtmachen
arrellanarse ... 4
sich rekeln
arremangar ... 18
hochkrempeln (Ärmel)
arremeter ... 24
anstürmen
arremolinarse ... 4
aufgewirbelt werden
arrendar ... 11
(ver)pachten, (ver)mieten
arrepentirse de a/c ... 68
etw. bereuen
***arrequintar** ... 4
straff binden

arrestar ... 4
verhaften
arriar ... 15
einholen (Fahne)
arribar ... 4
einlaufen (Schiff)
arriesgar ... 18
riskieren
arrimar ... 4
heranrücken
arrinconar a/c; ~ a alg. ... 4
etw. in die Ecke stellen; jdn an die Wand drücken
arrobar ... 4
entzücken
arrodillarse ... 4
sich hinknien
arrogarse ... 18
sich anmaßen
arrojar ... 4
werfen
arrollar ... 4
aufrollen, überfahren (Verkehr)
arropar ... 4
zudecken
arrostrar ... 4
trotzen
arrugar ... 18
zerknittern
arruinar ... 4
ruinieren
arrullar ... 4
einlullen
arrumbar ... 4
aussondern
articular ... 4
verbinden, artikulieren
asaetear a alg. con a/c ... 4
jdn mit etw. überhäufen

asalariar a alg. 4
jdn löhnen, jdm Gehalt auszahlen

asaltar 4
überfallen

asar 4
braten

ascender 30
steigen

asear 4
säubern

asediar a/c 4
etw. belagern

asegurar a/c a alg. 4
jdm etw. versichern

asemejarse a a/c, a alg. 4
einer Sache / jdm ähneln

asentar; ~se 11
legen; sich setzen

asentir 68
zustimmen

aserrar 11
(ab)sägen

asesinar 4
ermorden

asesorar a alg. 4
jdn beraten

asestar a a/c, a alg. 11
auf etw./jdn zielen

aseverar 4
beteuern

asfaltar 4
asphaltieren

asfixiar(se) 4
ersticken

asignar 4
zuweisen

asilar 4
Asyl gewähren

asimilar 4
angleichen, assimilieren

asir 53
ergreifen

asistir a a/c; ~ a alg. 51
an etw. teilnehmen; jdm helfen, jdn pflegen

asociar 4
in Verbindung bringen

asolar 19
verwüsten

asomar(se) 4
(sich) zeigen

asombrar 4
in Erstaunen versetzen

aspar 4
haspeln

asperjar 4
besprengen

aspirar 4
einatmen

asquear 4
anekeln

astillar a/c 4
zersplittern

asumir a/c 51
etw. auf sich nehmen

asustar 4
erschrecken

atacar 22
angreifen

atajar 4
den Weg abkürzen

atañer 4
unpers.; betreffen

atar 4
anbinden

atardecer 33
unpers.; dunkel werden

atarearse 4
sich abmühen
atarragarse de a/c........... 18
sich mit etw. vollstopfen
atascar 22
zustopfen, verstopfen (Löcher)
ataviarse.................. 15
sich herausputzen
atemorizar 10
ängstigen
atemperar.................. 4
mildern
atenazar 10
quälen
► **atender** a/c, a alg.. 30
sich um etw./jdn kümmern, jdn pflegen
atenerse a a/c 45
sich richten nach etw.
atentar 4
einen Anschlag verüben
atenuar.................... 12
abschwächen
aterrar.................. 4/11
Konj. bedeutungsabh.; erschrecken (4), zu Boden werfen (11)
aterrizar 10
landen
aterrorizar 10
terrorisieren
atesorar 4
ansammeln
atestar a/c 4/11
Konj. bedeutungsabh.; etw. bezeugen (4), etw. vollstopfen (11)
atestiguar................. 14
bezeugen
atiborrar de a/c 4
mit etw. vollstopfen
atildarse.................. 4
sich zurechtmachen
atinar con a/c............... 4
(zufällig) auf etw. stoßen
***atingir**................... 51
betreffen
atisbar 4
erspähen
atizar..................... 10
schüren (Feuer)
atocinar a alg. 4
jdn abmurksen
atolondrar 4
betäuben
atomizar.................. 10
zerstäuben
atontar 4
betäuben
atorar 4
verstopfen
atormentar a alg............ 4
jdn quälen
atornillar.................. 4
anschrauben
atosigar a alg. 18
jdn bedrängen
atracar a alg. 22
jdn überfallen
atraer 46
anziehen, herbeiziehen
atragantarse 4
sich verschlucken
atrancar 22
verriegeln
atrapar 4
fangen, erwischen
atrasar 4
verschieben
atravesar 11
durchqueren

atreverse 24
wagen
atribuir a/c a a/c / a alg. 56
etw. einer Sache / jdm zuschreiben
atribular 4
betrüben
***atrincar** 22
festbinden
atrincherarse 4
sich verschanzen
atrofiarse 4
verkümmern (Medizin)
atronar a alg. 19
jdn betäuben (durch Lärm)
atropellar a alg. 4
jdn überfahren (Verkehr)
atufar a alg. 4
jdn ärgern, jdn aufbringen
aturdir a alg. 51
jdn betäuben, jdn bestürzen
aturrullar 4
verwirren
atusar 4
schneiden (Haare)
auditar 4
prüfen
augurar 4
voraussagen
aullar 8
jaulen
aumentar 4
zunehmen, steigern
aunar 8
vereinen
aupar a alg. 8
jdn hochheben, jdm auf die Beine helfen
aureolar 4
mit einem Heiligenschein umgeben
auscultar 4
abhorchen (Arzt)
ausentarse 4
sich entfernen, verreisen
auspiciar 4
vorhersagen
autenticar 22
beglaubigen (Dokument)
autentificar 22
authentifizieren
autocalificarse de alg. 22
sich selbst als jdn bezeichnen
autocensurarse 4
Selbstzensur üben
autodestruirse 56
sich selbst zerstören
autolegislarse 4
selbst Gesetze erlassen
automatizar 4
automatisieren
autorizar a/c; ~ a alg. 4
etw. genehmigen; jdn bevollmächtigen
autorregularse 4
sich selbst regulieren
autosugestionarse 4
sich einreden
auxiliar 4
helfen
avalar 4
bürgen
avanzar 10
vorwärts gehen, vorankommen
avasallar a alg. 4
jdn unterwerfen
avecinarse 4
sich nähern, bevorstehen

avecindar(se) 4
(sich) ansiedeln
avejentar 4
vorzeitig altern
avenir(se) 78
(sich) einigen
aventajar a alg. 4
jdn übertreffen, jdn begünstigen
aventar 11
belüften
aventurar 4
riskieren
avergonzar 9
beschämen
averiar 15
beschädigen
averiguar 14
ergründen, untersuchen
avezar a alg. 10
jdn gewöhnen
aviar 15
ordnen, vorbereiten
aviejar 4
vorzeitig altern
avinagrarse 4
sauer werden
avisar 4
benachrichtigen
avispar a alg. 4
jdn antreiben
avistar 4
sichten
avituallar 4
verpflegen
avivar 4
sich beleben
avizorar 4
belauern
ayudar 4
helfen
ayunar 4
fasten
azarar 4
beschämen
azogar 18
mit Quecksilber überziehen
azorar 4
beunruhigen
azotar 4
(aus)peitschen
azucarar 4
zuckern
azufrar 4
schwefeln
azular 4
blau färben
azuzar 10
aufhetzen

B

babear 4
geifern
babosear 4
faseln
bailar 4
tanzen
bailotear 4
schwofen
► **bajar; ~se** de a/c 4
hinuntergehen; aussteigen aus etw.
balancear 4
schaukeln
balar 4
blöken
balbucear 4
stammeln
balbucir 52
stammeln

baldar a alg. 4
jdn lähmen, jdm eine große Unannehmlichkeit bereiten
baldear 4
reinigen (Schiff)
***balear** 4
betrügen
bambolear 4
schwenken
bandearse 4
sich durchschlagen
banderillear 4
mit Banderillas stoßen (Stier)
bañarse 4
baden
baquetear 4
belästigen
barajar 4
mischen (Karten)
***barbear** 4
rasieren
barnizar 10
lackieren
barrar 4
beschmutzen
barrenar a/c 4
etw. durchbohren
barrer 24
kehren, fegen
barruntar 4
vermuten
basar 4
basieren
bascular 4
kippen
bastar 4
ausreichen, genügen
***basurear** 4
verächtlich behandeln
batallar 4
kämpfen
batear 4
mit dem Schlagholz schlagen
batir a/c, a alg. 51
etw./jdn schlagen, jdn besiegen
bautizar 10
taufen
beatificar 22
selig sprechen
beber 24
trinken
becar 22
ein Stipendium gewähren
***bejuquear** 4
schlagen
bendecir 70
segnen
beneficiar a a/c, a alg. 4
etw./jdm nützen
berrear 4
brüllen
besar 4
küssen
besuquear 4
abknutschen
bifurcarse 22
sich gabeln
biografiar 15
die Biographie schreiben
birlar 4
töten
bisar 4
wiederholen (Theater-, Musikstück)
bisbisear 4
murmeln
biselar 4
abschrägen

bizquear 4
schielen
blandir 52
schwingen
blanquear 4
weißen
blasfemar 4
lästern
blasonar de a/c 4
mit etw. prahlen
blindar 4
panzern
bloquear 4
blockieren
bobear 4
herumalbern
bogar 18
rudern
boicotear 4
boykottieren
bolear 4
flunkern
***bolsear** 4
Wertsachen stehlen
bombardear 4
bombardieren
bombear 4
pumpen, bombardieren
bonificar a/c a alg.. 22
jdm etw. gutschreiben
bordar 4
besticken
bordear 4
säumen, entlanggehen
borrar 4
ausradieren
bosquejar 4
skizzieren
bostezar 10
gähnen
botar 4
hüpfen
boxear 4
boxen
bracear 4
herumfuchteln
bramar 4
brüllen
brasear 4
grillen
brear 4
plagen, misshandeln
bregar 18
sich streiten
bribonear 4
ein Gaunerleben führen
bricolar 4
basteln
brillar 4
glänzen
brincar 22
hüpfen
brindar por a/c. 4
auf etw. anstoßen
bromear 4
scherzen
broncearse 4
sich bräunen
brotar 4
Knospen treiben
brujulear 4
allmählich herausfinden, intrigieren
bruñir 64
polieren
brutalizar(se) 10
verrohen
bucear 4
tauchen

bufar 4
schnauben
bullir 64
sieden
burburjear 4
sprudeln
burilar 4
stechen (Kupfer)
burlar a alg.; **~se** de alg. 4
jdn verspotten; sich über jdn lustig machen
► **buscar** 22
suchen

C

cabalgar 18
reiten
cabecear 4
den Kopf schütteln
► **caber** 25
hineinpassen, Platz haben
cablear 4
verkabeln
cablegrafiar 15
telegrafieren
cabrear 4
wütend machen
cabrillear 4
kleine Wellen werfen
cacarear 4
gackern
***cachar** a alg. 4
jdn auf die Hörner nehmen
cachear a alg. 4
jdn durchsuchen
***cachetear** 4
ohrfeigen
cachondearse de alg. 4
jdn verarschen
caducar 22
verfallen
► **caer** 26
fallen
cagar 18
scheißen
calafetear 4
abdichten
calar 4
durchnässen
calcar 22
durchpausen
calcificarse 22
verkalken
calcinar 4
abbrennen
calcografiar 15
Kupfer stechen
calcular 4
rechnen
caldear 4
erwärmen
calentar 11
heizen, erhitzen
calibrar 4
messen
calificar 22
beurteilen
caligrafiar 15
in Schönschrift schreiben
callar(se) 4
schweigen
callejear 4
bummeln
calmar 4
lindern, beruhigen, abflauen (Wind)
calumniar 4
verleumden

calzar 10
eine Schuhgröße haben
***camandulear** 4
intrigieren
► **cambiar** 4
sich verändern, wechseln
camelar 4
beschwatzen
caminar 4
zu Fuß gehen, wandern
campar 4
zelten
campear 4
weiden, *zelten
camuflar 4
tarnen
canalizar 10
kanalisieren
cancelar 4
annulieren
***canchear** 4
sich herumtreiben
canjear a/c por a/c 4
etw. gegen etw. austauschen
canonizar 10
heilig sprechen
cansar; ~se de a/c 4
anstrengend sein, ermüden; einer Sache überdrüssig werden
***cantaletear** 4
bis zum Überdruss wiederholen
cantar 4
singen
canturrear 4
trällern
cañonear 4
mit Kanonen (be)schießen
capacitar 4
befähigen
capar 4
kastrieren
capear 4
mit der Capa reizen (Stier)
capitalizar 10
kapitalisieren
capitanear 4
anführen
capitular 4
kapitulieren
capotar 4
sich überschlagen (Auto)
capotear 4
necken
captar 4
sammeln, auffangen (Radiowellen)
capturar a alg. 4
jdn fangen, jdn verhaften
caracolear 4
tänzeln
caracterizar a alg.; **~se** por a/c 10
jdn charakterisieren; sich durch etw. auszeichnen
caramelizar 10
karamellisieren
carbonizar 10
karbonisieren
carburar 4
vergasen, verkohlen, funktionieren
carcajear 4
lauthals lachen
carcomer 24
zerfressen, zernagen, untergraben (Gesundheit)
cardar 4
toupieren
carear a alg. 4
jdn gegenüberstellen (Gericht)

carecer de a/c 33
etw. nicht haben
cargar a/c; ~ a alg. con a/c.... 18
etw. (be)laden; jdn einer Sache anklagen
***cargosear** 4
belästigen
cariar(se) 4
Karies verursachen
caricaturizar................ 10
karikieren
***carnear** 4
schlachten
***carpir**..................... 51
jäten
carraspear 4
sich räuspern
cartearse; ~ con alg. 4
sich schreiben; mit jdm korrespondieren
cartografiar 15
kartografieren
► **casar** a alg.; **~se** 4
jdn verheiraten; heiraten
cascabelear 4
foppen
cascar 22
schwatzen
castañetear 4
mit Kastagnetten klappern
castellanizar 10
hispanisieren
castigar.................... 18
(be)strafen, züchtigen
castrar..................... 4
kastrieren
catalizar 10
katalysieren
catalogar 18
katalogisieren

catapultar.................. 4
katapultieren
catar 4
probieren, kosten (Speisen)
***catatar**.................... 4
verzaubern
catear 4
durchfallen lassen (Prüfung)
catequizar 10
katechisieren
causar..................... 4
verursachen
cautivar.................... 4
gefangen nehmen
cavar 4
graben, umgraben
cavilar..................... 4
grübeln
cazar 10
jagen, verfolgen
cebar...................... 4
mästen
cecear..................... 4
lispeln
ceder a/c 24
auf etw. verzichten, etw. hergeben
***cedular** 4
eine Urkunde ausstellen
cegar...................... 16
erblinden, blenden
cejar 4
nachgeben, zurückweisen
celar 4
verheimlichen
celebrar 4
feiern
cenar...................... 4
zu Abend essen
censar..................... 4
eine Volkszählung durchführen

censurar 4
zensieren
centellear 4
Funken sprühen
centralizar 10
zentralisieren
centrar 4
zentrieren
centrifugar 18
zentrifugieren
centuplicar 22
verhundertfachen
ceñir a/c; **~se** a a/c 55
etw. umgeben; sich auf etw. beschränken
cepillar a/c; *~ a alg. 4
etw. bürsten; *jdm schmeicheln
cercar a/c; ~ a alg. 22
etw. einzäunen; jdn umringen
cercenar 4
abschneiden
cerciorar a alg. de a/c 4
jdn von etw. überzeugen
cernir 59
sieben
► **cerrar** 11
schließen, zumachen, beenden
certificar 22
bescheinigen, beglaubigen
cesar 4
aufhören
chacharear 4
schwatzen, *mit Trödel handeln
chafar 4
zerdrücken
chalanear; *~ a/c 4
schachern; *zureiten (Pferd)
chalar 4
verrückt machen, den Kopf verdrehen
***chambonear** 4
tölpelhaft sein
chamullar 4
schwatzen
chamuscar(se) 22
versengen
***chancar** 22
zerkleinern
chancear 4
scherzen
chantajear a alg. 4
jdn erpressen
***chantar** 4
anziehen
chapar a/c; ~ a/c a alg. 4
etw. überziehen (mit Furnieren); jdm etw. hinwerfen (Worte)
chapotear 4
plätschern
chapucear 4
hinpfuschen
chapurrear 4
radebrechen
chapuzar a alg. 10
jdm den Kopf unter Wasser drücken
chaquetear 4
ein Wendehals sein
charlar 4
plaudern
charlotear 4
schwatzen
charolar 4
lackieren
***charquear** 4
dörren
chascar 22
schnalzen
chasquear 4
hereinlegen

chequear 4
überprüfen, *einen Scheck ausstellen

chicolear a alg. 4
jdm schmeicheln

***chicotear** 4
peitschen

chiflar 4
pfeifen

chillar 4
kreischen, quietschen

chinchar 4
belästigen

chinchorrear 4
tratschen

***chinear** 4
auf den Armen / dem Rücken tragen

chingar 18
saufen, *stutzen (Schwanz)

***chiquear** 4
verwöhnen

chirigotear 4
scherzen

chirriar 15
zischen, knarren

chismear 4
tratschen

chismorrear 4
tratschen

chispear 4
Funken sprühen

chisporrotear 4
prasseln

chistar 4
mucksen

chivar(se) a alg. 4
jdn verpetzen, jdn verraten

chocar 22
zusammenstoßen

chochear 4
vertrotteln

choricear 4
klauen

chorrear 4
triefen

chotear; ~se de alg. 4
ausgelassen sein; sich über jdn lustig machen

chulear 4
angeben

chupar 4
lutschen

chupetear 4
lutschen

churruscarse 22
anbrennen

chutar 4
auf ein Tor schießen

cicatear 4
knausern

cicatrizar 10
vernarben

cifrar 4
beziffern

cimbrear 4
schwingen

cimentar 11
ein Fundament legen, konsolidieren

cincelar 4
meißeln

cinematografiar 15
einen Film drehen

circular 4
hin und hergehen/-fahren, kreisen, zirkulieren

circuncidar a alg. 4
jdn beschneiden

circunnavegar 18
umsegeln
circunscribir 51
beschränken
circunvalar 4
umgehen
ciscar 22
besudeln
citar a/c, a alg. 4
etw./jdn zitieren, jdn vorladen
civilizar 10
zivilisieren
cizañar 4
Zwietracht stiften
clamar 4
flehen, schreien
clamorear 4
jammern
clarear 4
hell werden
clarificar a/c 22
etw. klären, etw. aufklären
clasificar 22
klassifizieren
claudicar 22
schwach werden
clausurar 4
schließen, beenden
clavar 4
nageln, einschlagen
clavetear 4
beschlagen
climatizar 10
klimatisieren
clonar 4
klonen
cloquear 4
glucken
cloroformizar 10
chloroformieren

coaccionar 4
nötigen
coadyudar a alg. 4
jdn unterstützen
coagularse 4
gerinnen
coaligarse 18
sich verbünden
coartar a/c 4
etw. einschränken
cobijar 4
zudecken, schützen
► **cobrar** 4
kassieren, einnehmen (Geld), einlösen (Scheck)
cocear 4
ausschlagen (Pferd)
cocer 27
kochen
cocinar 4
kochen (= Speisen zubereiten)
codear 4
mit dem Ellbogen stoßen, *inständig erbitten
codiciar a/c 4
etw. begehren
codificar 22
kodifizieren
coercer a alg. a a/c 28
jdn zu etw. zwingen
coexistir 51
koexistieren
► **coger** a/c; *~ a alg. 38
etw. ergreifen, etw. nehmen, etw. pflücken; *jdn ficken
cohabitar 4
zusammenleben
coheredar 4
gemeinschaftlich erben

cohibir 71
einschüchtern
coincidir 51
zusammentreffen
cojear 4
hinken
colaborar 4
zusammenarbeiten
colapsar 4
zum Erliegen kommen
colar a/c; **~se** 4
etw. filtern; sich vordrängeln, sich einschmuggeln
colear 4
mit dem Schwanz wedeln
coleccionar 4
sammeln
colectivizar 10
kollektivieren
colegiarse 4
einer Berufskammer beitreten
colegir 72
zusammenlegen
► **colgar** 21
(auf)hängen
colindar con a/c 4
an etw. grenzen
colisionar 4
zusammenstoßen
colmar 4
bis zum Rand füllen
► **colocar** 22
setzen, stellen, legen, unterbringen
colonizar 10
kolonisieren
colorar 4
färben
colorear 4
anmalen
columbrar 4
von weitem erkennen
columpiar 4
schaukeln
comadrear 4
klatschen, lästern
comandar 4
kommandieren
combar 4
verbiegen
combatir 51
kämpfen
combinar 4
kombinieren, zusammenstellen
***comedirse** 77
sich bereit erklären
comentar 4
erklären, kommentieren
comenzar 23
anfangen
► **comer** 24
essen, fressen
comercializar 10
vermarkten
comerciar 4
Handel treiben
cometer 24
begehen (Handlung)
comisionar 4
beauftragen
compadecer 33
bemitleiden
compaginar 4
Seiten umbrechen
comparar 4
vergleichen
comparecer 33
vor Gericht erscheinen
compartimentar 4
aufteilen

compartir a/c con alg. 51
etw. mit jdm teilen
compatibilizar 10
vereinbaren
compeler 24
nötigen, zwingen
compendiar 4
zusammenfassen
compenetrarse 4
sich gegenseitig durchdringen
compensar 4
kompensieren
competer 24
obliegen
competir con alg. 77
mit jdm konkurrieren
compilar 4
zusammenstellen
complacer 35
eine Gefälligkeit erweisen
complementar 4
ergänzen
completar 4
vervollständigen, zu Ende bringen
complicar 22
komplizieren, erschweren
***complotar(se)** 4
ein Komplott schmieden
componer; ~se de a/c 37
zusammensetzen, *Knochen einrenken; sich aus etw. zusammensetzen
comportar a/c; **~se** 4
etw. (mit)einschließen; sich benehmen
comprar 4
kaufen
comprender a/c, a alg. 24
etw. enthalten, etw./jdn verstehen
comprimir 51
zusammenpressen
comprobar 19
überprüfen
comprometer; ~se con a/c 24
kompromittieren; sich für etwas engagieren
compulsar 4
beglaubigen
computar 4
berechnen
computarizar 10
computerisieren
comulgar 18
zur Kommunion gehen
comunicar a/c; **~se** con alg. . . . 22
etw. mitteilen; sich mit jdm verständigen
concatenar 4
verketten
concebir a/c; ~ a alg.. 77
etw. fassen (Plan), etw. begreifen; jdn zeugen (Kind)
conceder 24
zubilligen
concelebrar 4
konzelebrieren
concentrar a/c; **~se** en a/c 4
etw. konzentrieren; sich auf etw. konzentrieren
conceptuar 12
begrifflich fassen
concernir a/c, a alg. 59
unvollst. (► abolir); etw./jdn betreffen
concertar 11
abmachen, in Einklang bringen
conchabar a/c; *~ a alg. 4
etw. panschen; *jdn anstellen

concienciar a/c a alg. 4
jdm etw. bewusst machen, jdn für etw. sensibilisieren

conciliar 4
in Einklang bringen, versöhnen

concitar.................. 4
aufwiegeln

concluir.................. 56
zu Ende bringen, folgern

concomerse 24
auf einen Juckreiz reagieren

concordar 19
übereinstimmen

concretar 4
konkretisieren

concretizar 10
konkretisieren

conculcar 22
mit Füßen treten, übertreten (Gesetz)

concurrir 51
zusammentreffen

concursar 4
an einem Wettbewerb teilnehmen

condecorar a alg. 4
jdn auszeichnen

condenar 4
verurteilen

condensar 4
kondensieren

condescender 30
nachgeben

condicionar 4
bedingen

condimentar 4
würzen

condolerse de alg. 29
mit jdm Mitleid haben

condonar 4
erlassen (Schuld, Strafe)

conducir 54
fahren, führen

conectar 4
verbinden

conexionar(se) 4
(miteinander) verknüpfen

confabularse 4
sich verschwören

confeccionar 4
anfertigen

confederar 4
sich zusammenschließen (in einem Bündnis)

conferenciar 4
verhandeln, konferieren

conferir a/c a alg. 68
jdm etw. verleihen

confesar 11
gestehen, beichten

confiar 15
(an)vertrauen

configurar(se) 4
(sich) bilden, (sich) gestalten

confinar con a/c 4
angrenzen an etw.

confirmar a/c; ~ a alg. en a/c .. 4
etw. bestätigen; jdn in etw. bestätigen

confiscar 22
beschlagnahmen

confitar 4
zuckern

confluir 56
zusammenfließen

conformar a/c a a/c; 4
~se con a/c
etw. an etw. anpassen; sich mit etw. zufrieden geben

confortar a alg. 4
jdn stärken, jdn aufmuntern

confraternizar 10
sich verbrüdern
confrontar 4
gegenüberstellen
confundir a/c; ~ a alg. 51
etw. verwechseln; jdn verwirren
congelar 4
einfrieren
congeniar 4
harmonisieren
congestionarse 4
sich stauen
conglomerar 4
binden (Stoffe)
congratular 4
beglückwünschen
congregar 18
versammeln, vereinigen
conjeturar 4
mutmaßen
conjugar 18
konjugieren
conjuntar 4
gut zusammenpassen
conjurar a alg.; ~ con/ 4
contra alg.
jdn beschwören; gegen jdn konspirieren
conllevar a/c 4
etw. mit sich bringen
conmemorar 4
gedenken
conmensurar 4
bemessen
conminar 4
bedrohen
conmocionar a alg. 4
jdn erschüttern
conmover a/c, a alg. 29
etw./jdn erschüttern, jdn rühren

conmutar 4
umwandeln, umschalten
connotar 4
implizieren
► **conocer** 33
kennen (lernen)
conquistar 4
erobern
consagrar 4
weihen
conseguir 76
bekommen, erreichen
consensuar 12
beschließen
consentir 68
zulassen, gestatten
conservar 4
erhalten, konservieren
considerar a/c; **~se** a/c. 4
etw. erwägen; sich für etw. halten
consignar 4
zur Aufbewahrung geben
consistir en a/c 51
aus etw. bestehen
consolar 19
trösten
consolidar 4
(be)festigen
conspirar con/contra alg. 4
gegen jdn konspirieren
constar de a/c 4
aus etw. bestehen
constatar a/c 4
etw. feststellen, etw. bestätigen
consternar 4
bestürzen, konsternieren
constipar a alg. 4
bei jdm Verstopfung verursachen
constitucionalizar 10
verfassungsmäßig regeln

constituir ... 56
bilden, konstituieren
constreñir a alg. a a/c ... 55
jdn zu etw. zwingen
construir ... 56
bauen
consultar a/c; ~ a alg. ... 4
etw. nachschlagen; jdn um Rat fragen
consumar ... 4
vollenden
consumir ... 51
verbrauchen, konsumieren
contabilizar ... 10
(ver)buchen
contactar con/a alg. ... 4
mit jdm Kontakt aufnehmen
contagiar a alg. ... 4
jdn anstecken (mit einer Krankheit)
contaminar ... 4
verseuchen
► **contar** a/c; ~ con a/c; ~ con alg. ... 19
etw. (er)zählen; etw. zur Verfügung haben; auf jdn bauen
contemplar ... 4
betrachten
contemporizar con alg. ... 10
sich nach jdm richten
contender ... 30
kämpfen
contener ... 45
enthalten
contentar a alg. con a/c. ... 4
jdm mit etw. eine Freude machen
contestar; ~ a a/c ... 4
antworten; auf etw. antworten
contextualizar ... 10
in einen Zusammenhang bringen
continuar ... 12
andauern, fortsetzen
contonearse ... 4
sich in den Hüften wiegen
contornear ... 4
umkreisen
contorsionarse ... 4
sich verrenken
contraatacar ... 22
einen Gegenangriff starten
contradecir(se) ... 70
(sich) widersprechen
contraer ... 46
zusammenziehen
contrapear ... 4
verbinden
contrapesar ... 4
aufwiegen
contraponer a/c a a/c ... 37
etw. einer Sache gegenüberstellen
contrariar a/c; ~ a alg. ... 15
etw. behindern; jdn ärgern
contrarrestar ... 4
kompensieren, widerstehen
contrastar ... 4
kontrastieren, prüfen
contratar a alg. ... 4
jdn einstellen, jdn unter Vertrag nehmen
contravenir ... 78
übertreten (Gesetz)
contribuir a a/c ... 56
zu etw. beitragen
contristarse ... 4
traurig werden
controlar ... 4
kontrollieren
conturbar ... 4
beunruhigen

contusionar 4
quetschen
convalecer 33
sich erholen
convalidar.................. 4
anerkennen (Papiere, Studien)
convencer a alg. de a/c 28
jdn von etw. überzeugen
convenir en a/c 78
etw. vereinbaren
converger 38
konvergieren
conversar 4
sich unterhalten
convertir(se) en a/c, **en** alg. ... 68
(sich) in etw./jdn verwandeln
convidar 4
einladen
convivir 51
zusammenleben
convocar a alg. 22
jdn aufrufen, jdn einberufen
convulsionar 4
in Unruhe versetzen
cooperar 4
zusammenarbeiten
coordinar 4
koordinieren
copar 4
in die Enge treiben
copear 4
einen heben
copiar 4
abschreiben, kopieren
copular a/c; **~se** 4
etw. verbinden; sich paaren
coquetear 4
kokettieren
corear 4
einstimmen (Lied)

coreografiar 15
choreographieren
cornear a alg. 4
jdn auf die Hörner nehmen
coronar 4
krönen
corregir 72
berichtigen
► **correr** 24
rennen
corresponder a a/c 24
einer Sache entsprechen
corretear 4
herumlaufen
corroborar a/c 4
etw. bestätigen, etw. bekräftigen
corroer 40
zerfressen
corromper a/c, a alg. 24
etw./jdn verderben, jdn bestechen
► **cortar** 4
(ab)schneiden
cortejar a alg. 4
jdn umwerben
cosechar 4
ernten
coser 24
nähen
cosquillear 4
kitzeln
costar 19
kosten
costear a/c 4
etw. finanzieren
cotejar a/c **con** a/c. 4
etw. mit etw. vergleichen
cotillear 4
tratschen

cotizar 10
notieren (Devisen, Börse), entrichten (Beiträge)

cotorrear 4
schwatzen

crear 4
(er)schaffen

crecer 33
wachsen

creer (en) a/c 32
(an) etw. glauben

crepitar 4
knistern

criar a alg. 15
jdn ernähren, jdn aufziehen

cribar 4
(aus)sieben

crisparse 4
sich verkrampfen

cristalizar 10
kristallisieren

cristianar 4
taufen

cristianizar 10
christianisieren

criticar 22
kritisieren

croar 4
quaken

cromar 4
verchromen

cronometrar 4
stoppen (Zeit)

crucificar 22
kreuzigen

crujir 51
knirschen

cruzar 10
kreuzen, überqueren

cuadrar con a/c 4
zu etw. passen

cuadricular 4
karieren

cuadruplicar 22
vervierfachen

cuajar 4
gerinnen

cualificar(se) 22
(sich) qualifizieren

cuantificar 22
quantifizieren

cuartear 4
vierteln

cubrir 51
PP: cubierto bedecken

cuchichear 4
tuscheln

cuestionar 4
erörtern, in Frage stellen

► **cuidar** 4
pflegen, betreuen

culminar en a/c 4
in etw. gipfeln

culpabilizar a alg. 10
jdn beschuldigen

culpar a alg. 4
jdn beschuldigen

cultivar 4
anbauen, pflanzen

culturizar a alg. 10
jdn zivilisieren

cumplimentar 4
beglückwünschen

cumplir 51
erfüllen

cundir 51
sich ausbreiten

curar a alg. 4
jdn behandeln, jdn heilen

curiosear 4
herumschnüffeln
currar 4
arbeiten, schuften
cursar 4
belegen (Fach)
curtir 51
gerben
curvar 4
biegen
custodiar a/c; ~ a alg. 4
etw. verwahren; jdn beaufsichtigen

D

damnificar a alg. 4
jdn schädigen
danzar 10
tanzen
dañar a/c, a alg. 4
etw./jdm schaden, jdn schädigen
► **dar** a/c a alg. 13
jdm etw. geben
datar 4
stammen, datieren
deambular 4
herumstreifen
debatir 51
debattieren, erörtern
► **deber**; ~ a/c a alg. 24
müssen; jdm etw. schulden
debilitar 4
schwächen
debutar 4
debütieren
decaer 26
verfallen
decantar 4
abgießen
decapitar 4
enthaupten
decepcionar 4
enttäuschen
decidir(se) 51
(sich) entscheiden
► **decir** a/c a alg. 57
jdm etw. sagen
declamar 4
vortragen
declarar 4
aussagen, eine Erklärung abgeben
declinar 4
nachlassen
decodificar 22
dekodieren
decolorar 4
entfärben
decomisar 4
beschlagnahmen
decorar a/c 4
etw. dekorieren, etw. ausschmücken
decrecer 33
abnehmen
decretar 4
anordnen
dedicar a/c a a/c; **~se** a a/c . . . 22
etw. einer Sache widmen; sich etw. widmen
deducir a/c de a/c 54
etw. aus etw. folgern
defecar 22
Stuhlgang haben
defender(se) 30
(sich) verteidigen
defenestrar 4
aus dem Fenster stürzen
definir 51
definieren
deforestar 4
roden

deformar 4
verformen
defraudar 4
betrügen
degenerar 4
degenerieren
deglutir 51
hinunterschlucken
degollar 19
enthaupten
degradar a alg.; **~se** 4
jdn degradieren; sich verschlechtern
degustar 4
kosten, probieren (Speisen)
deificar 22
vergöttern
► **dejar** 4
lassen, verlassen
delatar a alg. 4
jdn verraten, jdn anzeigen
delegar a/c en alg.. 18
jdn mit etw. beauftragen
deleitar 4
ergötzen
deletrear 4
buchstabieren
deliberar 4
beratschlagen
delimitar 4
abgrenzen
delinear 4
skizzieren
delinquir 58
straffällig werden
delirar 4
phantasieren
demacrarse 4
abmagern
demandar 4
beantragen
demarcar 22
abgrenzen
***demeritar** a alg. 4
jdm Verdienste absprechen
democratizar 10
demokratisieren
demoler 29
abreißen, zerstören
demorar a/c; **~se** 4
etw. hinauszögern; sich verspäten
demostrar 19
zeigen, beweisen
demudar(se) 4
bleich werden
denegar a/c a alg. 16
jdm etw. verweigern
***denguear** 4
sich in den Hüften wiegen
denigrar 4
erniedrigen
denominar 4
(be)nennen
denostar a alg. 19
jdn schmähen
denotar 4
bedeuten
denunciar 4
anzeigen, anklagen
deparar a/c a alg.. 4
jdm etw. bescheren
departir 51
debattieren
depauperar 4
arm machen
depender de a/c, de alg. 24
von etw./jdm abhängen
depilar 4
enthaaren

deplorar 4
bedauern
deponer a alg. 37
jdn absetzen, *sich übergeben
deportar a alg. 4
jdn deportieren
depositar 4
deponieren
depravar a alg. 4
jdn verderben
depreciar 4
abwerten
depredar 4
plündern
deprimir a/c; ~ a alg. 51
etw. zusammenpressen; jdn deprimieren
depurar 4
reinigen, klären
derivar 4
ableiten
derogar 18
außer Kraft setzen (Gesetz)
derramar 4
ausschütten
derrapar 4
ins Schleudern geraten
derrengar 16
verrenken
derretir 77
schmelzen
derribar a/c; ~ a alg. 4
etw. niederreißen; jdn zu Boden werfen
derrocar 22
(herab)stürzen
derrochar 4
verschwenden
derrotar a alg. 4
jdn vernichten, jdn besiegen
derruir 56
niederreißen
derrumbar 4
niederreißen (Gebäude)
desabastecer a alg. 33
jdn ungenügend versorgen
desabollar 4
ausbeulen
desabotonar 4
aufknöpfen
desabrigar 18
den Mantel ausziehen
desabrochar 4
aufknöpfen
desacatar 4
missachten (Befehle, Gesetze)
desacelerar 4
verlangsamen
desacertar 11
fehlgreifen
desacomodar 4
belästigen
desaconsejar a/c a alg. 4
jdm von etw. abraten
desacoplar 4
abkoppeln
desacostumbrar a alg. a a/c ... 4
jdm etw. abgewöhnen
desacreditar 4
diskreditieren
desactivar 4
inaktivieren
desafiar a a/c, a alg. 15
etw./jdn herausfordern
desafinar 4
falsch spielen/singen
desagradar a alg. 4
jdm missfallen
desagradecer a/c a alg. 33
jdm für etw. undankbar sein

desagraviar 4
entschädigen
desaguar 14
abfließen, entwässern
desahogar 18
Erleichterung verschaffen
desahuciar 4
entmutigen
desairar 15
kränken
desajustar 4
in Unordnung bringen
desalar 4
entsalzen
desalentar 11
außer Atem bringen
desalinear 4
aus der Richtung bringen
desaliñarse 4
sich vernachlässigen
desalojar a/c 4
aus etw. ausziehen (Wohnung)
desalquilar 4
aufgeben (Mietwohnung)
desamortizar 10
privatisieren
desamparar 4
im Stich lassen
desamueblar 4
ausräumen
desanclar 4
den Anker lichten
desandar 7
wieder zurückgehen (Weg)
desangrar a alg. 4
jdm Blut abnehmen
desanimar 4
entmutigen
desanudar 4
aufknoten

desaparecer 33
verschwinden
desapasionar a alg.; ~se 4
con/por/en/de a/c / alg.
jdm die Begeisterung nehmen; die Begeisterung verlieren für etw./jdn
desapegarse 18
sich distanzieren
desapretar 11
lockern
desaprobar a/c; ~ a alg. 19
etw. missbilligen; jdn rügen
desaprovechar 4
ungenutzt lassen
desarbolar 4
kahl schlagen
desarmar 4
abrüsten
desarraigar 18
entwurzeln
desarreglar 4
in Unordnung bringen
desarrendar 11
die Pacht kündigen
desarrollar a/c 4
etw. entwickeln, etw. fördern
desarropar 4
entkleiden
desarrugar 18
glätten
desarticular 4
zerlegen, zerschlagen
desasir 53
loslassen
desasistir a alg. 51
jdn im Stich lassen
desasnar a alg.. 4
jdm den nötigen Schliff verpassen

desasosegar 16
beunruhigen
***desastillar** 4
Holzsplitter entfernen
desatar 4
losbinden
desatascar 22
eine Verstopfung beseitigen
desatender 30
vernachlässigen
***desaterrar** 11
von Schutt befreien
desatinar 4
fehlgreifen
desatornillar 4
abschrauben
desatrancar 22
entriegeln
desautorizar 10
die Befugnis aberkennen
desayunar 4
frühstücken
desazonar a alg. 4
jdn verstimmen
desbancar 22
verdrängen
desbarajustar 4
durcheinander bringen
desbaratar 4
auseinander bringen
desbarbar 4
rasieren
desbarrar 4
ausrutschen
desbastar 4
grob bearbeiten
desbloquear 4
freigeben
desbocarse 22
ausrasten
desbordar 4
über die Ufer treten
desbravar 4
bändigen, zähmen
desbrozar 10
roden
descabalar 4
in Stücke brechen
descabalgar 18
absitzen
descabellar 4
zerzausen
descabezar 10
enthaupten
descacharrar 4
kaputtmachen
descafeinar 15
entkoffeinieren
descalabrar 4
am Kopf verletzen
descalcificar 22
entkalken
descalificar a alg. 22
jdn disqualifizieren, jdn diskreditieren
descalzar 10
die Schuhe ausziehen
descamar 4
(ab)schuppen
descambiar 4
umtauschen, *wechseln (Geld)
► **descansar** 4
sich ausruhen
descararse 4
frech werden
descargar 18
abladen
descarnar 4
entbeinen

***descarozar** 10
entkernen
descarriar a alg. 15
jdn in die Irre führen
descarrilar 4
entgleisen
descartar a/c 4
etw. ausschließen
descascarillarse 4
abbröckeln
descastar 4
ausrotten
descender 30
heruntergehen, sinken
descentralizar 10
dezentralisieren
descentrar 4
dezentrieren
descerrajar 4
aufbrechen
***deschapar** 4
aufbrechen
***descharchar** a alg. 4
jdn absetzen, jdn entlassen
descifrar 4
dechiffrieren
desclasificar 22
verlautbaren
desclavar 4
einen Nagel herausziehen
descodificar 22
dekodieren
descolgar 21
abhängen
descollar 19
herausragen
descolocar 22
in Unordnung bringen
descolonizar 10
entkolonisieren
descolorir 51
unpers.; bleichen
descompensar 4
aus dem Gleichgewicht bringen
descomponer a/c; **~se** 37
etw. zersetzen; zerfallen
descomprimir 51
dekomprimieren
desconcertar 11
durcheinander bringen
***desconchabar(se)** 4
zerfallen
desconcharse 4
abbröckeln
desconectar 4
abschalten
desconfiar de a/c, de alg. 15
etw./jdm misstrauen
descongelar 4
auftauen
descongestionar 4
entflechten
desconocer 33
nicht wissen
desconsiderar 4
nicht genügend beachten
descontaminar 4
entseuchen
descontar 19
abrechnen, herabsetzen (im Preis)
descontentar 4
unzufrieden machen
descontrolar 4
die Kontrolle verlieren
desconvocar 22
absagen (Treffen)
descorazonar 4
entmutigen

descorchar 4
entkorken
descorrer 24
beiseite ziehen
descoser 24
auftrennen
descoyuntar 4
verrenken
descremar 4
entrahmen
describir 51
PP: descrito beschreiben
descuadrar 4
unausgeglichen sein
descuajar(se) 4
(sich) verflüssigen
descuajaringar 18
kaputtmachen, in Teile zerlegen
***descuajeringar** 18
auseinander nehmen
descuartizar 10
vierteilen
descubrir 51
PP: descubierto entdecken
***descuerar** 4
abhäuten
descuidar 4
unbesorgt sein
desdecir de a/c 70
nicht einer Sache entsprechen
desdeñar 4
gering schätzen
desdibujar(se) 4
verschwimmen (lassen)
desdoblar 4
auseinander falten
desear 4
wünschen
desecar 22
austrocken
desechar 4
wegwerfen
desembalar 4
auspacken
desembarazar a/c; **~se** de alg. 10
(auf)räumen; sich jds entledigen
desembarcar 22
an Land gehen
desembargar 18
freigeben
desembarrancar 22
flottmachen
desembocar 22
münden
desembolsar 4
aus der Tasche nehmen
desembragar 18
auskuppeln
desembrollar 4
entwirren
desembrujar 4
entzaubern
desembuchar 4
ausplaudern
desempacar 22
auspacken
desempañar 4
entfrosten
desempapelar 4
die Tapete entfernen
desempaquetar 4
auspacken
desempatar 4
durch Stichkampf/-wahl entscheiden
desempedrar 11
das Straßenpflaster aufbrechen
desempeñar 4
ausüben (Pflicht), bekleiden (Amt), auslösen (Pfand)

desempolvar 4
entstauben
desenamorarse 4
aufhören zu lieben
desencadenar(se) 4
entfesseln
desencajar 4
verzerren
desencajonar 4
aus einem Kasten nehmen
desencallar 4
wieder flott werden (Schiff)
desencaminar a alg. 4
jdn vom rechten Weg abbringen
desencantar 4
enttäuschen
desencapotarse 4
sich aufheitern
desencarcelar 4
aus der Haft entlassen
desenchufar 4
den Stecker herausziehen
desencolarse 4
aus dem Leim gehen
desencuadernar 4
vom Einband lösen
desenfadar 4
beschwichtigen
desenfocar 22
unscharf einstellen
desenfrenar 4
den Zaum abnehmen
desenfundar 4
aus dem Futteral ziehen
desengachar 4
aushaken
desengañar 4
ernüchtern
desengrasar 4
entfetten
desenhebrar 4
ausfädeln
desenjaular 4
freilassen (aus dem Gefängnis)
desenlazar 10
losbinden, lösen
desenmarañar 4
entzausen
desenmascarar 4
demaskieren, entlarven
desenredar 4
entwirren
desenrollar 4
ausrollen
desenroscar 22
aufschrauben
desensillar 4
absatteln
***desentechar** 4
das Dach abnehmen
***desentejar** 4
abdecken (Dach)
desentenderse 30
sich unwissend stellen
desenterrar 11
ausgraben
desentonar 4
unrein klingen
desentrañar 4
ausweiden
desentrenarse 4
aus der Übung kommen
desentumecerse 33
aus der Erstarrung erwachen, zu sich kommen
desenvainar 4
zücken (Waffe)
desenvolver 49
auspacken

desequilibrar 4
aus dem Gleichgewicht bringen
desertar 4
desertieren
desertizar 10
versteppen
desescombrar 4
den Schutt beseitigen
desesperar 4
verzweifeln
desestabilizar 10
aus dem Gleichgewicht bringen
desestimar 4
gering schätzen
desfalcar 22
hinterziehen, unterschlagen
desfallecer 33
schwach werden, in Ohnmacht fallen
desfasar 4
eine Phasenverschiebung vornehmen
desfavorecer 33
benachteiligen
desfigurar 4
verunstalten
desfilar 4
defilieren
desflorar 4
entjungfern
desfogar 18
schüren (Feuer)
desfondar 4
ein Leck schlagen
desgajar 4
abreißen, losreißen
desganarse de a/c 4
die Lust an etw. verlieren
desgañitarse 4
sich heiser schreien
desgarrar 4
zerfetzen, *Schleim ausstoßen
desgastar 4
verschleißen
desglosar 4
getrennt behandeln
desgraciar 4
ruinieren
desgranar 4
entkörnen
desgravar 4
von der Steuer befreien/abziehen
***desguañangar** 18
auseinander nehmen
desguarnecer 33
eine Verzierung entfernen
desguazar 10
auseinander nehmen, verschrotten
deshabitar 4
räumen (Wohnung, Ort)
► **deshacer** 31
auseinander nehmen, zunichte machen
deshelar 11
abtauen
desheredar 4
enterben
deshidratar 4
entwässern
deshilachar 4
zerfransen
deshilvanar 4
den Heftfaden entfernen
deshinchar 4
die Luft herauslassen
deshojar 4
entblättern
deshollinar 4
entrußen

deshonrar 4
entehren
deshuesar 4
entkernen
deshumanizar 10
entmenschlichen
designar a/c por a/c; 4
~ a alg. para a/c
etw. als etw. bezeichnen;
jdn zu etw. ernennen
desigualar 4
ungleich machen/behandeln
desilusionar 4
enttäuschen, desillusionieren
desimantar 4
entmagnetisieren
desincrustar 4
von Ablagerungen befreien
desinfectar 4
desinfizieren
desinflar 4
die Luft herauslassen
desinformar 4
falsch informieren
desinhibir 51
enthemmen
desinsectar 4
von Insekten befreien
desintegrar 4
in seine Bestandteile auflösen
desinteresarse de a/c 4
kein Interesse an etw. haben
desintoxicar 22
entgiften, von einer Sucht
heilen
desistir de a/c 51
von etw. Abstand nehmen
deslegalizar 10
die gesetzliche Grundlage
entziehen

desleír 73
zergehen lassen
desliar 15
auspacken
desligar a/c; **~se** de a/c 18
etw. lösen; sich von etw. lösen,
sich von etw. befreien
deslindar 4
abgrenzen
deslizar 10
gleiten (lassen)
deslomar 4
zermürben
deslucir 67
den Glanz rauben
deslumbrar a alg. 4
jdn blenden
desmadejar a alg.; **~se** 4
jdn schwächen; zusammen-
brechen
desmadrarse 4
aus der Rolle fallen
***desmanchar** 4
die Orientierung verlieren
desmandarse 4
sich widersetzen
desmantelar 4
zerstören
desmaquillar(se) 4
(sich) abschminken
desmarcarse 22
sich absetzen
desmayar; ~se 4
verzagen; in Ohnmacht fallen
desmedirse 77
das gesunde Maß überschreiten
desmejorar 4
schwächer werden
desmelenar 4
zerzausen

desmembrar 11
zerstückeln
desmentir 68
abstreiten
desmenuzar 10
zerkleinern
desmerecer 33
nicht verdienen
desmesurarse 4
aus der Rolle fallen
desmigajar 4
zerbröckeln
desmilitarizar 10
entmilitarisieren
desmitificar 22
entmythisieren
desmochar 4
stutzen
desmonetizar 10
entwerten (Geld)
desmontar 4
demontieren
desmoralizar 10
demoralisieren
desmoronar 4
zerbröckeln
desmovilizar 10
demobilisieren
desnacionalizar a/c; ~ a alg. . . 10
etw. reprivatisieren; jdn ausbürgern
desnatar 4
entrahmen
desnaturalizar a/c; ~ a alg. . . . 10
etw. denaturieren; jdn ausbürgern
desnivelar 4
uneben machen
desnucar 22
den Hals brechen
desnuclearizar 10
atomar abrüsten
desnudar(se) 4
(sich) ausziehen
desnutrirse 51
unterernährt sein
desobedecer 33
ungehorsam sein
desobstruir 56
freimachen
desocupar 4
räumen, evakuieren, *gebären
desodorizar 10
desodorieren
desoír 69
überhören
desojarse 4
sich die Augen ausgucken
desollar 19
abhäuten
desorbitar 4
aus der Umlaufbahn bringen
desordenar 4
durcheinander bringen
desorejar 4
die Ohren abschneiden
desorganizar 10
desorganisieren
desorientar 4
irreführen, irreleiten
desosar 19
o ► hue; entkernen, entbeinen
desovar 4
laichen
desovillar 4
abwickeln (Knäuel)
desoxidar 4
entrosten

despabilar a alg.; ~**se** 4
jdn munter machen; munter werden, *abhauen

despachar a/c; ~ a alg. 4
etw. erledigen, etw. abschicken; jdm kündigen, jdn aussenden

despachurrar 4
zerquetschen, breittreten

despampanar 4
aus der Fassung bringen

despanzurrar 4
aufschlitzen

desparejar 4
trennen

desparramar 4
zerstreuen, *verbreiten (Nachricht)

despatarrar a alg.; ~**se** 4
jdn verblüffen; sprachlos sein

despechugarse 18
die Brust freimachen

despedazar 10
zertrümmern

► **despedir** a alg.; ~**se** de alg. . . 77
jdn verabschieden, jdn entlassen; sich von jdm verabschieden

despegar 18
loslösen, starten (Flugzeug)

despeinar 4
das Haar zerzausen

despejar 4
freimachen (Platz, Bahn)

despellejar 4
abhäuten

despelotarse 4
sich ausziehen

despenalizar 10
legalisieren

despenar 4
trösten, *den Gnadenstoß geben

despendolarse 4
ausflippen

despeñar 4
(herab)stürzen

despepitarse por a/c 4
für etw. schwärmen

***despercudir** 51
reinigen

desperdiciar 4
verschwenden

desperdigar 18
auseinander treiben

desperezarse 10
sich recken

***despernancarse** 22
die Beine spreizen

despersonalizar(se) 10
die persönliche Note nehmen/verlieren

despertar a/c; ~ a alg.; ~**se** . . . 11
etw. erwecken (Gefühle); jdn aufwecken; aufwachen

***despezuñarse** 4
sich sehr beeilen

despiezar 10
zerlegen

despilfarrar 4
verplempern

despintar 4
entfärben

despiojar 4
entlausen

despistar 4
irreführen, von der Fährte abbringen

desplantar 4
verpflanzen

desplazar 10
verschieben, verlagern

desplegar 16
auseinander falten
desplomarse 4
ins Wanken geraten, einstürzen, zusammenbrechen
desplumar 4
rupfen, ausplündern
despoblar 19
entvölkern
despojar de a/c a alg. 4
jdm etw. rauben
despolitizar 10
entpolitisieren
desportillar 4
den Rand ausbrechen
desposar 4
verheiraten
desposeer 32
enteignen
despotricar 22
quasseln
despreciar 4
verachten
desprender(se) 24
(sich) lösen, *aufknöpfen
despreocuparse; ~ de alg. 4
sich entspannen; sich nicht mehr um jdn kümmern
desprestigiar 4
erniedrigen
desproporcionar 4
ungleich machen
desprivatizar 10
entprivatisieren
desproveer a alg. de a/c 32
jdn mit etw. nicht versorgen
despuntar 4
stumpf machen

desquiciar a/c; ~ a alg. 4
etw. aus den Angeln heben; jdn aus der Fassung bringen
desquitar a/c; **~se** de a/c 4
etw. wiedergewinnen; sich für etw. rächen
desratizar 10
von Ratten und Mäusen befreien
desrielar(se) 4
entgleisen
desriñonar 4
lendenlahm schlagen
destacar 22
herausragen, hervorheben
destapar a/c; *~ a alg. 4
etw. entkorken, etw. aufdecken (Topf), etw. öffnen; *die Identität von jdm preisgeben
destaponar 4
entkorken
destejer 24
auftrennen
destellar 4
funkeln
destemplar 4
enthärten (Stahl), verstimmen (Musikinstr.)
destensar 4
lockern
desteñir 55
abfärben
desternillarse 4
sich totlachen
desterrar a alg. 11
jdn verbannen
destetar 4
abstillen
destilar 4
destillieren

destinar a/c / a alg. a a/c 4
etw./jdn zu etw. bestimmen
destituir a alg. (de a/c)........ 56
jdn (von seinem Posten) absetzen
destornillar 4
abschrauben
destrenzar 10
aufflechten
destripar.................. 4
ausweiden
destronar 4
entthronen
destrozar 10
zerstückeln, verwüsten
destruir................... 56
zerstören
desunir a/c; ~ a alg. 51
etw. trennen; jdn entzweien
desusarse................. 4
aus dem Gebrauch kommen
desvalijar a alg. 4
jdn ausplündern
desvalorizar 10
abwerten (Geld)
desvanecer a/c; **~se** 33
etw. verwischen, etw. zerstreuen; sich in Nichts auflösen
desvariar 15
phantasieren
desvelar 4
wach halten
desvencijar................ 4
auseinander nehmen
desvendar a alg.. 4
jdm die Binde abnehmen
desvestir.................. 77
entkleiden
desviar a/c; ~ a alg........... 15
etw. umleiten; jdn umstimmen

desvincular................ 4
lösen (Verbindung)
desvirgar 18
entjungfern
desvirtuar................. 12
entkräften, widerlegen
desvivirse por a/c; ~ por alg... 51
auf etw. versessen sein; nach jdm schmachten
detallar................... 4
einzeln aufführen
detectar 4
ausfindig machen
detener a/c, a alg. 45
etw./jdn (an/auf)halten, jdn einsperren
detentar 4
unrechtmäßig besitzen
deteriorar................. 4
verschlechtern
determinar a/c; **~se** a/c por a/c 4
etw. festlegen; sich für etw. entschließen
detestar 4
verabscheuen
devaluar 12
abwerten (Geld)
devanar................... 4
aufwickeln
devastar 4
verwüsten
devengar 18
beziehen (Gehalt)
devenir 78
geschehen
devolver a/c a alg.; *~ **se** 49
jdm etw. zurückgeben; *sich umdrehen
devorar................... 4
verschlingen

diagnosticar 22
diagnostizieren
dializar 10
dialysieren
dialogar 18
miteinander sprechen
dibujar 4
zeichnen
dictaminar 4
ein Gutachten abgeben
dictar 4
diktieren, *abhalten
diezmar 4
dezimieren
difamar 4
diffamieren
diferenciar(se) 4
(sich) unterscheiden
diferir 68
verschieden sein
dificultar 4
erschweren
difuminar 4
verlaufen lassen
difundir 51
verbreiten (Nachricht)
***difuntear** 4
töten
digerir 68
verdauen
digitalizar 10
digitalisieren
dignarse a/c 4
sich zu etw. herablassen
dignificar 22
mit Würden ausstatten
dilapidar 4
verschwenden
dilatar 4
ausdehnen, vertagen
diligenciar 4
in die Wege leiten
dilucidar 4
erläutern
diluir 56
verdünnen
diluviar 4
in Strömen regnen
dimanar de a/c 4
aus etw. ausfließen, von etw. entspringen
dimitir de a/c 51
von etw. zurücktreten
dinamitar 4
in die Luft sprengen
dinamizar 10
vorantreiben
diplomar 4
einen akademischen Grad verleihen
diptongar 18
diphthongieren
dirigir a/c; **~se** a a/c; **~se** a alg. 63
etw. lenken; sich nach (einem Ort) begeben; sich an jdn wenden
dirimir 51
auflösen
discernir a/c de a/c 59
etw. von etw. unterscheiden
disciplinar 4
disziplinieren
discordar en a/c 19
in etw. nicht übereinstimmen
discrepar de a/c 4
in etw. anderer Meinung sein
discriminar a/c; ~ a alg. 4
etw. unterscheiden; jdn diskriminieren

disculpar 4
entschuldigen, verzeihen
discurrir 51
sich den Kopf zerbrechen
discutir 51
diskutieren
disecar 22
sezieren
diseccionar 4
zerlegen, zerschneiden
diseminar 4
ausstreuen
disentir de alg. 68
mit jdm anderer Meinung sein
diseñar 4
zeichnen, entwerfen
disertar 4
eine Abhandlung schreiben
disfrazar(se) 10
(sich) verkleiden, (sich) maskieren
disfrutar de a/c 4
etw. genießen
disgregar(se) 18
(sich) zerstreuen, (sich) auflösen
disgustar 4
missfallen, anekeln
disimular 4
heucheln, verbergen, verheimlichen
disipar 4
zerstreuen, beseitigen
dislocar 22
verlagern, ausrenken
disminuir 56
nachlassen, verringern
disociar 4
auflösen, spalten
disolver 49
auflösen
disparar; *~se 4
schießen; *umherrennen
disparatar 4
Unsinn reden
dispensar a/c; ~ a alg. de a/c. . 4
etw. erteilen; jdn von etw. befreien, jdm etw. erlassen
dispersar 4
zerstreuen, auseinander treiben
disponer de a/c, de alg. 37
über etw./jdn verfügen
disputar 4
streiten
distanciar a/c; **~se** de alg. 4
etw. räumlich trennen; sich von jdm distanzieren
distar de a/c 4
von etw. entfernt sein
distender 30
dehnen, lockern
► **distinguir** 60
unterscheiden, auseinander halten
distorsionar 4
verzerren
distraer 46
ablenken
distribuir 56
verteilen
disuadir a alg. de a/c. 51
jdm etw. ausreden
divagar 18
abschweifen
divergir 63
abweichen
diversificar 22
diversifizieren
divertir a alg.; **~se** 68
jdn unterhalten; sich amüsieren

dividir 51
teilen, trennen
divinizar 10
vergöttlichen
divisar 4
in der Ferne erblicken
divorciar a alg.; **~se** 4
jdn scheiden; sich scheiden lassen
divulgar 18
verbreiten (Nachricht)
► **doblar** 4
biegen
doblegarse 18
sich beugen
doctorarse 4
promovieren
documentar 4
dokumentieren
dogmatizar 10
dogmatisieren
doler 29
schmerzen
domar a/c 4
etw. bändigen, zähmen (Gefühle)
domeñar a/c, a alg. 4
etw./jdn bändigen, jdn unterwerfen, jdn bezwingen
domesticar 22
domestizieren (Tiere)
domiciliar a/c; ~ a alg. 4
einen Dauerauftrag für etw. einrichten; jdn ansiedeln
dominar 4
beherrschen
donar 4
spenden
dopar(se) 4
(sich) dopen
dorar 4
vergolden, anbräunen
dormir 61
schlafen
dormitar 4
dösen
dosificar 22
dosieren
dotar a/c / a alg. de a/c. 4
etw./jdn mit etw. ausstatten
dragar 18
ausbaggern
***dragonear** 4
unbefugt ein Amt ausüben
dramatizar 10
dramatisieren
drenar 4
dränieren
driblar 4
dribbeln
drogar a alg.; **~se** 18
jdm Drogen verabreichen; Drogen nehmen
duchar(se) 4
(sich) duschen
dudar (de a/c) 4
(an etw.) zweifeln
dulcificar 22
(ver)süßen
duplicar 22
verdoppeln
durar 4
dauern

E

► **echar** a/c; ~ a alg. 4
etw. (weg)werfen; jdn vertreiben
eclipsar 4
verfinstern, in den Schatten stellen

economizar 10
sparen
edificar 22
(er)bauen, errichten
editar 4
herausgeben, verlegen
educar 22
ausbilden, erziehen
edulcorar 4
süßen
efectuar 12
durchführen
ejecutar a/c; ~ a alg. 4
etw. ausführen; jdn hinrichten
ejemplarizar 10
ein Beispiel geben
ejemplificar 22
an einem Beispiel erklären
ejercer 28
ausüben
ejercitar a/c; **~se** 4
etw. ausüben; sich in etw. üben
elaborar 4
ausarbeiten, anfertigen
electrificar 22
elektrifizieren
electrizar a alg. 10
jdn begeistern, jdn elektrisieren
electrocutar 4
durch elektrischen Stom hinrichten
elegir 72
(aus)wählen
elevar a/c; ~ a alg. 4
etw. (an)heben; jdn erheben
elidir 51
elidieren
eliminar a/c; ~ a alg. 4
etw. entfernen; jdn ausschließen

elogiar 4
preisen
elucidar 4
erläutern
elucubrar 4
(sinnlose) Überlegungen anstellen
eludir 51
(ver)meiden
emanar; ~ de a/c 4
ausströmen; aus etw. hervorgehen
emancipar a alg.; **~se** de a/c . . 4
jdn gleichstellen, jdn befreien; sich von etw. emanzipieren
emascular 4
kastrieren
embadurnar 4
beschmieren
embalar 4
verpacken
embaldosar 4
fliesen
embalsamar 4
einbalsamieren
embalsar 4
(auf)stauen
embarazar 10
belästigen, in Verlegenheit bringen, schwängern
embarcar 22
an Bord gehen
embargar 18
beschlagnahmen
embarrancar 22
stranden
embarrar a/c, a alg.; **~se** 4
etw./jdn beschmieren, *jdn verleumden; sich dreckig machen

***embarrialarse** 4
sich verstopfen
embarullar 4
durcheinander bringen, verwirren
embaucar 22
betrügen
embazar(se) 10
in Erstaunen setzen/geraten
embeber 24
einlaufen (Stoff), aufsaugen
embelesar 4
begeistern
embellecer 33
verschönern
embestir 77
anfallen, angreifen, anbetteln
embetunar 4
teeren, wichsen (Schuhe)
***embicar(se)** 22
saufen
emblandecer a alg. 33
jdn erweichen
emblanquecer 33
tünchen
embobar 4
verblüffen, verzücken
***embochinchar(se)** 4
lärmen
embolsar 4
in einen Beutel stecken, verdienen (Geld)
***embonar** 4
zusammenpassen
emborrachar a alg.; ~se 4
jdn betrunken machen; sich betrinken
emborrascarse 22
stürmisch werden
emborronar 4
beklecksen
emboscar 22
in einen Hinterhalt locken
embotar 4
abstumpfen
embotellar 4
in Flaschen abfüllen
embotijar 4
in Tonkrüge abfüllen
embozar 10
verhüllen, vertuschen
embragar 18
die Kupplung treten
embravecer 33
gut gedeihen
embrear 4
teeren (Schiffe)
embriagar 18
berauschen, hinreißen
embridar 4
aufzäumen
embrocar 22
umfüllen
embrollar 4
durcheinander bringen
embromar 4
necken, *ärgern
embrujar 4
verhexen
embrutecer 33
verrohen, verblöden
embuchar 4
mästen
***emburujarse** 4
sich warm anziehen
embutir 51
hineinstopfen, hineinzwängen
emerger de a/c. 38
aus etw. auftauchen

emigrar 4
auswandern
emitir 51
senden, ausstrahlen
emocionar 4
in Erregung versetzen
empacar 22
(ein)packen
empachar 4
übersättigen
empadronar 4
ins Einwohnerregister eintragen
***empajar** 4
mit Stroh überdachen
empalagar; ~ a alg. 18
zu süß sein; jdm lästig fallen
empalar 4
schlagen (Pelota)
empalidecer 33
erbleichen
empalmar con a/c 4
Anschluss haben an etw. (Verkehrsmittel)
empanar 4
füllen (Pastete)
empantanar 4
überschwemmen
empañar 4
trüben
***empañetar** 4
verputzen
empapar 4
(ein)tunken, (durch)tränken
empapelar 4
tapezieren
empapuzar a alg. 10
jdn vollstopfen
empaquetar 4
verpacken
emparedar a alg. 4
jdn einmauern
emparejar 4
paarweise anordnen, angleichen
emparentar 11
einheiraten
empastar 4
auftragen (Paste), plombieren (Zahn), *als Weideland genutzt werden
empatar 4
unentschieden enden, *verbinden
empavonar 4
brünieren
empecinarse en a/c 4
auf etw. beharren
empedrar 11
pflastern
***empelotarse** 4
sich nackt ausziehen
empeñar a/c; **~se** con alg. 4
etw. verpfänden; sich einsetzen für jdn
empeorar(se) 4
(sich) verschlechtern
empequeñecer a/c; ~ a alg. . . . 33
etw. verkleinern; jdn herabsetzen
emperejilar 4
herausputzen
emperifollar 4
herausputzen
emperrarse en a/c 4
hartnäckig auf etw. bestehen
► **empezar** 23
beginnen
empinar 4
senkrecht stellen

empitonar 4
mit den Hörnern aufspießen (Stierkampf)
emplazar a/c; ~ a alg. 10
etw. platzieren; jdn vorladen
emplear a/c; ~ a alg. 4
etw. verwenden; jdn beschäftigen
emplomar 4
verbleien
emplumar; ~ a alg. 4
Federn bekommen, *fliehen; jdn federn
empobrecer 33
arm machen/werden
empollar 4
(aus)brüten, einpauken, büffeln
empolvar a/c, a alg.; **~se** 4
etw./jdn (ein)pudern; verstauben
***emponcharse** 4
einen Poncho anziehen
emponzoñar 4
vergiften
emporcar 20
verschmutzen
empotrar 4
einbauen
***empotrerar** 4
auf die Weide bringen
***empozar** 10
Pfützen bilden
emprender 24
unternehmen
empujar 4
schieben, drücken
empuñar 4
ergreifen, festhalten
emular a alg. 4
jdm nacheifern

emulsionar 4
emulgieren
enajenar a/c; ~ a alg. 4
etw. veräußern; jdn verrückt machen
enaltecer 33
loben, preisen
enamorar a alg.; **~se** de alg. . . . 4
jdn verliebt machen; sich in jdn verlieben
enamoriscarse de alg. 22
sich ein bisschen in jdn verlieben
***enancarse** 22
hinten aufsitzen, sich einmischen
enarbolar 4
hissen
enarcar 22
biegen, bereifen (Fässer)
enardecer 33
entfachen
enarenar 4
mit Sand bestreuen
encabalgar 18
aufliegen
encabestrar 4
halftern
encabezar 10
anführen (eine Liste)
encabritarse 4
sich aufbäumen
encabronarse 4
wütend werden
encadenar 4
anketten
encajar 4
(ein)passen
encajonar 4
einpacken, zusammenpferchen

encalar 4
tünchen, weißen
encallar; ~se 4
stranden; hart werden (Lebensmittel)
encallecer.................. 33
schwielig werden
encallejonar................ 4
in eine Gasse treiben
encamar 4
auf den Boden stellen
encaminar a alg. 4
jdn auf den richtigen Weg bringen
***encamotarse** 4
sich verlieben
***encampanar(se)**............ 4
(sich) erheben
encanarse................... 4
einen (Lach-)Weinkrampf haben
encandilar 4
blenden
encanecer.................. 33
ergrauen (Haare)
encanijarse................. 4
abmagern
encantar a alg.............. 4
jdn sehr erfreuen
encañonar 4
durch Rohre leiten, zielen
encapotar................... 4
einen Umhang umhängen
encapricharse con a/c........ 4
sich auf etw. kaprizieren, sich etw. in den Kopf setzen
encapsular 4
in eine Kapsel tun
encapuchar 4
vermummen

encaramar 4
emporheben
encarar a/c................. 4
etw. einander gegenüberstellen, sich etw. stellen
encarcelar.................. 4
einsperren
encarecer a/c; ~ a alg. 33
etw. verteuern; jdn loben
encargar a alg. **de** a/c 18
jdm etw. anvertrauen, jdn mit etw. betrauen
encariñarse con a/c, con alg... 4
etw./jdn lieb gewinnen
encarnar.................... 4
in das Fleisch eindringen
encarnizar 10
aufhetzen
encarpetar 4
abheften, *nicht weiterverfolgen
encarrilar 4
auf den rechten Weg bringen
encartar a alg. 4
jdn in Abwesenheit verurteilen
encartonar 4
in Pappe verpacken
encasillar 4
in Fächer verteilen
encasquetar................ 4
aufstülpen
encasquillar................ 4
einbuchsen, *beschlagen
encastrar 4
verzahnen
encausar................... 4
belangen
encauzar................... 10
eindämmen
encelar 4
eifersüchtig machen

enceldar 4
in eine Zelle sperren
encenagarse. 18
versumpfen
encender. 30
anzünden, einschalten
encerar 4
bohnern
encerrar 11
einschließen
encestar 4
den Ball in den Korb werfen
encharcar 22
mit Pfützen übersäen
***enchilar**. 4
mit Chili würzen
enchinchar 4
belästigen
***enchuecar(se)** 22
verdrehen
enchufar 4
einstecken, anschließen
***enchumbar** 4
durchnässen
encintar 4
mit Bändern schmücken
encizañar a alg. 4
zwischen jdm Zwietracht säen
enclaustrar. 4
ins Kloster stecken
enclavar 4
annageln
encocorar 4
auf die Palme bringen
encofrar 4
verschalen
encoger. 38
einlaufen, schrumpfen
encolar 4
leimen

encolerizar. 10
erzürnen
encomendar a/c a alg.. 11
jdm etw. empfehlen/anvertrauen
encomiar. 4
loben
enconar. 4
entzünden, vereitern
► **encontrar** a/c, a alg. 19
etw./jdn finden, jdn treffen
encorajinarse. 4
Wut haben
encordar. 19
zusammenschnüren
***encorselar(se)** 4
ein Korsett anlegen
encorsetar 4
ein Korsett anlegen
encorvar(se). 4
(sich) krümmen, (sich) biegen
encrespar 4
kräuseln
encuadernar. 4
(ein)binden
encuadrar. 4
(ein)rahmen
encubrir 51
PP: **encubierto**; verdecken, verschleiern (Bilanz)
***encuerar(se)**. 4
(sich) ausziehen
encuestar 4
befragen
encumbrarse 4
emporheben, (sich) erheben, (sozial) aufsteigen
encurdarse 4
sich besaufen
encurtir. 51
in Essig einlegen

endemoniar 4
wütend machen
enderezar 10
gerade biegen
endeudarse 4
sich verschulden
endilgar 18
einfädeln
endiñar 4
einen Schlag verpassen
endiosar 4
vergöttlichen
endomingarse 18
sich in Schale werfen
endosar 4
indossieren (Wechsel), aufbürden, aufhalsen
endulzar 10
(ver)süßen
endurecer 33
hart machen
enemistar 4
verfeinden
enervar 4
nervös machen
enfadar(se) 4
(sich) ärgern
enfajar 4
mit einer Binde versehen
enfangar 18
beschmutzen, besudeln
enfatizar 10
betonen
enfermar (de a/c) 4
(an etw.) erkranken
enfervorizar 10
begeistern
***enfiestarse** 4
sich vergnügen
enfilar 4
aneinander reihen, einfädeln
enflaquecer 33
abmagern
enfocar 22
fokussieren
enfoscar 22
verputzen
enfrascar a/c; ~**se** en a/c 22
etw. abfüllen; sich in etw. versenken
enfrentar a/c; ~**se** con a/c, ... 4
con alg.
etw. konfrontieren; mit etw./jdm zusammenstoßen
enfriar 15
(ab)kühlen
enfundar 4
in ein Futteral stecken
enfurecer(se) 33
wütend machen/werden
enfurruñarse 4
mürrisch werden
engalanar 4
verzieren, herausputzen
enganchar 4
anhaken
engañar 4
(be)trügen
***engaratusar** 4
umgarnen, bezirzen
engarzar; *~**(se)** 10
verketten; *sich verwickeln
engastar 4
einfassen (Edelsteine)
engatusar 4
umgarnen, bezirzen
engendrar 4
(er)zeugen, hervorbringen

englobar 4
umfassen
englutir 51
verschlingen
engolfarse en a/c. 4
sich in etw. versenken
engolosinar 4
locken, ködern
engomar 4
gummieren
engominarse 4
sich die Haare festigen
engordar 4
dick werden
engranar 4
ineinander greifen
engrandecer 33
größer machen, verherrlichen
engrasar 4
einfetten
engreír(se) 73
eingebildet machen/werden
engrescar a alg. 22
jdn reizen
***engringarse** 18
sich amerikanisieren
engrosar 19
zunehmen
enguantarse 4
Handschuhe anziehen
engullir 64
verschlingen
enharinar 4
in Mehl wenden
enhebrar 4
einfädeln
enjabonar 4
einseifen
enjaezar 10
anschirren
enjalbegar 18
weißen
enjaretar 4
zusammenschustern
enjaular 4
einsperrren
enjoyar 4
Juwelen anlegen
enjuagar 18
ausspülen
enjugar 18
abtrocknen, abwischen, tilgen
enjuiciar a/c; ~ a alg. 4
etw. beurteilen; jdm den Prozess machen
enladrillar 4
mit Ziegelsteinen pflastern
enlatar 4
eindosen
enlazar a/c; ~ con a/c. 10
etw. verknüpfen; Anschluss haben an etw. (Zug)
enlodar 4
beschmutzen
enloquecer 33
verrückt werden/machen
enlosar 4
fliesen (Boden)
***enlozar** 10
emaillieren
enlucir 67
vergipsen, bohnern
enlutarse 4
Trauerkleidung anlegen
enmadrarse 4
sich auf die Mutter fixieren
enmarañar 4
zerzausen
enmarcar 22
einrahmen

enmascarar 4
maskieren
enmendar 11
abändern, berichtigen
enmohecer 33
verschimmeln
enmontarse 4
sich im Gebirge verstecken, *verwildern (Feld)
enmoquetar 4
Teppichboden verlegen
enmudecer 33
verstummen (lassen)
***enmugrar** 4
verschmutzen
ennegrecer 33
schwärzen
ennoblecer a/c; ~ a alg. 33
etw. veredeln; jdn adeln
enojar 4
ärgern
enorgullecer 33
mit Stolz erfüllen
enquistarse 4
sich abkapseln
enrabietar(se) 4
wütend machen/werden
enraizar 15/10
Akzentuierung (15) + z ► c (10); Wurzeln schlagen
enrarecer; ~se 33
dünn werden (Luft); knapp werden
enredar 4
Unfug treiben
enrejar 4
vergittern
***enrielar(se)** 4
aufgleisen
enriquecer a/c; ~ a alg. 33
etw. anreichern; jdn reich machen
enrocar 22
rochieren (Schach)
enrojecer 33
erröten
enrolar 4
(an)heuern, mustern
enrollar 4
zusammenrollen
enronquecer(se) 33
heiser machen/werden
enroscar 22
einschrauben
enrostrar a/c a alg. 4
jdm etw. vorwerfen
ensalzar 10
preisen, rühmen
ensamblar 4
zusammenfügen
ensanchar 4
erweitern
ensangrentar 11
mit Blut beflecken
ensañarse contra alg. 4
seine Wut an jdm auslassen
ensartar 4
auffädeln, aufspießen
ensayar 4
versuchen, proben (Theaterstück)
► **enseñar** a/c, a alg. 4
etw./jdn zeigen, jdm etw beibringen
enseñorearse 4
sich bemächtigen
***enseriarse** 4
eine ernste Miene aufsetzen
ensillar 4
satteln

ensimismarse 4
sich in Gedanken vertiefen
ensoberbecerse 33
hochmütig werden
ensombrecer a/c; **~se** 33
etw. verdüstern; trübsinnig werden
ensopar a/c; **~se** 4
etw. eintunken, *etw. einweichen; durchnässt werden
ensordecer 33
taub werden/machen
ensortijar 4
kräuseln
ensuciar 4
beschmutzen
entablar; ***~(se)** 4
in Gang bringen, einleiten (Verfahren); *gleichziehen
entablillar 4
einschienen
entallar 4
ausmeißeln
entarimar 4
mit Dielen versehen
► **entender** 30
verstehen
entenebrecer 33
verfinstern
enterar a alg.; **~se** de a/c, de alg. 4
jdn informieren, *jdn zahlen; sich über etw./jdn informieren
enternecer a alg. 33
jdn rühren
enterrar 11
begraben, *annageln
entibiar 4
lau machen
entintar 4
(ein)färben
entoldar 4
mit einem Sonnendach versehen
entonar a/c; ~ con a/c 4
etw. anstimmen (Gesang), den Ton halten; zu etw. passen
entontecer 33
verdummen
entornar 4
teilweise öffnen, anlehnen (Tür)
entorpecer 33
lähmen, behindern
entrampar 4
überlisten
entrañar 4
mit sich bringen, in sich bergen
entrar 4
hineingehen
entreabrir 51
PP: entreabierto; teilweise öffnen
entrechocar 22
aneinander stoßen
entrecomillar 4
in Anführungszeichen setzen
entrecortar 4
einschneiden, unterbrechen
entrecruzar 10
kreuzen
entregar a/c a alg. 18
jdm etw. (über)geben
entrelazar 10
verflechten
entremeterse 24
sich einmischen
entremezclar 4
vermischen
entrenar(se) 4
trainieren

entresacar 22
herausuchen

entretejer 24
einweben

entretener a alg. 45
jdn unterhalten

entrever 48
undeutlich sehen,
durchschauen (Vorhaben)

entrevistar 4
interviewen

entristecer 33
betrüben

entrometerse 24
sich einmischen

entroncarse 22
sich verschwägern,
*Anschluss haben (Zug)

entronizar 10
auf den Thron erheben

entubar 4
mit Röhren versehen, intubieren

entumecerse 33
erstarren, gefühllos werden
(Gliedmaßen)

enturbiar 4
trüben

entusiasmar 4
begeistern

enumerar 4
aufzählen

enunciar 4
äußern

envainar 4
in die Scheide stecken (Degen)

envalentonar 4
ermutigen

envanecer a alg.; **~se** de a/c. . . 33
jdn stolz machen; auf etw.
eitel werden

envarar 4
erstarren

envasar 4
abfüllen, verpacken

envejecer; ~se 33
alt machen; alt werden

envenenar 4
vergiften

enviar 15
schicken

enviciar 4
moralisch verderben

envidar 4
bieten (Kartenspiel)

envidiar a/c a alg. 4
jdn um etw. beneiden

envilecer 33
herabwürdigen

enviudar 4
Witwe(r) werden

envolver a/c; **~se** en a/c. 49
etw. einpacken; sich in etw.
verwickeln

***enyerbar** 4
einen giftigen Trank geben

enyesar 4
eingipsen

enzarzar a/c; ~ a alg. en a/c. . . 10
etw. mit Dornen bedecken;
jdn in etw. (Streit) verwickeln

epilogar 18
in einem Nachwort
zusammenfassen

equidistar 4
gleich weit entfernt sein

equilibrar 4
ins Gleichgewicht bringen

equipar 4
ausrüsten

equiparar a alg. con alg. 4
jdn mit jdm gleichstellen
equivaler a a/c 47
einer Sache gleichwertig sein
► **equivocar** a/c; **~se** 22
etw. vertauschen; sich irren
erguir 62
aufrichten
erigir 63
errichten
erizar 10
sträuben
erosionar 4
abnutzen, erodieren
erradicar 22
ausrotten
errar 11
e ► ye: yerro, yerras ...;
sich irren
eructar 4
rülpsen
esbozar 10
skizzieren
escabechar 4
marinieren
escabullirse 64
entwischen
escacharrar 4
kaputtmachen
escalar; ~ a/c 4
bergsteigen; etw. hinaufklettern
escaldar 4
abbrühen, verbrühen
escalfar 4
pochieren
escalonar a/c; ~ a alg. 4
etw. staffeln; jdn formieren (Truppen)
escamar 4
abschuppen
escamotear 4
wegzaubern
escampar 4
aufklaren
escanciar 4
Wein einschenken
escandalizar; ~ a alg. 10
Lärm machen; jdn empören
escapar(se) 4
fliehen
escaquearse de a/c 4
etw. vermeiden
***escarapelar** 4
schälen
escarbar 4
scharren
escarchar 4
kristallisieren
escardar 4
jäten
escarificar 22
einritzen
escarmentar; ~ a alg. 11
dazulernen; jdn hart bestrafen
escarnecer 33
verspotten
escasear 4
spärlich vorhanden sein
escatimar a/c 4
etw. vorenthalten, mit etw. sparen
escayolar 4
eingipsen
escenificar 22
inszenieren
escindir 51
(ab)spalten
esclarecer 33
erleuchten, aufhellen, dämmern
esclavizar 10
versklaven

esclerosar 4
Sklerose hervorrufen
escobar 4
fegen
escocer 27
brennen, wehtun
escoger 38
(aus)wählen
escolarizar 10
einschulen
escollar 4
stranden, *scheitern
escoltar 4
geleiten
esconder a/c 24
etw. verstecken
escorar 4
abstützen
escotar 4
mit einen Ausschnitt versehen
escribir 51
PP: escrito; schreiben
escriturar 4
notariell beurkunden
escrutar 4
in Augenschein nehmen
escuchar a/c, a alg. 4
etw./jdn (an)hören, jdm zuhören
escudar a alg.; **~se** en a/c, ... 4
en alg.
jdn beschützen; sich hinter etw./jdm verschanzen
escudriñar a/c 4
etw. untersuchen
esculpir 51
gestalten (Skulptur)
escupir 51
(aus)spucken
escurrir 51
abtropfen lassen, schleudern

esforzar a/c; **~se** 6
etw. verstärken; sich anstrengen
esfumar a/c; **~se** 4
etw. verwischen; sich auflösen, in der Ferne verschwinden
esgrimir 51
fechten
eslabonar 4
verketten
esmaltar 4
emaillieren
esmerar a/c; **~se** 4
etw. polieren; sich Mühe geben
esmerilar 4
(ab)schmirgeln
esnifar 4
sniffen, schnüffeln
espabilar a alg.; **~se** 4
jdn munter machen; munter werden
espachurrar 4
zerquetschen
espaciar 4
auseinander rücken
espantar 4
erschrecken
españolear 4
für Spanien werben
españolizar 10
hispanisieren
esparcir 51
(ver)streuen
especializarse en a/c 10
sich auf etw. spezialisieren
especificar 22
spezifizieren
especular 4
spekulieren
espejear 4
glitzern

espeluznar 4
entsetzen
esperanzar(se) 10
(sich) Hoffnung machen
► **esperar** 4
(er)warten, (er)hoffen
***espernancarse** 22
die Beine spreizen
espesar 4
verdicken
espetar 4
durchbohren
espiar 15
(nach)spionieren
espichar 4
aufspießen, krepieren
espigar 18
sammeln, zusammensuchen (Daten)
espirar 4
ausatmen
espiritualizar 10
vergeistigen, beseelen
espolear 4
anspornen
espolvorear 4
bestäuben
esponjar 4
mit dem Schwamm abwischen
esposar 4
Handschellen anlegen
espulgar a/c, a alg. 18
etw./jdn entlausen, etw. genau prüfen
espumar 4
schäumen
esputar 4
ausspucken
esquematizar 10
schematisieren
esquiar 15
Ski laufen
esquilar 4
scheren (Tiere)
esquilmar 4
ernten
esquinar 4
eine Ecke bilden
esquivar 4
ausweichen
estabilizar 10
stabilisieren
establecer a/c; **~se** 33
etw. gründen; sich niederlassen
estabular 4
im Stall aufziehen
estacionar 4
parken
estafar 4
betrügen
estallar 4
bersten, ausbrechen (Revolte)
estampar 4
(be)drucken
estampillar 4
stempeln
estancar 22
stauen (Fluss)
estandardizar 10
standardisieren
► **estar** 2
sein, sich befinden
estatalizar 10
verstaatlichen
estatuir 56
festlegen
estenografiar 15
stenografieren
estercolar 4
misten

estereotipar 4
stereotypieren
esterilizar 10
sterilisieren
estibar 4
verstauen
estigmatizar 10
stigmatisieren, brandmarken
estilar a/c; **~se** 4
etw. zur Gewohnheit haben; üblich sein
estilizar 10
stilisieren
estimar 4
schätzen
estimular 4
stimulieren
estipular 4
vereinbaren
estirajar 4
zerren
estirar 4
zerren, strecken
estofar 4
schmoren
estomagar 18
auf die Nerven gehen
estoquear 4
niederstechen
estorbar 4
stören
estornudar 4
niesen
estragar 18
verwüsten
estrangular 4
erwürgen
estraperlear 4
Schwarzhandel treiben
estratificar 22
stratifizieren
estrechar a/c; ~ a alg. 4
etw. verengen; jdn an sich drücken
estregar 16
reiben
estrellar 4
zerbrechen
estremecer 33
erschüttern
estrenar 4
zum ersten Mal verwenden, uraufführen
estreñir 55
zur Verstopfung führen
estresar a alg. 4
jdn stressen
estriar 15
riffeln
estribar(se) 4
(sich) aufstützen
estropear 4
kaputtmachen
estructurar 4
strukturieren
estrujar 4
(aus)pressen
estucar 22
stuckieren
estuchar 4
in Schachteln verpacken
estudiar 4
lernen, studieren
estuprar 4
zur Prostitution zwingen
eternizar 10
verewigen
etimologizar 10
den Wortursprung ergründen

etiquetar 4
etikettieren
europeizar 15/10
Akzentuierung (15) +
z ► c (10); europäisieren
evacuar 4
evakuieren, leeren
evadir a/c, a alg.; **~se** 51
etw./jdm ausweichen, etw./
jdm entrinnen; fliehen
evaluar 12
bewerten
evangelizar 10
das Evangelium predigen, zum
Christentum bekehren
evaporar 4
verdampfen
evidenciar 4
einleuchtend beweisen
evitar 4
vermeiden
evocar 22
anrufen, beschwören (Geister)
evolucionar 4
sich (fort)entwickeln
exacerbar a/c; ~ a alg. 4
etw. verschlimmern; jdn
wütend machen
exagerar 4
übertreiben
exaltar 4
erheben, preisen
examinar 4
prüfen, examinieren
exasperar 4
erzürnen
excarcelar 4
aus der Haft entlassen
excavar 4
(aus)graben

exceder 24
übersteigen, übertreffen
exceptuar 12
ausschließen
excitar 4
anregen, anstacheln
exclamar 4
ausrufen
excluir 56
ausschließen
excomulgar 18
exkommunizieren
excretar 4
den Darm entleeren
exculpar 4
von Schuld entlasten
excusar 4
entschuldigen
execrar 4
verfluchen, verabscheuen
exfoliar 4
(ab)lösen
exhalar 4
ausströmen, ausdünsten
exhibir 51
ausstellen (Bilder o.ä.)
exhortar 4
ermahnen
exhumar 4
ausgraben, exhumieren
exigir 63
fordern
exiliar 4
ins Exil schicken
eximir a alg. de a/c 51
jdn von etw. befreien
existir 51
existieren
exonerar a alg. de a/c 4
jdn von etw. befreien (Steuer)

exorcizar 10
exorzieren, austreiben (Geister)

expandir 51
ausdehnen

expansionarse 4
sich ausdehnen

expatriar 15
des Landes verweisen

expectorar 4
aushusten

expedientar 4
disziplinarrechtlich verfolgen

expedir 77
erledigen, versenden

expeler 24
ausstoßen

expender 24
verkaufen, vertreiben

***expensar** 4
bezahlen

experimentar 4
experimentieren

expiar 15
sühnen

expirar 4
sterben, ablaufen

explayar 4
ausbreiten

explicar 22
erklären

explicitar 4
verdeutlichen

explicotearse 4
sich offen aussprechen

explorar 4
erkunden

explosionar 4
explodieren

explotar 4
nutzen, ausbeuten

expoliar 4
ausrauben

exponer 37
darlegen, ausstellen

exportar 4
exportieren

expresar 4
ausdrücken, äußern

exprimir a/c; ~ a alg. 51
etw. auspressen; jdn ausquetschen

expropiar 4
enteignen

expugnar 4
erstürmen

expulsar a alg. de a/c 4
jdn aus etw. vertreiben

expurgar 18
reinigen, zensieren

extasiar a alg.; **~se** 15
jdn verzücken; in Verzückung geraten

extender(se) 30
(sich) ausbreiten, verbreiten

extenuar 12
erschöpfen

exteriorizar 10
äußern, ausdrücken (Gefühle)

exterminar 4
ausrotten

extinguir 60
(aus)löschen

extirpar 4
operativ entfernen

extorsionar 4
erpressen

extractar 4
exzerpieren

extraditar a alg. 4
jdn ausliefern

extraer 46
herausziehen
extralimitarse 4
zu weit gehen
extranjerizar................ 10
überfremden
extrañar 4
erstaunen
extrapolar................... 4
hochrechnen
extraviar a/c; ~ a alg. 15
etw. verlegen; jdn vom Weg abbringen
extremar.................... 4
aufs Äußerste treiben
exudar...................... 4
ausschwitzen
exultar 4
jubeln
eyacular 4
ejakulieren

F

fabricar.................... 22
herstellen
fabular 4
fabulieren
facilitar.................... 4
erleichtern
facturar.................... 4
berechnen, abfertigen
facultar.................... 4
ermächtigen
faenar 4
arbeiten
fajar a alg.; **~se** 4
wickeln (Säugling); sich eine Schärpe umlegen, *sich schlagen

fallar; ~ a/c 4
versagen, fehlschlagen, daneben schießen; fällen (Urteil)
fallecer 33
sterben
falsear..................... 4
(ver)fälschen
falsificar 22
fälschen
► **faltar** 4
fehlen
familiarizar(se) con a/c....... 10
(sich) mit etw. vertraut machen
fanatizar 10
aufhetzen
fanfarronear................ 4
prahlen
fantasear 4
phantasieren
fardar de a/c................ 4
mit etw. protzen
farfullar.................... 4
stottern
farolear.................... 4
prahlen
***farrear**.................... 4
feiern
fascinar.................... 4
faszinieren
fastidiar 4
ärgern, auf die Nerven gehen
fatigar 18
ermüden
favorecer a alg............... 33
jdn begünstigen, sich mit jdm gut stellen
fechar 4
datieren
fecundar 4
befruchten

federar(se) 4
(sich) verbünden

felicitar a alg. por a/c 4
jdm zu etw. gratulieren

fenecer 33
umkommen

feriar 4
sich freinehmen

fermentar 4
gären

fertilizar 10
fruchtbar machen

festejar 4
feiern

festonear 4
säumen

fiar en a/c, en alg. 15
auf etw./jdn vertrauen

fichar; ~ a/c; ~ a alg.. 4
stempeln (Stechuhr); etw registrieren; jdn polizeilich erfassen, jdn verpflichten (Sportler)

figurar en a/c 4
in etw. erscheinen

fijar 4
befestigen

filetear 4
mit Leisten verzieren

filmar 4
(ver)filmen

filosofar 4
philosophieren

filtrar. 4
durchsickern, filtern

finalizar 10
(be)enden

financiar 4
finanzieren

fingir 63
vortäuschen

finiquitar. 4
saldieren

***fintear**. 4
unaufrichtig sein

firmar 4
unterschreiben

fiscalizar. 10
steuerlich prüfen

fisgar en a/c. 18
in etw. herumschnüffeln

fisgonear 4
schnüffeln

flagelar. 4
auspeitschen

flamear. 4
lodern

flanquear 4
flankieren

flaquear 4
nachlassen

flechar a/c; ~ a alg. 4
den Bogen spannen; jdm den Kopf verdrehen

fletar. 4
chartern, *verleihen

flexibilizar 10
flexibilisieren

flexionar. 4
beugen

flirtear. 4
flirten

flojear. 4
schwächer werden

florear. 4
mit Blumen schmücken, *blühen

florecer. 33
blühen

flotar. 4
treiben, schweben

fluctuar 12
schwanken
fluidificar 22
verflüssigen
fluir 56
fließen
foguear a alg. 4
jdn abhärten
foliar 4
nummerieren
follar 4
bumsen
fomentar a/c 4
etw. fördern, etw. begünstigen
fondear; *~se. 4
(ver)ankern; *sich bereichern
forcejear 4
sich anstrengen
forestar 4
aufforsten
forjar 4
schmieden
formalizar a/c; **~se** 10
etw. formalisieren; förmlich werden
formar 4
formen, bilden
formatear 4
formatieren
formular 4
formulieren
fornicar 22
Geschlechtsverkehr haben
forrar 4
auskleiden (Wände), füttern (Kleidungsstück)
fortalecer 33
stärken
fortificar 22
befestigen
forzar 6
(er)zwingen
fosforecer 33
phosphoreszieren
fosilizarse 10
fossilieren, verknöchern
fotocopiar 4
(foto)kopieren
fotografiar 15
fotografieren
fracasar 4
scheitern
fraccionar 4
(zer)teilen
fracturar 4
zerbrechen
fragmentar 4
zerlegen
fraguar 14
sich verfestigen
franquear 4
frankieren
frasear 4
in Sätzen ausdrücken
fraternizar 10
sich verbrüdern
frecuentar 4
regelmäßig besuchen, frequentieren
fregar a/c; **~se** 16
etw. abwaschen, etw. glatt reiben; *(sich) ärgern
fregotear 4
flüchtig putzen
freír 73
braten, frittieren
frenar 4
bremsen
fresar 4
fräsen

friccionar 4
(ein)reiben
frisar 4
aufrauen
frivolizar 10
auf die leichte Schulter nehmen
frotar 4
reiben
fructificar 22
Früchte tragen
fruncir 79
kräuseln
frustrar a/c; ~ a alg. 4
etw. zunichte machen; jdn enttäuschen, jdn frustrieren
fugarse 18
fliehen
fulgurar 4
strahlen
fulminar 4
zünden
fumar 4
rauchen
fumigar 18
ausräuchern
funcionar 4
funktionieren
fundamentar 4
untermauern
fundar a/c; ~ en a/c 4
etw. gründen; auf etw. gründen
fundir a/c; **~se** 51
etw. schmelzen; fusionieren, sich ruinieren
fusilar 4
(standrechtlich) erschießen
fusionar 4
verschmelzen, fusionieren
fustigar 18
peitschen

G

gafar 4
verklammern
galantear a alg. 4
jdm den Hof machen
galardonar a alg. 4
jdn auszeichnen (mit einem Preis)
gallardear 4
Mut zur Schau tragen, aufschneiden
gallear 4
angeben, protzen
galopar 4
galoppieren
galvanizar 10
galvanisieren
► **ganar** a/c 4
etw. verdienen, etw. gewinnen
gandulear 4
faulenzen
gangrenarse 4
den Brand bekommen (Medizin)
gansear 4
herumlungern
gañir 64
jaulen
garabatear 4
(hin)kritzeln
garantizar 10
garantieren
gargajear 4
(aus)spucken
***gargarear** 4
gurgeln
gargarizar 10
gurgeln
garrapatear 4
(hin)kritzeln
garrapiñar 4
kandieren

***garuar** 12
nieseln
gasear a alg. 4
jdn vergasen
gasificar a/c 22
etw. vergasen, etw. in Gas verwandeln
► **gastar** 4
ausgeben (Geld), verbrauchen
gatear 4
krabbeln
gemir 77
stöhnen
generalizar 10
verallgemeinern
generar 4
hervorbringen, generieren
germanizar 10
germanisieren, eindeutschen
germinar 4
sprießen, keimen
gestarse 4
sich entwickeln
gesticular 4
gestikulieren
gestionar 4
in die Wege leiten
gibar a/c; ~ a alg. 4
etw. krümmen; jdn belästigen
gimotear 4
ächzen
girar; ~ a a/c 4
(sich) drehen; abbiegen nach …
gitanear 4
sich wie ein Zigeuner benehmen
glasear 4
glasieren
globalizar 10
globalisieren
gloriar 15
rühmen
glorificar 22
verherrlichen
glosar 4
erläutern, deuten, übel auslegen
gobernar 11
regieren
golear 4
schießen (Tor)
golfear 4
sich herumtreiben
golosear 4
naschen
golpear 4
schlagen
golpetear 4
hämmern
gorgoritear 4
trillern
gorgotear 4
gluckern
gorjear 4
zwitschern
gorronear 4
schmarotzen, schnorren
gotear 4
tropfen
gozar a/c; ~ **de** a/c 10
etw. genießen; sich an etw. erfreuen
grabar 4
gravieren, aufzeichnen
graduar a/c; ~**se** en a/c 12
etw. regulieren, etw. abstufen; einen akademischen Grad erwerben
granar 4
Samen bilden

granizar 10
unpers.; hageln
granjear a/c; **~se** 4
etw. erwerben; sich beliebt machen
granular 4
granulieren
grapar 4
heften
gratificar a alg. por a/c 22
jdn für etw. belohnen
gratinar 4
überbacken
gravar a/c 4
etw. belasten, etw. besteuern
gravitar 4
gravitieren
graznar 4
krächzen, schnattern
grillarse 4
auskeimen
grisear 4
ergrauen
gritar 4
(an)schreien
gruñir 64
grunzen
***guantear** 4
ohrfeigen
guardar 4
bewachen, (auf)bewahren
guarecer a alg. 33
jdn schützen
guarnecer 33
verzieren
guarrear 4
heulen, schreien
guasearse de alg. 4
sich über jdn lustig machen
guerrear 4
Krieg führen
guerrillear 4
einen Guerillakrieg führen
guiar 15
lenken, leiten
guillotinar 4
guillotinieren
guiñar 4
(zu)zwinkern
guipar 4
glotzen
guisar 4
schmoren, kochen (Speisen)
gulusmear 4
naschen
► **gustar** 4
gefallen, schmecken

H

► **haber** 1
vorhanden sein, haben sein (Hilfsverb)
habilitar a/c; ~ a alg. 4
etw. einrichten; jdn befähigen, jdn ermächtigen
habitar 4
(be)wohnen
habituar(se) a a/c, a alg. 12
(sich) an etw./jdn gewöhnen
► **hablar** 4
sprechen, reden
► **hacer** 31
machen, tun
hacinar 4
aufschichten
halagar a alg. 18
jdn/jdm (um)schmeicheln
hallar 4
finden, erfinden

***hamaquear(se)** 4
(sich) in der Hängematte schaukeln

haraganear 4
faulenzen

hartar a alg. 4
jdn (über)sättigen

hastiar 15
satt bekommen, langweilen

hebraizar 15/10
Akzentuierung (15) + z ► c (10); hebräische Wörter verwenden

hechizar a alg. 10
jdn verhexen, jdn verzaubern

heder 30
stinken

helar; ~ a/c; ~ a alg. 11
frieren; etw. gefrieren lassen; jdn verblüffen

helenizar 10
hellenisieren

henchir 77
anfüllen

hendir 59
spalten

heñir 55
kneten

heredar a/c de alg. 4
etw. von jdm erben

herir 68
verwunden

hermanar a/c; **~se** 4
etw. verknüpfen; sich verbrüdern

hermosear 4
verschönern

herniarse 4
sich einen Bruch heben

herrar 11
beschlagen, behufen

herrumbrar 4
rosten

hervir 68
kochen, gären (Alkohol)

hibernar 4
Winterschlaf halten, überwintern

hidratar 4
hydratisieren

higienizar 10
den Hygienevorschriften anpassen

hilar 4
(ver)spinnen

hilvanar 4
verknüpfen

hincar 22
(hin)einschlagen (Nagel)

hinchar 4
aufblasen

hipar 4
Schluckauf haben

hipertrofiarse 4
übermäßig wuchern

hipnotizar 10
hypnotisieren

hipotecar 22
mit einer Hypothek belasten

hispanizar 10
hispanisieren

historiar a/c; *~ a alg. 4
etw. geschichtlich darstellen; *jdn verwirren

hocicar 22
mit der Schnauze aufwühlen

hojaldrar 4
zu Blätterteig machen

hojear 4
flüchtig lesen, durchblättern

holgar 21
freihaben, überflüssig sein
holgazanear 4
faulenzen
hollar a/c 19
etw. betreten, etw. schänden
homenajear a alg. 4
jdn ehren
homogeneizar 15/10
Akzentuierung (15) +
z ► c (10); homogenisieren
homologar 18
amtlich genehmigen
hondear 4
sondieren
honorificar 22
ehren
honrar a/c, a alg.; ~ a alg. 4
(con a/c)
etw./jdn schätzen, etw./jdn
ehren; jdn (mit etw.) beehren
horadar 4
durchbohren
hormiguear 4
kribbeln, wimmeln
hornear 4
backen
horripilar 4
entsetzen, die Haare zu Berge
stehen lassen
horrorizar 10
entsetzen
hospedar 4
beherbergen, unterbringen
hospitalizar 10
ins Krankenhaus einweisen/
einliefern
hostigar; ~ a alg. 18
sticheln; jdn züchtigen,
*süßlich sein
hostilizar 10
anfeinden
hozar 10
wühlen
huir 56
fliehen
humanizar 10
personifizieren, humanisieren
humear; *~ a/c 4
rauchen, qualmen; *etw.
ausräuchern
humedecer 33
anfeuchten
humidificar 22
befeuchten
humiliar 4
demütigen
hundir 51
versenken
hurgar en a/c 18
in etw. herumwühlen
***hurguetear** en a/c 4
in etw. herumschnüffeln
huronear 4
herumschnüffeln
hurtar 4
entwenden, stehlen
husmear 4
beschnüffeln, wittern

I

idealizar 10
idealisieren
idear a/c 4
sich etw. ausdenken
identificar 22
identifizieren
idiotizar 10
verblöden

idolatrar 4
vergöttern
ignorar 4
nicht kennen, ignorieren
igualar a/c; ~ a alg. 4
etw. ebnen, etw. gleich machen; jdm gleichkommen
ilegitimar 4
für unrechtmäßig/unehelich erklären
iluminar 4
erleuchten
ilusionar a alg.; **~se** con a/c . . . 4
jdm falsche Hoffnungen machen; sich freuen über etw., sich begeistern für etw.
ilustrar 4
illustrieren
imaginar 4
sich vorstellen
imantar 4
magnetisieren
imbricar 22
überlappen
imbuir 56
einprägen
imitar 4
imitieren
impacientarse 4
die Geduld verlieren
impactar en a/c; ~ a alg. 4
in etw. einschlagen; jdn beeindrucken
impartir a/c a alg. 51
jdm etw. erteilen
impedir a/c; ~ a alg. 77
etw. verhindern, jdn abhalten
impeler a/c, a alg. 24
etw./jdn antreiben; jdn anspornen

imperar 4
herrschen
impermeabilizar 10
undurchlässig machen
implantar 4
errichten, einführen
implementar 4
anwenden
implicar a/c; ~ a alg. en a/c . . . 22
etw. implizieren; jdn in etw. hineinziehen
implorar 4
anflehen
imponer a alg.; ~ a/c; **~se** 37
jdm imponieren; etw. aufbürden; sich aufdrängen
► **importar**; ~ a/c; ~ a alg.. . . . 4
wichtig sein; etw. importieren; jdm ausmachen
importunar a alg. 4
jdn stören
imposibilitar 4
verhindern, unmöglich machen
imprecar a alg. 22
jdn verfluchen
impregnar 4
tränken, imprägnieren
impresionar 4
beeindrucken
imprimir 51
drucken
***improbar** 19
missbilligen
improvisar 4
improvisieren
impugnar 4
anfechten
impulsar a/c; ~ a alg. 4
etw. schieben; jdn antreiben

imputar a/c; ~ a/c a alg. 4
etw. verbuchen; jdm etw. zuschreiben

inaugurar 4
einweihen

incapacitar a alg. 4
jdn entmündigen, jdn unfähig machen

incardinar(se) 4
sich dauerhaft binden

incautarse de a/c. 4
etw. beschlagnahmen

incendiar 4
anzünden

incensar 11
beweihräuchern

incentivar a alg. 4
jdn stimulieren, jdn motivieren

incidir en a/c 51
auf etw. aufmerksam machen

incinerar 4
verbrennen, einäschern

incitar a alg.; ~ a alg. a a/c 4
jdn anspornen; jdn zu etw. anstiften

inclinar(se) 4
(sich) neigen, (sich) beugen

incluir 56
einschließen, beinhalten

incoar 4
einleiten, eröffnen (Verhandlungen)

incomodar 4
stören, belästigen

incomunicar 22
(ab)sperren, isolieren

incordiar 4
ärgern

incorporar 4
eingliedern

incrementar 4
erhöhen

increpar 4
tadeln

incriminar a alg. de a/c 4
jdn einer Sache beschuldigen

incrustar a/c; **~se** 4
etw. einlegen; sich festsetzen

incubar 4
(aus)brüten

inculcar a/c a alg. 22
jdm etw. mühsam beibringen

inculpar a alg. de a/c. 4
jdn einer Sache anklagen

incumbir 51
unpers.; betreffen, obliegen

incumplir 51
nicht erfüllen, zuwiderhandeln

incurrir en a/c 51
in etw. geraten, in etw. kommen

incursionar 4
eindringen

indagar 18
nachspüren, ermitteln

indemnizar 10
entschädigen

independizar 10
befreien

indicar a/c a alg. 22
jdm etw. angeben

indigestarse 4
sich den Magen verderben

indignar a alg.; **~se** 4
jdn zornig machen; sich entrüsten

indisciplinarse 4
sich auflehnen

indisponer a alg.; ~ a alg. con alg. 37
jdm zusetzen; jdn gegen jdn aufbringen

individualizar 10
einzeln betrachten

inducir a/c; ~ a alg. a a/c 54
etw. schlussfolgern; jdn zu etw. anstiften

indultar 4
begnadigen

industrializar 10
industrialisieren

infamar 4
entehren

infartar 4
einen Herzinfarkt hervorrufen

infectar 4
infizieren, anstecken

inferir a/c; ~ a/c a alg. 68
etw. folgern; jdm etw. zufügen

infestar 4
befallen, verseuchen

infiltrar 4
einsickern lassen

inflamar(se) 4
(sich) entzünden

inflar 4
aufblasen

infligir a/c a alg.. 63
jdm etw. zufügen

influenciar a alg. 4
jdn beeinflussen

influir a/c, a alg.. 56
etw./jdn beeinflussen

informar 4
informieren

informatizar 10
auf EDV umstellen

infrautilizar 10
unzureichend nutzen

infravalorar a/c 4
etw. unterbewerten, etw. unterschätzen

infringir a/c 63
gegen etw. verstoßen

infundir a/c a alg. 51
jdm etw. einflößen

ingeniar 4
erfinden

ingerir 68
einnehmen (Medikamente)

ingresar a/c; ~ en a/c 4
etw. einzahlen; etw. beitreten (Verein), in etw. einliefern/eingeliefert werden (Krankenhaus)

inhabilitar a alg.. 4
jdn für unfähig erklären

inhalar 4
einatmen

inhibir 51
unterdrücken, hemmen

inhumar 4
beisetzen

inicializar 10
initialisieren

iniciar a/c; ~ a alg. en a/c. 4
etw. beginnen; jdn mit etw. vertraut machen

injerir 68
einführen (Sonde)

injertar 4
pfropfen

injuriar 4
beschimpfen

inmigrar 4
einwandern

inmiscuirse en a/c. 56
sich in etw. einmischen

inmolar 4
opfern
inmortalizar 10
unsterblich machen
inmovilizar 10
lahm legen, lähmen
inmunizar 10
immunisieren
inmutar a alg. 4
jdn verändern, jdn erschüttern
innovar 4
erneuern
inocular 4
inokulieren
inquietar 4
beunruhigen
inquirir 65
untersuchen, nachforschen
insalivar 4
mit Speichel vermischen
inscribir(se) 51
PP: inscrito; (sich) anmelden
inseminar 4
(künstlich) befruchten
insensibilizar 10
unempfindlich machen
insertar 4
inserieren, einfügen, veröffentlichen (Anzeige)
insinuar 12
andeuten
insistir en a/c 51
auf etw. bestehen
insolentarse 4
frech werden
insonorizar 10
schalldicht machen
inspeccionar 4
inspizieren
inspirar a/c; ~ a alg. 4
etw. einatmen; jdn inspirieren
instalar 4
installieren, unterbringen
instar a alg. a a/c 4
jdn zu etw. drängen
instaurar 4
errichten, etablieren
instigar a a/c; ~ a alg. a a/c ... 18
etw. anzetteln; jdn zu etw. anstiften
instilar 4
einträufeln
institucionalizar 10
institutionalisieren
instituir a/c; ~ a alg. 56
etw. einrichten; jdn einsetzen
instruir a alg. en a/c 56
jdn in etw. unterrichten/ausbilden
instrumentalizar 10
instrumentalisieren
instrumentar 4
instrumentieren
insubordinar 4
aufwiegeln
insultar 4
beschimpfen
insurreccionar(se) 4
einen Aufstand durchführen
integrar 4
bilden, integrieren
intelectualizar 10
auf seinen intellektuellen Gehalt reduzieren
intensificar 22
intensivieren
intentar 4
versuchen

interaccionar 4
Wechselwirkungen hervorrufen, interagieren

intercalar 4
einfügen

intercambiar 4
austauschen

interceder por alg. 24
sich für jdn einsetzen

interceptar 4
unterbrechen, abfangen

► **interesar** a alg.; **~se** por.... 4
a/c, por alg.
jdn interessieren; sich für etw./jdn interessieren

interferir; ~se en a/c 68
behindern, interferieren; sich in etw. einmischen

interiorizar 10
verinnerlichen

internacionalizar 10
internationalisieren

internar 4
internieren

interpelar 4
interpellieren

interpolar 4
interpolieren, einfügen

interponer a/c 37
etw. einschieben, etw. einlegen (Rechtsmittel)

interpretar 4
interpretieren

interrogar 18
befragen, verhören

interrumpir 51
unterbrechen

intervenir 78
eingreifen

interviuvar 4
interviewen

intimar con alg. 4
mit jdm vertraut werden

intimidar 4
einschüchtern

intitular 4
betiteln

intoxicar 22
vergiften

intranquilizar 10
beunruhigen

intrigar 18
intrigieren

intrincar 22
verwirren

introducir 54
hineinstecken, einführen

intubar 4
intubieren

intuir 56
ahnen

inundar 4
überschwemmen

inutilizar 10
unbrauchbar machen

invadir a/c 51
in etw. einfallen

invalidar 4
ungültig machen

inventar 4
erfinden

inventariar 15
Inventur machen

invernar 11
überwintern

invertir 68
umdrehen, investieren

investigar 18
(nach)forschen

investir a alg. 77
jdm einen Titel verleihen
invitar a alg. a a/c 4
jdn zu etw. einladen
invocar a/c; ~ a alg.. 22
sich auf etw. berufen; jdn flehentlich bitten
involucionar 4
sich zurückentwickeln
involucrar a/c; ~ a alg. en a/c . 4
etw. einschließen; jdn in etw. verwickeln
inyectar. 4
(ein)spritzen
ionizar. 10
ionisieren
► **ir** 66
1. Ps. Pl. Imperativ: häufig vamos (*anstatt* vayamos); gehen, fahren
irisar 4
Regenbogenfarben annehmen
ironizar 10
ironisch sein, ironisieren
irradiar 4
ausstrahlen
irrigar 18
bewässern
irritar. 4
reizen, irritieren
irrumpir. 51
gewaltsam eindringen
islamizar. 10
islamisieren
italianizar. 10
italienisieren
iterar. 4
wiederholen
izar 10
hissen

J

jabonar. 4
einseifen
jactarse. 4
prahlen
jadear 4
keuchen
jalar. 4
zerren, anziehen, *rennen
jalear. 4
anfeuern
jalonar a/c; ~ a alg.. 4
etw. markieren; jdn prägen
jamar. 4
verschlingen
jaranear 4
eine Sauftour machen
jarrear. 4
schütten (Regen)
jaspear 4
sprenkeln, marmorieren
jerarquizar 10
hierarchisieren
***jeremiquear** 4
wimmern
jeringar a/c; ~ a alg. 18
etw. spritzen; jdn ärgern
jinetear *a/c. 4
sich hoch zu Roß zeigen, *zureiten
joder 24
ficken, ärgern
jorobar 4
belästigen
jubilar a alg.; **~se**. 4
jdn pensionieren; in den Ruhestand treten
judaizar. 15/10
Akzentuierung (15) + z ► c (10); judaisieren

juerguearse ... 4
einen draufmachen

► **jugar** ... 17
spielen

juguetear ... 4
herumspielen

***jumarse** ... 4
sich betrinken

juntar(se) ... 4
(sich) verbinden, (sich) versammeln

juramentar ... 4
vereidigen

jurar ... 4
schwören

justificar ... 22
rechtfertigen

justipreciar a/c ... 4
etw. (ab)schätzen

juzgar ... 18
(be)urteilen, richten

K

kilometrar ... 4
nach Kilometern messen

L

labializar ... 10
labialisieren

laborar ... 4
(eifrig) arbeiten

labrar ... 4
bearbeiten, beackern, pflügen

lacerar a alg. ... 4
jdn verletzen, jdn schädigen

lacrar ... 4
versiegeln

lactar ... 4
stillen (Baby)

ladear(se) ... 4
(sich) neigen

ladrar ... 4
bellen

ladrillar ... 4
mit Ziegelsteinen pflastern

lagrimear ... 4
tränen

laicizar ... 10
verweltlichen

lamentar a/c; **~se** de a/c ... 4
etw. beklagen, etw. bedauern; sich über etw. beklagen

lamer ... 24
(ab)lecken

laminar ... 4
auswalzen

lancear ... 4
mit der Lanze verletzen

languidecer ... 33
verkümmern, dahinsiechen

lanzar ... 10
werfen

lapidar ... 4
steinigen

laquear ... 4
lackieren

largar a/c; **~se** ... 18
etw. loslassen; abhauen

lastimar ... 4
wehtun

lastrar ... 4
beschweren, mit Ballast versehen

latinizar ... 10
latinisieren

latir ... 51
schlagen (Herz)

laurear a alg. ... 4
jdn auszeichnen

lavar 4
waschen
lavotear 4
flüchtig waschen
laxar 4
lockern
leer 32
lesen
legalizar 10
legalisieren, beglaubigen
legar a/c a alg. 18
jdm etw. vererben
legislar 4
Gesetze erlassen
legitimar 4
(gesetzlich) anerkennen
legrar 4
ausschaben (Uterus)
***lerdear** 4
zu spät kommen
lesionar a alg.. 4
jdn verletzen, jdn schädigen
levantar a/c; **~se** 4
etw. (hoch)heben; aufstehen
levar 4
lichten (Anker)
levitar 4
in der Luft schweben
lexicalizar 10
lexikalisieren
liar 15
zusammenbinden
libar 4
saugen (Insekten)
liberalizar 10
liberalisieren
liberar a alg. 4
jdn befreien
libertar a alg. 4
jdn befreien, jdn retten
librar; ~ a alg. de a/c; **~se** 4
freihaben; jdn von etw. entbinden; sich befreien
licenciar a alg.; **~se** 4
jdn (aus dem Dienst) entlassen; sein Studium abschließen
licitar 4
bieten (Versteigerung)
licuar 4
verflüssigen
liderar 4
anführen, leiten
lidiar 4
kämpfen (als Stierkämpfer)
ligar; ~ a/c 18
anbändeln; etw. anbinden, etw. vereinigen
lijar 4
(ab)schmirgeln
limar 4
(zurecht)feilen
limitar a/c; ~ con a/c 4
etw. begrenzen; an etw. grenzen
limosnear 4
betteln
limpiar 4
reinigen, säubern
linchar 4
lynchen
lindar con a/c 4
an etw. angrenzen
liofilizar 10
gefriertrocknen
liquidar 4
bezahlen, liquidieren
lisiar 4
verwunden
lisonjear a alg. 4
jdm schmeicheln

listar 4
in eine Liste eintragen
litigar con/contra alg. 18
gegen jdn einen Prozess führen
litografiar 15
lithografieren
llagar 18
verwunden
► **llamar** a alg.; **~se** 4
jdn (an)rufen; heißen
llamear 4
flackern
llanear 4
in der Ebene wandern
***llapar** 4
hinzufügen
► **llegar**; ~ a a/c 18
(an)kommen; etw. erreichen
llenar 4
füllen
► **llevar** 4
tragen, (hin)bringen
llorar 4
weinen
lloriquear 4
wimmern
llover 29
unpers.; regnen
lloviznar 4
unpers.; nieseln
loar 4
loben
localizar 10
lokalisieren
lograr 4
erreichen, erlangen
loquear 4
Unsinn reden, spinnen
lubricar 22
(ein)schmieren
lubrificar 22
(ein)schmieren
luchar 4
kämpfen, ringen
lucir 67
leuchten
lucrarse de a/c 4
von etw. profitieren
lucubrar 4
in schlaflosen Nächten ausarbeiten
lustrar 4
polieren
luxar 4
ausrenken

M

***macanear** 4
Unsinn reden, schlagen
macerar 4
weich klopfen
machacar 22
zerstampfen
madrugar 18
früh aufstehen
madurar 4
reifen
magnetizar 10
magnetisieren
magnificar 22
vergrößern, verherrlichen
magrear a alg. 4
jdn befummeln
magullar(se) 4
(sich) quetschen
***majaderear** 4
belästigen
majar 4
zerstampfen (im Mörser)

malcasar(se) 4
(sich) unglücklich verheiraten
malcomer 24
nur wenig essen
malcriar 15
schlecht erziehen
maldecir a/c, a alg.; ~ de alg... 70
etw./jdn verfluchen; jdn verleumden
malear a alg. 4
jdn verderben
maleducar a alg. 22
jdn verziehen
malgastar 4
verschwenden
malherir 68
schwer verletzen
malhumorar 4
in schlechte Laune versetzen
maliciar de a/c; ~ a alg. 4
etw. argwöhnen; jdn verderben
malmeter a/c; ~ a alg. a a/c; .. 24
~ a alg. con alg.
etw. vergeuden; jdn zu etw. verleiten; jdn mit jdm entzweien
malograr 4
verschwenden, scheitern lassen
maltraer 46
schlecht behandeln
maltratar 4
misshandeln
malvender 24
unter Wert verkaufen
malversar 4
veruntreuen
malvivir 51
in ärmlichen Verhältnissen leben
mamar 4
gestillt werden

manar de a/c 4
aus etw. (aus)strömen, aus etw. hervorbringen, aus etw. entspringen
manchar 4
beflecken, beschmutzen
mancillar 4
entehren
mancipar a alg. 4
jdn unterwerfen
mancomunar; ~se 4
vereinen; gesamtschuldnerisch haften lassen
► **mandar** a/c a alg. 4
jdm etw. befehlen, jdn zu etw. auffordern, jdm etw. schicken
manducar 22
futtern
manejar 4
handhaben, manipulieren, *ein Auto fahren
mangar 18
klauen
mangonear en a/c 4
sich in etw. einmischen
maniatar 4
die Hände fesseln
manifestar a/c; **~se** 11
etw. äußern; sich äußern, demonstrieren
maniobrar 4
steuern, manövrieren
manipular a/c 4
etw. handhaben, etw. manipulieren
manosear a/c; ~ a alg. 4
etw. betasten; jdn begrapschen
manotear 4
gestikulieren

mantear 4
in die Luft werfen
mantener a/c; ~ a alg. 45
etw. festhalten; jdn unterhalten, jdn unterstützen
manufacturar 4
herstellen
manumitir 51
freilassen (Sklaven)
maquillar 4
schminken
maquinar 4
aushecken
maquinizar 10
mechanisieren
maravillar 4
in Bewunderung versetzen
marcar 22
markieren, wählen (Telefonnummer)
► **marchar(se)** 4
gehen, weggehen
marchitar 4
welken
marear; ~se 4
ein Schiff steuern; seekrank/schwindelig werden
marginar a alg. 4
jdn ausgrenzen, jdn ausschließen
maridar; ~ a/c 4
heiraten; etw. verbinden
marinar 4
marinieren
mariposear 4
flatterhaft sein, flirten
marrar 4
verfehlen
martillar 4
hämmern, martern

martillear 4
hämmern, ständig wiederholen
martirizar 10
(zu Tode) martern
masacrar 4
massakrieren
mascar 22
(vor)kauen
masculinizar 10
vermännlichen
mascullar 4
murmeln
masificar 22
vermassen, zur Masse machen
masticar 22
kauen
masturbarse 4
masturbieren
matar 4
beseitigen, töten
matasellar a/c 4
etw. abstempeln
materializar 10
materialisieren
matizar 10
schattieren, nuancieren
matricular(se) 4
(sich) einschreiben
matrimoniar 4
heiraten
maullar 8
miauen
maximizar 10
maximieren
mear 4
pinkeln
mecanizar 10
mechanisieren
mecanografiar 15
mit der Maschine schreiben

mecer 28
schütteln, schaukeln
mediar entre alg. 4
zwischen jdm vermitteln
mediatizar 10
einschränken
medicar(se) 22
Arznei verschreiben / einnehmen
medicinar(se) 4
Medikamente verabreichen/ einnehmen
medir 77
(aus)messen
meditar 4
meditieren
medrar 4
gedeihen
mejorar 4
verbessern
mellar 4
schartig machen, mindern
memorizar 10
auswendig lernen, speichern
mencionar 4
erwähnen
mendigar 18
betteln
menear 4
schwenken
menguar 14
abnehmen
menoscabar 4
vermindern
menospreciar 4
verachten
menstruar 12
menstruieren
mentalizar 10
vergegenwärtigen
mentar 11
erwähnen
mentir 68
lügen
menudear 4
häufig vorkommen, häufig tun
mercadear 4
Handel treiben
mercantilizar 10
kommerzialisieren
mercar 22
käuflich erwerben
merecer 33
verdienen, wert sein
merendar 11
vespern
mermar 4
sich verringern
merodear 4
plündern, herumstreichen
mesar 4
(aus)raufen
mestizar 10
rassisch vermischen
mesurar 4
mäßigen, zügeln
metaforizar 10
in Metaphern wiedergeben
metalizar 10
metallisieren
metamorfosear 4
umwandeln
meteorizar 10
Blähungen hervorrufen
► **meter** 24
(hinein)stecken
metodizar 10
methodisch anordnen
mezclar 4
(ver)mischen

microfilmar 4
auf Mikrofilm aufnehmen
migar 18
einbröckeln
militar en a/c 4
aktives Mitglied (einer Partei) sein
militarizar 10
militarisieren
mimar 4
verwöhnen
minar 4
untergraben
mineralizar 10
mineralisieren
minimizar 10
minimalisieren
ministrar 4
ein Amt ausüben
minusvalorar 4
unterbewerten
mirar 4
(an)schauen
mistificar 22
verfälschen
mitificar 22
in einen Mythos verwandeln
mitigar 18
lindern
mocar 22
schnäuzen
modelar 4
formen
moderar 4
mäßigen, zügeln, moderieren
modernizar 10
modernisieren
modificar 22
verändern
modular 4
modulieren
mofarse de alg. 4
jdn verspotten
mojar 4
nass machen
moldar 4
in eine Form einpassen
moldear 4
formen
moler 29
mahlen
molestar 4
belästigen
momificar 22
mumifizieren
mondar 4
schälen
monologar 18
monologisieren
monopolizar 10
monopolisieren
montar; ~ a/en a/c; ~ a/c. 4
reiten; einsteigen in etw., aufsteigen auf etw.; etw. aufziehen (Geschäft), etw. montieren
monumentalizar 10
monumentalisieren
moquear 4
triefen (Nase)
moralizar 10
moralisieren
morar en a/c 4
wohnen in, sich aufhalten in
morder 29
beißen
mordisquear 4
knabbern
morigerar 4
mäßigen
morir 61
PP: muerto; sterben

mortificar 22
quälen
mosconear 4
nerven
mosquear 4
verscheuchen
mostrar a/c a alg. 19
jdm etw. (vor)zeigen
motear 4
tüpfeln
motejar 4
mit Spitznamen versehen
motivar a/c; ~ a alg. 4
Anlass sein für etw., etw. begründen; jdn motivieren
motorizar 10
motorisieren
mover a/c; ~ a alg. a a/c 29
etw. bewegen; jdn zu etw. bewegen
movilizar 10
mobilisieren
mudar a/c; **~se** 4
etw. ändern; sich ändern, umziehen
mugir 63
muhen
mullir 64
auflockern, aufschütteln
multar 4
mit einer Geldstrafe belegen
multicopiar 4
vervielfältigen
multiplicar 22
multiplizieren, vermehren
municipalizar 10
in eine öffentliche Dienstleistung umwandeln
murar 4
ummauern
murmurar 4
murmeln
musitar 4
flüstern
mustiarse 4
verwelken

N

nacer 33
geboren werden
nacionalizar 10
verstaatlichen
nadar 4
schwimmen
nalguear 4
sich in den Hüften wiegen
narcotizar 10
narkotisieren
narrar 4
erzählen
nasalizar 10
nasalieren
naturalizar 10
einbürgern
naufragar 18
Schiffbruch erleiden
navegar 18
mit einem Schiff fahren
necesitar 4
benötigen, brauchen
negar 16
verneinen, leugnen
negociar a/c; ~ con a/c 4
etw. verhandeln; mit etw. handeln
negrear 4
schwarz werden
neutralizar 10
neutralisieren
nevar 11
unpers.; schneien

ninguneear a alg. 4
jdn nicht beachten
niñear 4
herumalbern
niquelar 4
vernickeln
nivelar. 4
nivellieren
nombrar a/c; ~ a alg.. 4
etw. (be)nennen; jdn ernennen
nominar 4
nominieren
noquear 4
k.o. schlagen
normalizar 10
normalisieren, normieren
notar 4
(be)merken, notieren
notificar 22
bekannt geben
novelar 4
Romane schreiben
nublar; ~se. 4
umnebeln; sich bewölken
numerar 4
nummerieren
nutrir a/c; ~ a alg. 51
etw. nähren; jdn ernähren

O

obcecar; ~se 22
(ver)blenden; verblendet sein
obedecer. 33
gehorchen
objetar 4
einwenden
objetivar 4
objektivieren
obligar a alg. a a/c. 18
jdn zu etw. zwingen
obliterar 4
verschließen (Gefäß),
entwerten (Briefmarken)
obnubilar 4
benebeln
obrar; ~ a/c 4
handeln; etw. tun, etw.
verrichten
obsequiar a alg. (con a/c) 4
jdn bewirten, jdn (mit etw.)
beehren
observar 4
beobachten
obsesionar 4
ständig plagen
obstaculizar 10
behindern
obstar 4
hinderlich sein
obstinarse en a/c. 4
hartnäckig auf etw. bestehen
obstruir a/c 56
etw. versperren, etw.
behindern
obtener. 45
erlangen
obturar 4
abdichten
obviar 4
umgehen (Problem)
ocasionar 4
hervorrufen
ociar 4
die Freizeit genießen
ocluir. 56
verschließen
ocultar a/c 4
etw. verbergen

ocupar a/c; **~se** de a/c, de alg. 4
etw. besetzen; sich um etw./ jdn kümmern

ocurrir 51
unpers.; geschehen

odiar 4
hassen

ofender a/c, a alg.; **~se** 24
etw./jdn beleidigen; beleidigt sein

ofertar 4
bieten

oficializar 10
amtlich bestätigen

oficiar de alg. 4
als jd fungieren

ofrecer a/c a alg. 33
jdm etw. (an)bieten

ofrendar 4
spenden

ofuscar a alg. 22
jdn blenden, jdn verwirren

► **oír** 69
hören

ojear a/c 4
etw. genau betrachten, etw. überprüfen

oler (a a/c) 34
(nach etw.) riechen

olfatear 4
beschnuppern, beriechen

olisquear 4
beschnüffeln

olvidar a/c, a alg.; **~se** de a/c, . 4
de alg.
etw./jdn vergessen

omitir 51
auslassen, unterlassen

ondear 4
sich wellen

ondular 4
sich wellen

***opacar(se)** 22
(sich) verdunkeln

operar; ~ a alg. 4
vorgehen, handeln; jdn operieren

opinar 4
meinen

oponer a/c; **~se** a a/c 37
etw. entgegensetzen; sich etw. widersetzen

opositar a a/c. 4
sich bewerben (auf eine staatl. Stelle)

oprimir a/c, a alg. 51
etw./jdn drücken, jdn unterdrücken

optar por a/c, por alg. 4
sich für etw./jdn entscheiden

optimar 4
optimieren

optimizar 10
optimieren

orar 4
beten

ordenar a/c; ~ a alg. 4
etw. aufräumen, etw. verordnen; jdm die Priesterweihe verleihen

ordeñar 4
melken

orear 4
(aus)lüften

organizar 10
organisieren

orientar a/c; ~ a alg.; **~se** a a/c 4
etw. ausrichten; jdm die Richtung angeben; sich an etw. ausrichten

originar 4
verursachen

orillar 4
säumen
orinar 4
urinieren
orlar 4
verzieren
ornamentar 4
verzieren
ornar 4
schmücken
orquestar 4
orchestrieren
osar 4
sich erdreisten
oscilar 4
schwanken, oszillieren
oscurecer 33
dunkel werden, verdunkeln
ostentar 4
zur Schau stellen
otear 4
absuchen (mit Blicken)
otorgar a/c; ~ a/c a alg. 18
etw. ausfertigen (Urkunde); jdm etw. gewähren
ovacionar 4
Beifall spenden
ovalar 4
eine ovale Form geben
ovar 4
Eier legen
ovillar 4
aufwickeln
ovular 4
einen Eisprung haben
oxidar(se) 4
oxidieren, rosten
oxigenar 4
mit Sauerstoff versetzen

P

pacer 33
weiden
pacificar a/c; ~ a alg.. 22
etw. befrieden; jdn aussöhnen
pactar con alg. 4
mit jdm paktieren
padecer; ~ a/c 33
leiden; etw. erleiden, unter etw. leiden
pagar 18
(be)zahlen
paginar 4
mit Seitenzahlen versehen
pajarear 4
Vögel fangen
paladear 4
schmecken, genießen
paliar 4
lindern
palidecer 33
erblassen
palmar 4
krepieren
palmear 4
klatschen
palmotear 4
heftig klatschen
palpar 4
abtasten
palpitar 4
zucken, pochen
panificar 22
Brot backen
papear 4
lallen
parabolizar 10
repräsentieren, exemplifizieren
parafrasear 4
umschreiben

paralizar a/c; ~ a alg. 10
etw. lahm legen; jdn lähmen
parangonar. 4
vergleichen
parapetarse 4
sich verschanzen
► **parar(se)** 4
anhalten, *(auf)stehen
parcelar 4
parzellieren
parchear. 4
flicken
► **parecer(se)** 33
aussehen, scheinen, (sich) ähneln
parir 51
gebären
parlamentar. 4
sich unterhalten
parlar 4
sprechen, plappern
parlotear. 4
schwätzen
parodiar 4
parodieren
parpadear. 4
blinzeln
***parquear**. 4
parken
parrandear 4
eine Kneipentour machen
participar en a/c 4
an etw. teilnehmen
particularizar 10
detailliert erläutern
partir; ~ a/c 51
abreisen; etw. (zer)teilen
► **pasar**; ~ a/c. 4
vorbeigehen, passieren; etw. überqueren, etw. verbringen

pasear. 4
spazieren gehen/fahren
pasmar a/c, a alg. 4
etw./jdn erstarren lassen, jdn verblüffen
pastar 4
weiden
pasteurizar. 10
pasteurisieren
pastorear 4
hüten (Vieh)
patalear 4
strampeln
patear. 4
Fußtritte versetzen
patentar 4
patentieren
patentizar. 10
offen legen
patinar 4
Schlitt-/Rollschuh laufen
patrocinar. 4
fördern, sponsern
patrullar 4
patrouillieren
pausar. 4
innehalten
pautar; ~ a alg. 4
linieren; jdn anleiten
pavimentar. 4
pflastern (Straße)
pavonearse. 4
sich aufspielen
peatonalizar. 10
zur Fußgängerzone machen
pecar. 22
sündigen
pechar; ~ con a/c 4
Tribut zollen; sich mit etw. abfinden, *schnorren

pedalear 4
in die Pedale treten

► **pedir**. 77
(er)bitten, verlangen, bestellen

pedorrear 4
furzen

pegar a/c; ~ a alg. 18
etw. kleben; jdn verprügeln

pegotearse 4
sich selbst einladen

peinar(se) 4
(sich) kämmen

pelar 4
schälen

pelear 4
kämpfen, streiten

peligrar 4
in Gefahr sein

pellizcar a alg. 22
jdn kneifen

pelotear 4
hin und her werfen

***peluquear(se)** 4
(sich) die Haare schneiden

penalizar 10
bestrafen

penar; ~ a alg.; **~se** por alg. . . . 4
leiden; jdn bestrafen; sich um jdn grämen

pender 24
(herab)hängen

penetrar a/c; ~ en a/c 4
etw. durchdringen; in etw. eindringen

► **pensar**; ~ en a/c, en alg. . . . 11
(nach)denken; an etw./jdn denken

pensionar 4
pensionieren

***pepenar** 4
auflesen

peraltar 4
überhöhen (Kurven)

percatarse de a/c. 4
sich einer Sache bewusst werden

percibir 51
wahrnehmen

percutir 51
schlagen, stoßen

► **perder** a/c, a alg.; **~se** 30
etw./jdn verlieren; sich verlaufen

perdonar 4
verzeihen

perdurar 4
andauern

perecer 33
sterben

peregrinar 4
pilgern

perennizar 10
verewigen

perfeccionar 4
vervollkommnen

perfilar 4
abrunden

perforar 4
(durch)bohren

perfumar; ~ a a/c, a alg. 4
duften; etw./jdn parfümieren

pergeñar 4
entwerfen

periclitar 4
in Gefahr sein

peritar 4
begutachten

perjudicar 22
schädigen

perjurar 4
einen Meineid leisten

permanecer 33
bleiben
permitir a/c a alg.; **~se** a/c.... 51
jdm etw. erlauben, jdm etw. ermöglichen; sich etw. erlauben
permutar a/c con a/c......... 4
etw. gegen etw. austauschen
pernoctar 4
übernachten
perorar 4
einen Vortrag halten
perpetrar 4
begehen (Verbrechen)
perpetuar 12
verewigen
perseguir 76
verfolgen
perseverar en a/c............ 4
auf etw. beharren
persignarse 4
sich bekreuzigen
persistir en a/c............. 51
auf etw. bestehen
personalizar................ 10
namentlich nennen, persönlich werden
personarse.................. 4
persönlich erscheinen
personificar 22
verkörpern, personifizieren
persuadir 51
überreden
pertenecer a a/c, a alg........ 33
zu etw./jdm gehören
pertrechar a alg. 4
ausrüsten
perturbar 4
stören
pervertir................... 68
verderben
pervivir.................... 51
weiterleben
pesar...................... 4
wiegen, abwägen
pescar..................... 22
angeln, fischen
pespuntear................. 4
(ab)steppen
pestañear.................. 4
blinzeln
petar 4
gefallen
petardear 4
(auf)sprengen
***peticionar**................ 4
beantragen
petrificar.................. 22
versteinern
piafar 4
piaffieren (Reitsport)
***pialar**.................... 4
mit dem Lasso einfangen
piar 15
piepsen
picar; ~ a/c, a alg. 22
stechen, brennen; etw. zerhacken, etw./jdn stechen
picotear 4
picken
pifiar...................... 4
unsauber anblasen (Flöte)
pigmentar................... 4
färben, pigmentieren
pillar a/c; ~ a alg. 4
etw. plündern, etw. rauben; jdn erwischen
pilotar..................... 4
steuern
pimplar..................... 4
saufen

pincelar 4
(be)malen, porträtieren

pinchar a/c; ~ a alg. 4
etw. (durch)stechen; jdn belästigen

pintar 4
malen, anstreichen

pintarrajear 4
(be)klecksen

pinzar 10
zusammenkneifen

pirarse 4
verschwinden, verduften

piratear 4
Raubdrucke herstellen

***pircar** 22
mit einer Trockenmauer umgeben

piropear 4
Komplimente machen

pirrarse por a/c 4
nach etw. verrückt sein

piruetear 4
Pirouetten drehen

pisar 4
(be)treten

pisotear 4
zertrampeln, niedermachen

pitar 4
pfeifen, *Zigaretten rauchen

pitorrearse de alg. 4
sich über jdn lustig machen

pivotar 4
sich um etw. drehen

placer a alg. 35
jdm gefallen

plagar 18
vollstopfen

plagiar; *~ a alg. 4
ein Plagiat begehen; *jdn entführen

planchar 4
bügeln

planear 4
schweben

planificar 22
planen

plantar a/c; ~ a alg. 4
etw. pflanzen; jdn versetzen

plantear 4
entwerfen

plantificar 22
anlegen, errichten

plañir 64
jammern

plasmar 4
gestalten

platear 4
versilbern

platicar 22
sich unterhalten

plegar 16
zusammenfalten

pleitear contra alg. 4
gegen jdn einen Prozess führen

plisar 4
plissieren

pluralizar 10
in die Mehrzahl setzen

poblar 19
besiedeln, bevölkern

podar 4
beschneiden

► **poder** 36
können

poetizar 10
poetisch gestalten

polarizar 10
polarisieren
polemizar 10
polemisieren
policromar 4
mit mehreren Farben versehen
polinizar 10
bestäuben
politiquear 4
politisch integrieren
politizar 10
politisieren
***pololear** 4
belästigen, umwerben
ponderar 4
abwägen
► **poner** a/c; **~se** 37
etw. setzen, etw. stellen, etw. legen, etw. anziehen; werden
pontificar 22
dozieren
popularizar 10
populär machen
pordiosear 4
betteln
porfiar en a/c 15
hartnäckig sein, auf etw. bestehen
pormenorizar 10
genau beschreiben
portar; ~se 4
tragen; sich benehmen
portear 4
Türen/Fenster zuschlagen
posar 4
Modell stehen
poseer 32
besitzen
posesionar a alg. de a/c 4
jdn in den Besitz von etw. bringen
posibilitar 4
ermöglichen
posicionar 4
Stellung beziehen
positivar 4
ein Positiv anfertigen
posponer 37
aufschieben
postergar a/c; ~ a alg. 18
etw. auf-/verschieben; jdn übergehen
postinear 4
sich aufspielen
postrar; ~se 4
niederwerfen; sich niederknien
postular 4
erbitten, erstreben
potabilizar 10
trinkbar machen
potar 4
trinken
potenciar 4
verstärken
practicar a/c 22
etw. ausüben, etw. trainieren
precaver 24
vorbeugen
preceder a a/c; ~ a alg. 24
etw. vorangehen; höherrangig sein als jd
preciarse de a/c 4
sich einer Sache rühmen
precintar 4
versiegeln
precipitar a/c, a alg.; **~se** en a/c 4
etw./jdn (hinab)stürzen; sich in etw. stürzen

precisar a/c 4
etw. unbedingt benötigen, etw. präzisieren
preconcebir 77
im Voraus erwägen
preconizar 10
befürworten
predecir 70
vorhersagen
predestinar 4
vorherbestimmen
predeterminar 4
vorher festlegen
predicar 22
predigen
predisponer a alg. para a/c.... 37
jdn für etw. empfänglich machen
predominar 4
vorherrschen
preexistir 51
vorher bestehen
preferir a/c a a/c; ~ a alg...... 68
etw. einer Sache vorziehen; jdn vorziehen
prefigurar a/c 4
eine erste Vorstellung von etw. geben
prefijar 4
im Voraus festsetzen
pregonar 4
öffentlich ausrufen
preguntar a/c, a alg.; 4
~ por alg.
etw./jdn fragen; nach jdm fragen
prejuzgar 18
vorschnell beurteilen
preludiar 4
einleiten
premeditar 4
(sich) vorher überlegen
premiar a alg. 4
jdn belohnen, jdn auszeichnen
***premunir(se)** de a/c.......... 51
(sich) vorsorglich mit etw. versorgen
prendar 4
pfänden
prender; ~ a/c; ~ a alg........ 24
anwachsen; etw. anpacken; jdn festnehmen
prensar 4
pressen
preñar 4
schwängern
preocupar a alg.; **~se** de/por .. 4
jdn beunruhigen; sich Sorgen machen um
preparar 4
vorbereiten
preponderar 4
überwiegen
presagiar 4
voraussagen
prescindir de a/c, de alg. 51
auf etw./jdn verzichten
prescribir a/c a alg. 51
PP: prescrito; jdm etw.vorschreiben, jdm etw. verordnen
preseleccionar 4
vorher auswählen
presenciar a/c 4
etw. beiwohnen
presentar(se) 4
(sich) vorstellen
presentir 68
vorausahnen
preservar 4
schützen
presidir 51
den Vorsitz haben

presionar a alg. 4
jdn unter Druck setzen

prestar a/c a alg. 4
jdm etw. (aus)leihen

prestigiar 4
Ansehen verleihen

presumir de a/c 51
mit etw. angeben

presuponer 37
voraussetzen

presupuestar 4
einen Haushaltsplan/Kostenvoranschlag erstellen

presurizar 10
den Luftdruck aufrechterhalten

pretender a/c 24
etw. erstreben, etw. behaupten, sich um etw. bewerben

pretextar 4
vorgeben, vorschieben

prevalecer 33
hervorragen, überwiegen

prevaricar 22
die Amtspflicht verletzen, das Recht beugen

prevenir a/c; ~ a alg. 78
etw. vorbereiten, etw. vorbeugen; jdn warnen

prever 48
Betonung liegt auf dem Stamm -ver, z.B. *(Präs.)* prevés, prevé, prevéis, prevén; *(Indef.)* preví, previó;
vorhersehen

primar 4
vorherrschen

pringar 18
einschmieren

privar a alg. de a/c 4
jdm etw. entziehen

privatizar 10
privatisieren

privilegiar 4
privilegieren

probar 19
erproben, beweisen, probieren

proceder; ~ de a/c 24
vorgehen; von etw. abstammen

procesar a alg. 4
gerichtlich vorgehen gegen jdn

proclamar 4
verkünden, ausrufen

procrear 4
zeugen

procurar 4
besorgen, versuchen

prodigar 18
verschwenden

producir a/c; **~se** 54
etw. erzeugen, etw. produzieren; geschehen

profanar 4
schänden

proferir 68
hervorbringen (Laute)

profesar 4
ausüben (Beruf)

profesionalizar 10
professionalisieren, zum Profi machen

profetizar 10
prophezeihen

profundizar 10
vertiefen

programar 4
programmieren

progresar en a/c 4
Fortschritte machen in etw.

prohibir 71
verbieten

proliferar 4
sich vermehren, sich ausbreiten

prologar 18
das Vorwort zu einem Werk schreiben

prolongar 18
verlängern

promediar; ~ a/c 4
vermitteln; etw. halbieren, den Durchschnitt von etw. ermitteln

prometer 24
versprechen

promocionar 4
(be)fördern

promover 29
in Gang bringen, befördern

promulgar 18
verkünden

pronosticar 22
vorhersagen

pronunciar 4
aussprechen

propagar(se) 18
(sich) vermehren, (sich) verbreiten

propalar 4
in Umlauf bringen, ausposaunen

propasar 4
überschreiten

propender a a/c 24
zu etw. neigen

propiciar a/c; ~ a alg. 4
etw. begünstigen; jdn gewinnen, jdn versöhnen

propinar a alg. 4
jdm Trinkgeld geben, jdm Prügel verpassen

proponer a/c, a alg.; **~se** a/c . . 37
etw./jdn vorschlagen; sich etw. vornehmen

proporcionar a/c; ~ a/c a alg.. . 4
etw. aufteilen; jdm etw. verschaffen

propugnar 4
verfechten

propulsar 4
(vor)antreiben

prorratear 4
anteilig aufteilen

prorrogar 18
verlängern, stunden

prorrumpir 51
hervorbrechen

proscribir a/c; ~ a alg.. 51
PP: proscrito; etw. verbieten; jdn ächten, jdn ausweisen

proseguir a/c; ~ con a/c 76
etw. fortführen; etw. weiterverfolgen

prosificar 22
in Prosa übertragen

prospectar 4
schürfen

prosperar 4
gedeihen

prosternarse 4
sich zu Boden werfen

prostituirse 56
auf den Strich gehen

protagonizar 10
die Hauptrolle spielen

proteger a alg. de a/c 38
jdn vor etw. (be)schützen

protestar 4
protestieren

proveer a/c / a alg. de a/c. 32
etw./jdn mit etw. versorgen

provenir de a/c. 78
von etw. herkommen

provocar 22
verursachen, provozieren
proyectar 4
projektieren, planen
psicoanalizar 10
psychoanalisieren
publicar 22
veröffentlichen
pudrir a/c; **~se**. 51
PP: podrido; etw. zum Faulen bringen; verfaulen
puentear. 4
einen Stromkreis überbrücken
pugnar 4
streiten, kämpfen
pujar por a/c; ~ contra a/c 4
sich anstrengen für etw.; gegen etw. ankämpfen
pulimentar 4
polieren
pulir. 52
polieren, schleifen
pulsar; ~ a/c 4
pulsieren; etw. drücken
pulular 4
sprießen, wuchern
pulverizar. 10
pulverisieren
puntear. 4
punktieren
puntualizar. 10
im Einzelnen anführen
puntuar. 12
interpunktieren, benoten
punzar. 10
stechen, stanzen
purgar. 18
reinigen
purificar a/c; ~ a alg. (de a/c) . . 22
etw. reinigen; jdn (von einem Verdacht) befreien, jdn rehabilitieren
putear. 4
herumhuren, schikanieren, *beschimpfen

Q

quebrantar. 4
(zer)brechen
quebrar; ~ a/c 11
in Konkurs gehen; etw. zerbrechen
► **quedar**; **~se** con a/c. 81
(ver)bleiben, werden; etw. behalten
quejarse de a/c 4
sich über etw. beklagen
quemar. 4
(ver)brennen
querellarse. 4
klagen
► **querer** 39
wollen, mögen, lieben
quintuplicar 22
verfünffachen
► **quitar** a/c; ~ a/c a alg.; 4
~se a/c
etw. abziehen, etw. ausziehen; jdm etw. wegnehmen; sich etw. ausziehen

R

rabiar; ~ de a/c 4
tollwütig sein; rasend vor etw. (Wut, Schmerz) sein
racanear 4
knausern
racionalizar 10
rationalisieren

racionar 4
rationieren
radiar 4
(aus)strahlen
radicalizar 10
radikalisieren
radicar; ~ en a/c 22
Wurzeln schlagen; beruhen auf etw.
radiodifundir 51
im Radio senden
radiografiar a/c; ~ a alg. 15
etw. funken; jdn röntgen
radiotelegrafiar 15
funken
raer 26
(ab)schaben
rajar; *~ a alg. 4
(auf)spalten; *jdn verleumden
ralentizar 10
verlangsamen
rallar 4
reiben, raspeln
ramificarse 22
sich verzweigen
ramonear 4
Bäume beschneiden
rapar 4
kahl scheren (Haar), stutzen (Bart), klauen
raptar a alg. 4
jdn entführen
rarificar 22
verdünnen
rasar 4
abstreichen, streifen
rascar 22
(ab)kratzen
rasgar 18
zerreißen
rasguear 4
schlagen (Guitarre)
rasguñar 4
(zer)kratzen
raspar 4
(ab)schaben, kratzen, leicht berühren
rastrear 4
nachspüren
rastrillar 4
harken
rastrojar 4
stoppeln (Feld)
rasurar 4
rasieren
ratificar 22
ratifizieren
rayar 4
linieren, ritzen
razonar 4
nachdenken, argumentieren
reabrir 51
PP: reabierto; wieder eröffnen
reabsorber 24
wieder aufsaugen
reaccionar 4
reagieren
reactivar 4
reaktivieren
readaptar a/c; ~ a alg. 4
etw. wieder anpassen; jdn resozialisieren
readmitir 51
wieder zulassen
reafirmar 4
bekräftigen
reagrupar 4
umgruppieren
reajustar 4
umgestalten

realizar 10
realisieren
realquilar 4
untervermieten
realzar..................... 10
erhöhen, verschönern
reanimar................... 4
wieder beleben
reanudar................... 4
wieder aufnehmen (Tätigkeit)
reaparecer 33
wieder erscheinen
rearmar.................... 4
wieder bewaffnen
reavivar.................... 4
wieder beleben
rebajar a/c, a alg.............. 4
etw./jdn herabsetzen, etw. dämpfen
rebanar.................... 4
in Scheiben schneiden
rebañar.................... 4
völlig leeren
rebasar 4
überschreiten (Grenze)
rebatir..................... 51
zurückweisen, zurückschlagen
rebelarse contra a/c, ... 4
contra alg.
gegen etw./jdn rebellieren
rebobinar 4
rückspulen, umspulen
rebosar 4
überlaufen
rebotar en a/c 4
abprallen an etw.
rebozar 10
verhüllen, panieren
rebrotar.................... 4
Knospen treiben
rebuscar 22
herumsuchen
rebuznar................... 4
iahen (Esel)
recabar a/c de alg............ 4
etw. bei jdm erreichen
recaer 26
erneut fallen, einen Rückfall erleiden
recalar..................... 4
durchtränken
recalcar.................... 22
zusammenpressen
recalentar.................. 11
aufwärmen
recamar.................... 4
besticken
recambiar 4
austauschen, umtauschen
recapacitar 4
überdenken
recapitular 4
zusammenfassen, rekapitulieren
recargar(se) 18
(sich) aufladen
recatar(se) 4
verheimlichen, zaudern
recauchutar 4
runderneuern (Reifen)
recaudar 4
erheben (Steuern)
recelar a/c; ~ de a/c, de alg. .. 4
etw. argwöhnen; etw./jdm misstrauen
recetar 4
verschreiben
rechazar 10
zurückweisen, abwehren
rechinar 4
knirschen

rechistar 4
aufmucken
recibir a/c, a alg. 51
etw. erhalten, etw./jdn
empfangen
reciclar 4
wieder verwerten
recidivar 4
einen Rückfall erleiden
reciprocar 22
aufeinander abstimmen
recitar 4
rezitieren
reclamar contra a/c; 4
~ a/c de alg.
gegen etw. Einspruch erheben;
etw. nachdrücklich von jdm
fordern
reclinar 4
anlehnen
recluir a alg. 56
jdn einsperren
reclutar 4
anwerben
recobrar a/c; **~se** de a/c 4
etw. wiederbekommen; sich
von etw. erholen
recocer 27
aufkochen
recochinearse 4
sich lustig machen
recoger 38
einsammeln, abholen
recolectar 4
ernten, sammeln
recomendar a/c a alg. 11
jdm etw. empfehlen
recomenzar 23
wieder anfangen
recomerse de a/c 24
sich aufreiben vor etw.
(Wut, Neid)
recompensar 4
belohnen
recomponer 37
instand setzen
reconcentrar 4
konzentrieren
reconciliar a alg. con alg.; 4
~se
jdn mit jdm versöhnen;
sich versöhnen
reconcomerse 24
sich verzehren
reconducir 54
zurückführen
reconfortar 4
trösten
reconocer 33
anerkennen, wieder erkennen
reconquistar 4
zurückerobern
reconsiderar 4
überdenken
reconstituir 56
wiederherstellen
reconstruir 56
wieder aufbauen
recontar 19
nachzählen, nacherzählen
reconvenir 78
tadeln
reconvertir 68
umstrukturieren
recopilar 4
zusammenstellen
recordar a/c 19
an etw. erinnern

recorrer 24
bereisen, überfliegen (beim Lesen)

recortar 4
ausschneiden

recoser 24
wieder (an)nähen

recostar(se) 19
(sich) anlehnen

recrear a/c; ~ a alg. 4
etw. neu schaffen; jdn amüsieren

recriminar 4
Gegenvorwürfe erheben, beschuldigen

recrudecer 33
sich verschärfen

rectificar 22
berichtigen

recubrir 51
PP: recubierto; überdecken

recular 4
zurückweichen

recuperar 4
wiedererlangen

recurrir a alg.; ~ contra a/c.... 51
sich an jdn wenden; gegen etw. Rechtsmittel einlegen

recusar 4
zurückweisen

redactar 4
verfassen

redimir a alg. de a/c.......... 51
jdn von etw. erlösen

redistribuir 56
umverteilen

redoblar 4
verdoppeln

redondear 4
auf-/abrunden

reducir a/c; ~ a a/c 54
etw. verringern; auf etw. zurückführen

redundar; ~ en a/c 4
überfließen; etw. mit sich bringen, zu etw. gereichen

reduplicar 22
verdoppeln

reedificar 22
wieder aufbauen

reeditar 4
neu auflegen

reeducar a alg. 22
jdn heilgymnastisch behandeln

reelegir a alg. 72
jdn wieder wählen

reembarcar 22
wieder an Bord gehen

reembolsar 4
zurückzahlen

reemplazar a/c / a alg. por 10
etw./jdn ersetzen durch

reencarnar 4
wieder geboren werden

reencontrar a alg.. 19
jdn wieder treffen

reencuadernar 4
wieder einbinden

reenganchar 4
wieder anwerben

reenviar 15
zurückschicken

reestrenar 4
wieder aufführen

reestructurar 4
umstrukturieren

reexaminar 4
überprüfen

reexpedir 77
zurückschicken

reexportar 4
wieder ausführen
***refaccionar** 4
restaurieren
referir a/c; **~se** a a/c, a alg. . . . 68
etw. berichten; sich auf etw./ jdn beziehen
refinar 4
raffinieren
reflejar 4
reflektieren, widerspiegeln
reflexionar 4
nachdenken
reflorecer 33
wieder aufblühen
reflotar 4
wieder flottmachen
refluir 56
zurückfließen
refocilarse con a/c. 4
sich an etw. ergötzen
reforestar 4
(wieder) aufforsten
reformar 4
reformieren, verbessern
reforzar a/c; ~ a alg. 6
etw. verstärken; jdn ermutigen
refractar 4
brechen (Strahlen)
refregar 16
abreiben
refreír 73
aufwärmen
refrenar 4
zügeln
refrendar 4
gegenzeichnen, bestätigen
refrescar 22
abkühlen, erfrischen
refrigerar 4
kühlen
refugiarse 4
Zuflucht suchen
refulgir 63
leuchten
refundir 51
einschmelzen, überarbeiten
refunfuñar 4
murren
refutar 4
widerlegen, bestreiten
regalar a/c a alg. 4
jdm etw. schenken
regañar 4
knurren, (sich) streiten
regar 16
gießen, bewässern
regatear a/c 4
um etw. feilschen, etw. scheuen
regenerar a/c; **~se** 4
etw. erneuern, etw. regenerieren; sich bessern
regentar 4
verwalten, leiten
regir 72
regieren, leiten, bestimmen
registrar 4
aufzeichnen, registrieren, durchsuchen
reglamentar 4
reglementieren
reglar a/c; **~se** a a/c 4
etw. regeln; sich etw. unterordnen
regocijar a alg. 4
jdn erfreuen
regodearse 4
sich vergnügen

regresar; *~ a/c 4
zurückkehren; *etw. zurückgeben

regular 4
regulieren

regularizar 10
in Ordnung bringen

regurgitar 4
erbrechen

rehabilitar a/c; ~ a alg. 4
etw. wiederherstellen; jdn rehabilitieren

rehacer 31
noch einmal machen, wiederherstellen

rehogar 18
schmoren

rehuir 56
(ver)meiden

rehumedecer 33
tränken

rehundir 51
versenken

rehusar 8
ablehnen, verweigern

reimplantar 4
wieder einführen, wieder einpflanzen

reimportar 4
reimportieren

reimprimir 51
nachdrucken

reinar 4
(vor)herrschen, regieren

reinaugurar 4
wieder eröffnen

reincidir; ~ en a/c 51
rückfällig werden; zurückfallen in etw.

reincorporar 4
wieder eingliedern

reingresar en a/c 4
wieder in etw. eintreten

reinsertar a alg. 4
jdn wieder eingliedern

reinstalar 4
wieder einsetzen

reintegrar a/c; **~se** en a/c 4
etw. reintegrieren; sich wieder in etw. eingliedern

reír; **~se** de a/c, de alg. 73
lachen; sich über etw./jdn lustig machen

reiterar 4
wiederholen

reivindicar 22
fordern

rejuvenecer 33
modernisieren, verjüngen

relacionar a/c con a/c 4
etw. in Verbindung bringen mit etw.

relajar(se) 4
(sich) entspannen

relamer 24
ablecken

relampaguear 4
unpers.; blitzen

relanzar a/c 10
etw. zurückweisen, etw. wieder beleben

relatar 4
schildern

relativizar 10
relativieren

releer 32
nochmals lesen

relegar a alg. 18
jdn verweisen, jdn verbannen

relevar a/c; ~ a alg. de a/c 4
etw. hervorheben; jdn von etw. entbinden
religar 18
wieder anbinden
relinchar 4
wiehern
rellenar 4
füllen
relucir 67
glänzen
relumbrar 4
leuchten
remachar 4
platt schlagen
remangar 18
hochkrempeln
remansarse 4
sich stauen
remar 4
rudern
remarcar 22
nochmals kennzeichnen
rematar a/c; ~ a alg. 4
etw. zum Abschluss bringen; jdm den Gnadenstoß geben
rembolsar 4
zurückzahlen
remedar 4
nachmachen, imitieren
remediar 4
beheben (Schaden)
rememorar a/c 4
sich an etw. erinnern, etw. gedenken
remendar 11
ausbessern
remeter 24
wieder hineinstecken
remitir a/c; ~ a alg. 51
etw. (ver)schicken; jdn befreien, jdm vergeben
remodelar 4
umgestalten
remojar a/c; ~ a alg. 4
etw. nass machen; jdn zu einem Umtrunk einladen
remolcar a/c; ~ a alg. 22
etw. abschleppen; jdn überreden
remolonear 4
faulenzen
remontar a/c; **~se**; **~se** a a/c .. 4
etw. überwinden; aufsteigen; zurückgehen auf etw., sich belaufen auf etw.
remorder 29
mehrmals beißen, quälen
remover 29
umrühren, wegräumen
remozar 10
modernisieren, verjüngen
remunerar a/c; ~ a alg. 4
etw. vergüten; jdn entlohnen
renacer 33
wieder geboren werden, aufleben
renacionalizar 10
wieder verstaatlichen
rendir a/c; ~ a/c a alg.; **~se** ... 77
etw. einbringen; jdm etw. erweisen; sich unterwerfen
renegar a/c; ~ **de** a/c 16
etw. ableugnen, etw. abschwören; etw. verfluchen
renegociar 4
neu aushandeln
renombrar 4
(um)benennen

renovar 19
erneuern, renovieren
renquear 4
hinken
renunciar a a/c. 4
auf etw. verzichten
reñir a alg.; ~ con alg. 55
jdn (aus)schimpfen; sich mit jdm zanken
reorganizar 10
neu gestalten
repanchigarse 18
sich ekeln
reparar 4
reparieren, wieder gutmachen
repartir 51
verteilen
repasar 4
ausbessern, überarbeiten, durchsehen
repatear 4
nerven
repatriar 15
repatriieren
repeinar 4
sorgfältig kämmen
repelar 4
an den Haaren ziehen
repeler 24
abweisen, abstoßen
repensar 11
durchdenken
repercutir en a/c 51
sich auswirken auf etw.
repescar 22
erneut zulassen (zur Prüfung)
repetir 77
wiederholen
repicar 22
läuten (Glocken)
repintar 4
nachstreichen, übermalen
repiquetear 4
läuten, klappern
repisar 4
feststampfen
replantar 4
umpflanzen
replantear 4
wieder zur Sprache bringen
replegar 16
mehrmals falten
replicar; ~ a/c 22
widersprechen; etw. erwidern
repoblar 19
wieder besiedeln
reponer 37
wieder hinstellen, ersetzen, auflegen (Werke)
reportar a/c; **~se** 4
etw. (mit sich) bringen, etw. berichten; sich zügeln
***reportear** 4
interviewen
reposar 4
(aus)ruhen
repostar(se) 4
(sich) neu versorgen
reprender 24
tadeln
represar 4
stauen (Wasser), hemmen, unterdrücken
representar a/c; ~ a alg. 4
etw. darstellen; jdn vertreten
reprimir 51
unterdrücken
reprobar 19
missbilligen

reprocesar 4
weiterverarbeiten
reprochar a/c a alg. 4
jdm etw. vorwerfen
reproducir.................. 54
vervielfältigen
reptar 4
kriechen, robben
repudiar a/c; ~ a alg. 4
etw. ablehnen; jdn verstoßen
repugnar.................... 4
anekeln
repujar 4
mit der Punze bearbeiten
repulir..................... 51
nachpolieren
***repuntar** 4
sich bemerkbar machen
reputar a alg. de/por 4
jdn als ... einschätzen
requebrar a/c; ~ a alg. 11
etw. zerdrücken; jdm schmeicheln
requemar 4
anbrennen lassen
requerir a/c; ~ a alg. 68
etw. erfordern; jdn auffordern
***requintar**.................. 4
straff ziehen
requisar 4
beschlagnahmen
resaltar.................... 4
zurückprallen, hervorstechen
resarcir a alg. de a/c 79
jdn für etw. entschädigen
resbalar 4
rutschen, gleiten
rescatar a alg. 4
jdn befreien, jdn retten
rescindir 51
für ungültig erklären
rescribir a a/c, a alg. 51
PP: rescrito; schriftlich etw. beantworten/jdm antworten
resecar 22
austrocknen
resentirse por/con a/c 68
böse sein wegen etw.
reseñar 4
rezensieren
reservar 4
reservieren
resfriar a/c; ~**se**............. 15
etw. abkühlen; sich erkälten
resguardar a/c, a alg. de 4
etw./jdn beschützen vor
residir en a/c 51
ansässig sein an einem Ort
resignarse 4
resignieren
resinar 4
Harz entnehmen
resistir (a) a/c, a alg. 51
etw. aushalten, etw./jdm widerstehen
resolver.................... 49
PP: resuelto; beschließen, lösen (Problem)
resonar 19
widerhallen
resoplar 4
schnauben
respaldar 4
unterstützen
respetar 4
respektieren, (be)achten
respingar 18
grummeln

respirar 4
atmen
resplandecer 33
funkeln
► **responder** a alg.; ~ a a/c ... 24
jdm antworten; etw. beantworten, etw. entsprechen
responsabilizar a alg. 10
jdn verantwortlich machen
resquebrajar 4
spalten
restablecer 33
wiederherstellen
restallar 4
knallen
restañar 4
neu verzinnen
restar; ~ a/c 4
übrig bleiben; etw. abziehen, etw. subtrahieren
restaurar 4
wiederherstellen, restaurieren
restituir a/c a alg.; ~ a/c 56
jdm etw. zurückgeben (Macht); etw. wiederherstellen
restregar 16
(ab)reiben
restringir 63
beschränken
restructurar 4
umstrukturieren
resucitar; ~ a/c, a alg. 4
auferstehen; etw./jdn wieder beleben
resultar 4
sich ergeben, sich herausstellen
resumir 51
zusammenfassen
resurgir 63
wieder erscheinen
***retacear** 4
geizen
retar a alg. a a/c 4
jdn zu etw. herausfordern
retardar 4
verzögern
retener 45
zurückhalten, festhalten
retentar 11
sich wieder ankündigen (Krankheit)
reteñir 55
neu färben
retirar a/c; **~se** 4
etw. zurückziehen, etw. entfernen; sich zurückziehen, in den Ruhestand treten
retobar 4
mit Leder überziehen
retocar 22
überarbeiten
retomar 4
wieder aufnehmen
retoñar 4
wieder sprießen
retorcer 27
verdrehen (Worte)
retornar; ~ a/c 4
zurückkehren; etw. zurückgeben
retozar 10
herumtollen
retractarse de a/c 4
etw. widerrufen
retraer 46
wiederbringen
retransmitir 51
übertragen
retrasar; ~ a/c; **~se** 4
nachgehen (Uhr); etw. verzögern; sich verspäten

retratar 4
porträtieren
retreparse 4
sich zurückbeugen/-lehnen
retribuir a/c; *~ a alg. 56
etw. vergüten; *sich jdm erkenntlich zeigen
retroceder 24
zurückgehen, zurückweichen
retronar 19
großen Lärm erzeugen
retrotraer 46
zurückdatieren
retrucar 22
kontern
retumbar 4
dröhnen
reunificar 22
wieder vereinigen
reunir(se) 74
(sich) versammeln
revacunar 4
erneut impfen
revalidar 4
erneut bestätigen
revalorizar 10
aufwerten
revaluar 12
neu bewerten
revelar 4
enthüllen, entwickeln (Foto)
revender 24
wieder verkaufen
reventar 11
platzen
reverberar 4
zurückstrahlen
reverdecer 33
wieder grün werden
reverenciar a alg. 4
jdn ehren
revertir 68
seinen ursprünglichen Zustand annehmen
revestir 77
überziehen
revindicar a alg. 22
jdn verteidigen
revisar a/c 4
etw. überprüfen, etw. überarbeiten
revitalizar 10
stärken, beleben
revivir 51
wieder aufleben
revocar 22
widerrufen
revolcar a alg.. 20
jdn zu Boden werfen
revolotear 4
flattern
revolucionar a/c; ~ a alg. 4
etw. revolutionieren; jdn aufwiegeln
revolver 49
PP: revuelto; umrühren, durcheinander bringen
rezagar a/c, a alg.; **~se** 18
etw./jdn hinter sich lassen; zurückbleiben
rezar 10
beten
rezongar 18
murren
rezumar 4
durchsickern
ribetear 4
einfassen

ridiculizar 10
lächerlich machen
rielar 4
unpers.; glitzern
rifar 4
verlosen
rimar 4
(sich) reimen
rivalizar 10
rivalisieren
rizar 10
kräuseln
robar a/c; ~ a alg. 4
etw. rauben, etw. stehlen; jdn bestehlen
robustecer 33
stärken
rociar; ~ a/c 15
Tautropfen bilden; etw. benetzen
rodar 19
rollen
rodear 4
umgeben, umrunden
roer 40
(ab)nagen
rogar a/c; ~ a alg. 21
etw. erbitten; jdn anflehen
romanizar 10
romanisieren
► **romper** 24
PP: roto; (zer)brechen
roncar 22
schnarchen
rondar 4
die Runde machen
ronronear 4
schnurren
ronzar 10
knacken

roscar 22
Gewinde schneiden
rotar 4
rotieren
rotular 4
beschriften, etikettieren
roturar 4
roden
rozar 10
streifen, leicht berühren
ruborizar 10
zum Erröten bringen
rubricar 22
abzeichnen, paraphieren
rugir 63
brüllen
***rumbear** 4
sich orientieren, eine Richtung einschlagen
rumiar 4
wiederkäuen
***rumorar** 4
das Gerücht umgehen
rumorearse 4
sich verbreiten (Gerücht)
runrunear 4
schnurren
rutilar 4
unpers.; golden schimmern

S

► **saber** a/c; ~ a a/c 41
etw. wissen, etw. können; nach etw. schmecken
sablear 4
schnorren
saborear 4
auskosten
sabotear 4
sabotieren

► **sacar** ... 22
herausnehmen, herausholen
saciar a/c ... 4
etw. sättigen, etw. stillen, etw. befriedigen
sacralizar ... 10
einen sakralen Charakter verleihen
sacramentar ... 4
die (Sterbe-)Sakramente spenden
sacrificar ... 22
opfern
sacudir ... 51
schütteln, rütteln
sajar ... 4
einschneiden
salar ... 4
salzen
saldar ... 4
saldieren, begleichen
► **salir**; ~ de a/c; ~ a a/c ... 75
ausgehen, wegfahren; hinausgehen
salivar ... 4
Speichel bilden
salmodiar ... 4
Psalmen singen
salpicar ... 22
(be)spritzen
salpimentar ... 11
salzen und pfeffern
saltar ... 4
springen
saltear a alg. ... 4
jdn überfallen
saludar ... 4
(be)grüßen
salvaguardar ... 4
(be)wahren
salvar ... 4
retten
sanar; ~ a/c ... 4
gesund werden; etw. heilen
sancionar ... 4
sanktionieren, Sanktionen verhängen
sanear ... 4
sanieren
sangrar ... 4
bluten
santificar a/c; ~ a alg. ... 22
etw. weihen; jdn heilig sprechen
santiguar; ~se ... 14
segnen; sich bekreuzigen
saquear ... 4
plündern
satinar ... 4
glätten
satirizar ... 10
spötteln, verspotten
satisfacer ... 42
befriedigen, zufrieden stellen
saturar a/c ... 4
etw. sättigen
sazonar ... 4
würzen
secar ... 22
trocknen
seccionar ... 4
zerteilen
secretar ... 4
absondern
secretear ... 4
tuscheln
secuenciar ... 4
unterteilen
secuestrar a alg. ... 4
jdn entführen

secularizar a/c; ~ a alg. 10
etw. säkularisieren; jdn in den Laienstand versetzen

secundar a alg. 4
jdn unterstützen, jdm sekundieren

sedar 4
lindern (Schmerzen)

sedimentar 4
ablagern

seducir 54
verführen

segar 16
mähen

segmentar 4
segmentieren

segregar 18
trennen

► **seguir**; ~ a/c; ~ a alg. 76
folgen, fortfahren; etw. befolgen, auf etw. folgen; jdm folgen

seleccionar 4
auswählen

sellar 4
stempeln, (be)siegeln

***semblantear** 4
den Gesichtsausdruck beobachten

sembrar 11
säen, streuen

semejar a alg. 4
jdm ähneln

sensibilizar 10
sensibilisieren

sentar a alg.; **~se** 11
jdm bekommen (Speisen, Trank), jdn hinsetzen; sich setzen

sentenciar a alg. a a/c 4
jdn zu etw. verurteilen

► **sentir** a/c; **~se** 68
etw. fühlen, etw. empfinden, etw. bedauern; sich fühlen

señalar a/c a alg. 4
jdn auf etw. hinweisen, jdm etw. zeigen

señalizar 10
beschildern

separar 4
trennen, aussortieren

sepultar 4
(unter sich) begraben

► **ser** 3
sein, existieren

serenar a alg. 4
jdn beruhigen, jdn besänftigen

seriar 4
aufreihen

sermonear 4
predigen

serpentear 4
sich schlängeln

serrar 11
sägen

► **servir**; ~ de/para a/c; 77
~ a/c; ~ en a/c
nützen, dienen; zu etw. nützen, zu etw. taugen; etw. servieren; dienen in (einer Einheit)

sesgar 18
schräg schneiden, umbiegen

sestear 4
Mittagsschlaf halten

sextuplicar 22
versechsfachen

significar a/c 22
etw. bedeuten, etw. heißen

silabear 4
in einzelnen Silben aussprechen

silbar 4
pfeifen
silenciar a/c; ~ a alg.. 4
etw. verschweigen; jdn verstummen lassen
siluetar 4
den Umriss nachzeichnen
simbolizar 10
symbolisieren
simpatizar con a/c, con alg. . . . 10
mit etw./jdm sympathisieren
simplificar 22
vereinfachen
simular 4
simulieren
simultanear 4
gleichzeitig tun
sincerarse con alg.. 4
sich mit jdm aussprechen
sincopar 4
auslassen, abkürzen
sincronizar 10
synchronisieren
sindicar(se) 22
(sich) gewerkschaftlich organisieren
singularizar 10
herausheben
sintetizar 10
synthetisieren, zusammenfassen
sintonizar 10
übereinstimmen, die Frequenz abstimmen
sisar 4
klauen
sisear 4
(aus)zischen
sistematizar 10
systematisieren
sitiar a/c; ~ a alg. 4
etw. belagern; jdn in die Enge treiben
situar 12
stellen, platzieren
sobar 4
durchkneten, betasten
sobornar 4
bestechen
sobrar 4
übrig bleiben
sobrealimentar 4
überernähren
sobreañadir 51
hinzufügen
sobrecargar 18
überladen, überlasten
sobrecoger a alg. 38
jdn überraschen, jdn überrumpeln
sobreexcitar 4
überreizen
sobrehilar 15
heften
sobrellevar 4
(geduldig) ertragen
sobremedicar 22
mit Medikamenten vollstopfen
sobrentender 30
stillschweigend mit einbegreifen
sobrepasar a/c; ~ a alg. 4
etw. übersteigen; jdn übertreffen
sobreponer 37
obenauf setzen/stellen/legen, den Vorzug geben
sobresalir 75
herausragen
sobresaltar 4
hervorstechen

sonsacar a/c a alg.. 22
etw. aus jdm herausholen
soñar (con a/c). 19
(von etw.) träumen
sopapear 4
ohrfeigen
sopesar 4
abwägen
soplar 4
blasen
soportar 4
stützen, aushalten
sorber 24
schlürfen
sorprender 24
überraschen
sortear 4
(aus)losen
sosegar 16
besänftigen
soslayar a/c, a alg. 4
etw. neigen, etw./jdm ausweichen
sospechar a/c; ~ a alg. 4
etw. vermuten; jdn verdächtigen
sostener 45
(fest)halten, unterstützen
soterrar 11
vergraben
suavizar 10
geschmeidig machen, mildern
subalimentar 4
unterernähren
subalternar a alg.. 4
jdn unterordnen
subarrendar 11
unterverpachten, untervermieten
subastar 4
versteigern
subdelegar 18
(weiter) delegieren
subdividir 51
unterteilen
subestimar 4
unterschätzen
► **subir**; ~ a a/c; ~ de a/c 51
ansteigen, hinaufgehen; zu etw. aufsteigen; aus etw. aufsteigen
sublevar a alg.; **~se** 4
jdn aufwiegeln; rebellieren
sublimar 4
sublimieren, verherrlichen
subordinar 4
unterordnen
subrayar 4
unterstreichen
subrogar 18
ersetzen
subsanar a/c; ~ a alg. 4
etw. wieder gutmachen; jdn entschuldigen
subsidiar 4
(finanziell) unterstützen
subsistir 51
(weiter-/fort-)bestehen
subsumir 51
einbeziehen
subtitular 4
mit Untertiteln versehen
subvencionar 4
subventionieren
subvenir a a/c 78
für etw. finanziell aufkommen
subyacer 50
darunter liegen
subyugar 18
unterwerfen
succionar 4
einsaugen

suceder; ~ a a/c, a alg. 24
geschehen; auf etw. folgen, etw./jdm nachfolgen

sucumbir 51
sich ergeben, umkommen

sudar 4
schwitzen

sufragar a/c; *~ por alg. 18
die Kosten für etw. bestreiten/ übernehmen; *für jdn stimmen

sufrir; ~ a/c; ~ de a/c 51
leiden; etw. erleiden, etw. ausstehen; an etw. leiden

sugerir 68
anregen

sugestionar 4
suggerieren

suicidarse 4
sich umbringen

sujetar a/c; ~ a alg. 4
etw. befestigen; jdn unterwerfen

sulfatar 4
mit Sulfat besprühen

sulfurar 4
schwefeln

sumar a/c; **~se** a a/c, a alg. . . . 4
etw. addieren; sich an etw./ jdn anschließen

sumariar 4
gerichtlich ermitteln

sumergir a/c; **~se** en a/c 63
etw. eintauchen, etw. untertauchen; sich in etw. versenken

suministrar 4
liefern

sumir 51
(ein)tauchen, versinken lassen

supeditar a/c a a/c; ~ a alg. . . . 4
etw. einer Sache unterordnen; jdn unterwerfen

superabundar 4
im Überfluss vorhanden sein

superar 4
übertreffen

superponer 37
übereinander legen

supervalorar 4
überbewerten

supervisar 4
überwachen

suplantar a/c; ~ a alg. 4
etw. verfälschen; jdn verdrängen

suplicar 22
inständig bitten

suplir a/c con a/c. 51
etw. durch etw. ergänzen/ ersetzen

suponer 37
annehmen, vermuten

suprimir 51
abschaffen

supurar 4
eitern

surcar 22
durchfurchen

surgir 63
hervorsprudeln, auftauchen

surtir a alg. de a/c 51
jdn mit etw. versorgen

suscitar 4
hervorrufen

suscribir a/c; **~se** a a/c. 51
PP: suscrito; etw. unterschreiben; etw. abonnieren

suspender a/c; ~ a alg. 24
etw. aufhängen; jdn durchfallen lassen

suspirar 4
seufzen
sustanciar 4
begründen
sustantivar 4
substantivieren
sustentar a/c; ~ a alg. 4
etw. stützen, etw. tragen; jdn bekostigen
sustituir a/c por a/c. 56
etw. durch etw. ersetzen
sustraer 46
subtrahieren
susurrar 4
flüstern
sutilizar 10
verfeinern
suturar 4
(ver)nähen

T

tabicar 22
zumauern
tablear 4
in Bretter schneiden
tabular 4
tabellieren
tachar 4
(durch)streichen
tachonar 4
mit Tapeziernägeln befestigen
taconear 4
aufstampfen
tajar 4
(durch)schneiden
taladrar 4
(durch)bohren
talar 4
fällen (Bäume)
tallar 4
schnitzen, meißeln, schleifen
talonear 4
sehr schnell zu Fuß gehen
tambalearse 4
schwanken
tamborilear 4
mit den Fingern trommeln
tamizar 10
(aus)sieben
tantear a/c; ~ a alg. 4
etw. (ab)schätzen; jdm auf den Zahn fühlen
tañer 44
spielen (Zupf-/ Schlaginstrument), läuten
tapar 4
zudecken
tapiar 4
zumauern
tapizar 10
mit Stoff beziehen
taponar 4
zustöpseln
taquigrafiar 15
stenografieren
taracear 4
mit Intarsien verzieren
tarar 4
tarieren
tararear 4
trällern
► **tardar**; ~ en a/c. 4
dauern, brauchen (Zeit); mit etw. zögern
tarifar 4
einen Tarif festsetzen/ anwenden
tarjetarse 4
miteinander korrespondieren

tartajear 4
stammeln
tartamudear 4
stottern
tasar 4
festsetzen (Preis, Steuer)
tatarear 4
summen (Melodie)
tatuar 12
tätowieren
teatralizar 10
theatralisch darstellen
techar 4
überdachen
teclear 4
(ein)tippen
tecnificar 22
technisieren
tejar 4
mit Ziegeln decken
tejer 24
weben
teledirigir 63
fernsteuern
telefonear; ~ a alg. 4
telefonieren; jdn anrufen
telegrafiar 15
telegrafieren
televisar 4
ausstrahlen (im Fernsehen)
temblar 11
zittern
temblequear 4
zittrig sein
temer a/c, a alg.; ~ por a/c, ... 24
por alg.
etw./jdn fürchten;
um etw./jdn fürchten
temperar(se) 4
(sich) mäßigen
templar a/c; *~se 4
etw. mäßigen, etw. temperieren;
*sich verlieben
***tempranear** 4
früh aufstehen
tender a/c; ~ a a/c. 30
etw. ausbreiten, etw. spannen;
zu etw. neigen
► **tener** a/c; ~ a alg. por a/c .. 45
etw. haben; jdn für etw. halten
tensar 4
straffen
tentar a/c; ~ a alg. con a/c 11
etw. betasten; jdn mit etw. auf
die Probe stellen
teñir a/c (de a/c) 55
etw. (in einer Farbe) färben
teologizar 10
theologische Fragen erörtern
teorizar 10
theoretisieren
terciar 4
dreiteilen, *schultern,
*panschen
tergiversar 4
verfälschen
terminar 4
beenden
terraplenar 4
mit Erde aufschütten
tersar 4
glätten
***tertuliar** 4
plaudern
testar 4
sein Testament machen
testificar 22
bezeugen
testimoniar 4
aussagen

tijeretear a/c 4
etw. (zer)schnippeln, *etw. kritisieren

tildar a/c; ~ a alg. de a/c 4
etw. mit Akzent versehen; jdn als etw. bezeichnen

timar a/c; ~ a alg. 4
etw. ergaunern; jdn betrügen

timbrar 4
(ab)stempeln

tintar 4
färben

tintinar 4
klingeln

tipificar 22
typisieren

tiranizar 10
tyrannisieren

► **tirar** 4
ziehen, (weg)werfen, verschleudern

tiritar 4
frösteln

tirotear 4
beschießen

titilar 4
zittern

titubear 4
schwanken, zögern

titular a/c; ~ a alg. 4
etw. betiteln; jdn benennen

titularizar a alg. 10
jdn in ein Amt ernennen

tiznar a/c; ~ a alg. 4
etw. schwärzen; jdn anschwärzen

► **tocar** 22
berühren, spielen (Instrument)

toldar 4
mit einem Sonnendach versehen

tolerar 4
ertragen, tolerieren

► **tomar** 4
(zu sich) nehmen

tonificar 22
stärken

tonsurar 4
scheren, die Haare schneiden

tontear 4
herumalbern

topar con a/c; ~ con alg. 4
mit etw. zusammenstoßen; jdn (zufällig) treffen

toquetear 4
befummeln

torcer 27
abbiegen, (ver)biegen

torear 4
mit Stieren kämpfen

tornar; ~ a/c a alg. 4
zurückkehren; jdm etw. zurückgeben

tornasolar 4
schillern lassen

tornear 4
auf der Drehbank bearbeiten

torpedear 4
torpedieren

torrar 4
rösten

torturar 4
foltern

toser 24
husten

tostar; **~se** 19
rösten; sich bräunen

totalizar 10
zusammenzählen

► **trabajar** (de); ~ a/c 4
arbeiten (als); etw. bearbeiten

trabar 4
verbinden, *stottern
traducir a/c; **~se** en a/c 54
etw. übersetzen; sich äußern in etw.
traer 46
bringen, holen
traficar con a/c............. 22
mit etw. (illegalen) Handel treiben
tragar 18
(hinunter)schlucken
traicionar a alg. 4
jdn verraten, jdn (sexuell) betrügen
trajear(se) 4
(sich) einkleiden
trajinar; ~ a/c.............. 4
herumhantieren; etw. transportieren, etw. befördern
tramar.................... 4
anzetteln
tramitar................... 4
(behördlich) beantragen
trampear................... 4
schwindeln
trancar 22
verriegeln
tranquilizar................ 10
beruhigen
***transar** 4
Kompromisse eingehen
transbordar; ~ a/c.......... 4
umsteigen; etw. umladen
transcribir................. 51
PP: transcrito; abschreiben, transkribieren
transcurrir 51
verstreichen
transferir.................. 68
übertragen, transferieren
transfigurar 4
verwandeln
transformar(se) 4
umwandeln, (sich) verändern
transfundir................ 51
umfüllen
transgredir a/c............. 52
unvollst.; gegen etw. verstoßen, etw. übertreten (Gesetz)
transigir con/en a/c 63
nachgeben in einer Sache
transitar 4
durchgehen, durchfahren
transliterar................ 4
transkribieren
transmigrar 4
(aus)wandern
transmitir 51
übermitteln
transmutar 4
umwandeln
transparentar (a/c) 4
(etw.) durchscheinen (lassen)
transpirar 4
schwitzen
transportar................ 4
transportieren, befördern
trapacear 4
schwindeln
***trapear** 4
aufwischen
trapichear................. 4
tricksen
traquetear 4
klappern
***trasbocar** 22
erbrechen

trascender; ~ a/c 30
sich ausbreiten; etw. überschreiten

trasegar 16
durcheinander bringen

trashumar 4
die Weide wechseln

trasladar a/c; ~ a alg. 4
etw. umstellen; jdn versetzen

traslucirse 67
lichtdurchlässig sein, durchscheinen

trasnochar 4
die Nacht durchmachen

traspapelarse 4
verloren gehen (Papiere)

traspasar 4
durchdringen, übertragen

trasplantar 4
umpflanzen, verpflanzen

trasquilar 4
schmälern, stutzen

trastabillar 4
stolpern

trastear; ~ en/con a/c, en/con alg. 4
herumtollen; etw. geschickt handhaben, etw./jdn manipulieren

trastocar 22
durcheinander bringen

trastornar a/c; **~se** 4
etw. durcheinander bringen; den Verstand verlieren

trasvasar 4
umfüllen, umleiten

► **tratar** a/c, a alg.; ~ de a/c; **~se** de a/c . 4
etw. versuchen; etw./jdn behandeln; von etw. handeln/sprechen; sich um etw. handeln

traumatizar 10
traumatisieren

travestirse 77
sich als Transvestit verkleiden

trazar 10
ziehen (Linie), skizzieren

tremolar 4
wehen, schwingen

trenzar 10
flechten

trepanar 4
aufbohren (Schädel)

trepar 4
klettern

trepidar 4
beben, *zögern

tributar a/c; ~ a/c a alg. 4
etw. zahlen (Steuer); jdm etw. erweisen

tricotar 4
stricken

trillar 4
dreschen

trinar 4
trillern, zwitschern

trincar 22
festbinden, *drücken

trinchar 4
in Scheiben schneiden

triplicar(se) 22
(sich) verdreifachen

tripular 4
bemannen

triturar a/c; ~ a alg. 4
etw. zerkleinern; jdn erledigen

triunfar 4
triumphieren

trivializar 10
herunterspielen

trizar 10
in Stücke zerreißen
trocar a/c por a/c. 20
etw. (aus)tauschen gegen etw.
trocear 4
zerstückeln
trompetear 4
trompeten
tronar 19
unpers.; donnern
tronchar 4
umknicken
tropezar 23
stolpern
troquelar. 4
stanzen
trotar. 4
traben
trovar 4
Verse schmieden
trucar 22
türken
trufar; ~ a/c 4
schwindeln; etw. mit Trüffeln füllen
truncar 22
verkürzen, kappen
tullir 64
zum Krüppel schlagen
tumbar a/c; ~ a alg.; **~se** 4
etw. umwerfen; jdn durchfallen lassen (Examen); sich niederfallen lassen
tundir a/c; ~ a alg. 51
etw. scheren; jdn verprügeln
tupir 51
zusammenpressen
turbar a/c; ~ a alg. 4
etw. stören; jdn beunruhigen
turnar 4
sich abwechseln
tutear 4
duzen
tutelar. 4
die Vormundschaft ausüben

U

ubicar *a/c; **~se**. 22
*etw. aufstellen, etw. unterbringen; sich befinden
ufanarse 4
prahlen
ulcerar 4
ein Geschwür verursachen
ultimar a/c; *~ a alg. 4
etw. fertig stellen; *jdn töten
ultrajar a/c; ~ a alg. 4
etw. beschädigen; jdn beleidigen, jdn beschimpfen
ulular 4
heulen, brüllen
uncir 79
ins Joch spannen
ungir a/c; ~ a alg. 63
etw. einölen; jdn salben
unificar 22
vereinen, vereinheitlichen
uniformar a/c; ~ a alg. 4
etw. gleichförmig machen; jdn uniformieren
unir 51
verbinden, vereinigen
universalizar 10
weltweit verbreiten
untar a/c; ~ a alg. 4
etw. bestreichen; jdn bestechen
urbanizar 10
erschließen, urbanisieren

urdir 51
anzetteln
urgir 63
eilen, dringend sein
usar 4
benutzen, verwenden
usufructuar 12
den Nießbrauch haben
usurar 4
Wucher treiben
usurpar 4
usurpieren
utilizar 10
(be)nutzen, ausnutzen

V

vacar 22
unbesetzt sein (Amt, Stelle)
vaciar 15
(ent)leeren
vacilar 4
schwanken, zögern
vacunar 4
impfen
vadear 4
durchwaten
vagabundear 4
vagabundieren
vagar 18
umherirren
vaguear 4
faulenzen, sich herumtreiben
► **valer** 47
wert sein, kosten
validar 4
gültig machen
vallar 4
einzäunen
valorar 4
schätzen, achten
valorizar 10
den Wert steigern
vanaglorinarse 4
sich rühmen
vaporizar a/c; **~se** 10
etw. zerstäuben; verdampfen
vapulear 4
(ver)prügeln
varar 4
stranden, *eine Panne haben
variar 15
(sich) ändern, variieren
vaticinar 4
prophezeien
vedar 4
verbieten
vegetar 4
wachsen, vegetieren
vejar 4
schikanieren
velar; ~ por alg. 4
wachen; über jdn wachen
vencer; ~ a/c, a alg. 28
fällig werden, ablaufen (Frist); etw./jdn besiegen
vendar 4
verbinden, verschleiern
vender a/c a alg. 24
Fut.: vendré; jdm etw. verkaufen
vendimiar 4
die Weinlese durchführen
venerar 4
verehren
vengar a alg.; **~se** de a/c, de alg. 18
jdn rächen; sich an etw./jdn rächen
► **venir**; ~ de a/c. 78
kommen; herkommen von

***ventajear** 4
übertreffen, übervorteilen
ventear; ~ a/c 4
unvollst.; windig sein; etw. wittern
ventilar 4
lüften
ventisquear 4
unvollst.; schneien und stürmen
ventosear 4
Blähungen haben
► **ver** a/c, a alg. 48
PP: visto; etw./jdn sehen, etw. verstehen
veranear 4
Sommerurlaub machen
verdear 4
grün werden
verificar a/c 22
etw. überprüfen
versar; ~ sobre a/c 4
sich drehen; von etw. handeln
versificar 22
in Verse setzen
vertebrar 4
stützen
verter a/c; ~ a/en a/c 30
etw. (ein)gießen; in eine Sprache übersetzen
vestir(se) 77
(sich) kleiden, anhaben
vetar 4
ein Veto einlegen
vetear 4
masern, marmorieren
viabilizar 10
begehbar/befahrbar machen, lebensfähig machen
viajar 4
reisen
vibrar 4
vibrieren
viciar 4
verfälschen, ungültig machen
vidriar 4
glasieren
vigilar 4
überwachen, beaufsichtigen
vigorizar 10
kräftigen, aufmuntern
vilipendiar a alg. 4
jdn verachten
vincular a a/c, a alg.; 4
~se a a/c
etw./jdn (ver)binden; sich an etw. binden
vindicar 22
rächen
violar a/c; ~ a alg. 4
gegen etw. verstoßen; jdn vergewaltigen
violentar a/c; ~ a alg. 4
etw. übertreten; jdn zwingen, jdm Gewalt antun
virar 4
die Richtung verändern
virilizarse 10
männliche Züge annehmen
visar 4
mit einem Sichtvermerk versehen
visibilizar 10
sichtbar machen
visionar 4
ansehen (Film)
visitar a/c; ~ a alg.. 4
etw. besichtigen; jdn besuchen, jdn untersuchen

vislumbrar 4
undeutlich wahrnehmen, erahnen
visualizar 10
sichtbar machen, veranschaulichen
vitorear a alg. 4
jdn hochleben lassen
vitrificar 22
verglasen
vituperar a alg. 4
jdn rügen, jdn schmähen
vivaquear 4
biwakieren
***vivar** a alg. 4
jdn hochleben lassen
vivificar 22
beleben
► **vivir**; **~ en** a/c; ~ a/c. 51
leben; wohnen in; etw. erleben
vocalizar 10
vokalisieren
vocear 4
schreien
vociferar 4
brüllen
volar; ~ a/c. 19
fliegen; etw. in die Luft sprengen
volatilizar(se). 10
(sich) verflüchtigen
volcar 20
(um)kippen
volear 4
volley nehmen/schießen (Ball)
voltear(se) 4
(sich) drehen, *die Partei wechseln
► **volver** a/c; ~ de a/c; ~ a hacer a/c 49
PP: vuelto; etw. umdrehen; zurückkehren aus; etw. wieder tun
vomitar 4
(er)brechen
vosear 4
mit „vos“ anreden
votar 4
abstimmen
vulcanizar 10
vulkanisieren
vulgarizar 10
gemeinverständlich darstellen
vulnerar 4
verletzen

X

xerocopiar 4
xerokopieren
xerografiar 15
xerografieren
xilografiar. 15
xylografieren

Y

yacer 50
Wird nur in der 3. Ps. Sg presente indicativo/imperfecto indicativo *und im* gerundio *verwendet;* ruhen, (begraben) liegen
yantar 4
(zu Mittag) essen
yermar 4
entvölkern, brach liegen lassen
yodurar 4
in Jodid umwandeln
yugular a/c. 4
etw. abwürgen

yuxtaponer 37
nebeneinander stellen

Z

zafarse de a/c, de alg.; *~ a/c . 4
sich etw./jdn vom Halse schaffen; *sich etw. ausrenken

zaherir a alg. 68
jdn tadeln

zamarrear a/c; ~ a alg. 4
etw. hin und her zerren; jdn fertig machen

zambullir a/c 64
etw. untertauchen

zampar a/c; **~se** 4
etw. schnell wegstecken; unangemeldet erscheinen, *sich hinwerfen

zanganear 4
sich herumtreiben

zanjar 4
Gräben ausheben

zanquear; *~ a/c, a alg. 4
über die eigenen Füße stolpern; *etw./jdn suchen gehen

zapar 4
graben

zapatear 4
(auf)stampfen (mit den Füßen)

zarandear 4
sieben

zarpar 4
den Hafen verlassen

zascandilear 4
Klatsch verbreiten

zigzaguear 4
zickzacken

***zoquetear** 4
sich dumm anstellen

zorrear 4
sich schlau anstellen

zozobrar 4
kentern

zumbrar; ~ a alg. 4
summen, brummen; jdn verprügeln

zurcir 79
zunähen, subtil verbinden

***zurdear** a/c 4
etw. mit der linken Hand tun

zurrar a/c; ~ a alg. 4
etw. gerben; jdn verprügeln